LA MUSIQUE N'EST RIEN

TEX

POUR UNE PHÉ

Edition préparée sous la direction
de Bertrand Dermoncourt

ISBN 978-2-330-00007-3

SERGIU CELIBIDACHE

LA MUSIQUE N'EST RIEN

Textes et entretiens
pour une phénoménologie de la musique

Réunis et traduits de l'allemand
par Hadrien France-Lanord et Patrick Lang

Préface par Ida Haendel

ACTES SUD

PRÉFACE

On me pose encore et toujours la question de savoir quel musicien, parmi ceux que j'ai entendus, ceux que j'ai rencontrés, je tiens pour "le plus grand". La musique, forme d'expression artistique sans doute la plus pure, n'est pas un sport, même si l'on en mésuse souvent comme d'une discipline de compétition. Il ne peut donc, au fond, y avoir ni de "meilleur" ni de "plus grand", parce que chacun a sa manière propre, authentique, de canaliser l'énergie du compositeur qui reste à tout jamais la mesure – lui le véritable héros, à qui nous devons la possibilité de l'expérience musicale. Dans quelle mesure nous autres musiciens sommes capables d'éveiller à la vie le testament que le créateur a laissé sur le papier, de lui donner une forme sensée et captivante : voilà à quoi se mesure la grandeur de chacun d'entre nous.

La première condition est une technique impeccable, simplement pour pouvoir exprimer ce qui est potentiellement contenu dans les notes. Une vision, si admirable soit-elle, n'est d'aucune utilité si les moyens nécessaires à sa manifestation sont insuffisants. Si à cette technique s'ajoute une compréhension profonde du contenu, alors peut surgir quelque chose d'indéfinissablement grand, qui nous bouleverse et nous saisit au plus profond, en nous portant au-delà des limites de la conscience quotidienne.

J'ai rencontré peu de musiciens capables de nous emmener encore et encore dans ces dimensions, et aucun n'a poursuivi ce but, sa vie durant, avec autant de savoir-faire, d'inspiration, de dévouement et de discipline que Sergiu Celibidache. Celibidache fut sans nul doute un homme et un musicien d'une vigueur, d'une finesse et d'une noblesse extrêmes, un aristocrate et un volcan dans chaque fibre de son être et, comme chef, il avait une maîtrise accomplie de l'orchestre. Par ailleurs, le succès extérieur, "mondain", n'était chez lui que le produit dérivé d'une recherche jamais achevée de la vérité, et de surcroît la musique était pour lui un moyen idéal pour transcender la vie ordinaire, un moyen pour la manifestation audible d'une conscience élargie. Dans sa personnalité charismatique, vitalité irrésistible, profondeur du sentiment et science exhaustive entraient dans une symbiose qui dépasse de loin toutes les normes et catégories de la description philosophique ou psychologique.

J'ai eu la chance de me produire souvent avec lui, depuis que j'avais fait sa connaissance au Mexique au début des années 1950, où nous jouâmes ensemble, d'abord, le *Concerto* de Beethoven. Notre exécution du *Concerto* de Brahms à Londres, en 1953, fut le dernier enregistrement en studio qu'il réalisa. Par la suite, nous avons donné de nombreux concerts ensemble, partout où il était invité. C'est surtout le *Concerto* de Sibelius que nous avons joué en de nombreux endroits, mais aussi bien d'autres œuvres, dont certaines raretés comme le *Concerto* d'Alfredo Casella ou des créations, comme celle des *Tartiniana seconda* de Luigi Dallapiccola. Chacune de ces présentations était une fête, et je suis infiniment reconnaissante pour tout ce qu'il nous a été permis de partager sur le plan artistique et sur le plan humain. Il ne m'a jamais reprise ou corrigée, ce fut toujours une activité commune au-delà des mots.

Sergiu Celibidache était-il donc le "plus grand musicien" que j'aie rencontré ? Peut-être. En tout cas, il demeure l'exemple lumineux d'un maître unique, accompli, perdu à jamais, d'une envergure que le monde n'a jamais connue.

IDA HAENDEL,
octobre 2010.

INTRODUCTION

Entretien avec Konrad von Abel

Hadrien France-Lanord : Konrad von Abel, vous avez rencontré Sergiu Celibidache à dix-sept ans et vous n'avez plus cessé d'être auprès de lui à partir de cette date : comme élève d'abord, puis vous avez été son assistant pendant les dix dernières années de sa vie. Pour introduire concrètement à la lecture des textes du maestro, que nous avons rassemblés avec Patrick Lang qui fut aussi son élève, la meilleure chose serait peut-être que vous nous disiez ce qui dans cette rencontre fut d'emblée si parlant et si déterminant.

Konrad von Abel : A l'âge de quatorze ans, je n'avais pas conscience de grand-chose musicalement, je sentais seulement une attirance très forte pour la musique classique. Le premier contact avec Sergiu Celibidache a eu lieu lors d'un concert avec l'Orchestre de la Radio de Stuttgart. Il dirigeait la *Huitième Symphonie* d'Anton Bruckner, et j'avais entendu cette même symphonie une semaine auparavant avec un autre orchestre. J'ai été frappé par le simple fait que je n'ai pas reconnu le morceau, sans savoir à quoi c'était dû.

Le vrai moment clé s'est produit trois ans plus tard quand j'ai eu l'occasion d'assister pour la première fois à un cours avec lui. Il nous a joué au piano le début de l'allegro du finale de la *Première Symphonie* de Brahms dans le but de rechercher le phrasé de cette fameuse mélodie. Après de multiples essais, nous avons reconnu le phrasé qui a mis en évidence cette phrase comme une unité, dans laquelle les différents paramètres – comme la mélodie, l'harmonie, la métrique, etc. – se sont intégrés selon le rôle qu'ils ont à jouer dans le rapport qu'ils entretiennent à chaque instant avec les autres. J'ai vécu pour la première fois comment *seule* l'écoute ouverte et spontanée peut nous permettre de nous orienter musicalement. Tout notre savoir et, par conséquent, toutes les spéculations que nous avons menées au cours de ce processus de recherche n'avaient aucun rapport avec le résultat sonore qui s'est présenté comme une révélation qui s'impose. Le plus fascinant était le fait que c'était par le vécu musical *subjectif* de chacun de nous que nous avons pu vivre une vérité *objective* qui était au-delà de toute ambiguïté ou interprétation. Ce vécu en toute certitude *(Gewissheit)* m'a profondément marqué, et toutes mes études et activités musicales depuis se font dans l'horizon de la recherche de cet état de grâce, qui survient quand les phénomènes sonores sont transcendés.

H. F.-L. : Ce qui frappe tout le monde, en effet, à l'écoute de Sergiu Celibidache ou de ceux qui, comme vous, travaillent dans la voie qu'il a ouverte, c'est l'impression d'évidence, de clarté où rien n'est négligé et où chaque élément apparaît dans sa distinction propre en rapport avec le tout. Héraclite parle dans un fragment de *l'harmonie inapparente qui est maîtresse par rapport à l'harmonie apparente* et c'est le fait d'entendre cette harmonie inapparente qui procure une telle joie, une telle impression de plénitude et de vérité. Or c'est cela qui fait souvent défaut aux interprétations courantes : elles s'arrêtent, pour ainsi dire, à l'harmonie apparente des notes, à leur effet immédiat et isolé, sans transcender les notes, c'est-à-dire sans les faire entendre à partir de l'harmonie inapparente qui pourtant est maîtresse. D'où l'arbitraire, en règle générale, de telles interprétations, quel que soit le répertoire, au demeurant, parce qu'il ne s'agit pas ici d'une question historique. Loin de cet arbitraire, dans les textes ici rassemblés, le maestro parle à l'inverse de *vérité* dans la musique, abandonnant ainsi une approche simplement esthétique de la musique à partir des sentiments de plaisir et de beauté. Pourrions-nous définir ainsi ce qui s'appelle avec Sergiu Celibidache la *phénoménologie musicale* : révéler, en la donnant à entendre, l'harmonie inapparente d'un morceau ?

K. v. A. : Votre définition est à première vue très séduisante parce qu'elle nous entraîne de la perception des phénomènes sonores apparents vers une réalité au-delà des sons. Bien que cette réalité se manifeste à l'aide des sons qui évoquent en conséquence toutes les émotions qui nous sont si chères, elle ouvre sur un vécu que Schiller nomme "la vérité derrière la beauté[1]".

Mais cette harmonie inapparente, comme l'appelle Héraclite, n'est accessible en musique que par une conscience humaine libre qui s'y trouve confrontée avec des valeurs musicales structurées. C'est exclusivement au moment de l'acte musical au sens propre qu'elle peut se révéler. Quand Celibidache dit : "La musique n'a rien à faire avec les sons", il parle de ce monde où le signifiant n'est pas le signifié, où ce qui apparaît n'est qu'un renvoi à ce qui ne se matérialise pas, mais qui est de ce fait beaucoup plus réel.

La phénoménologie musicale, quant à elle, peut "seulement" nous aider à découvrir les lois intrinsèques des phénomènes sonores, qui nous permettent d'identifier et de structurer les relations musicales en sorte que nous puissions vivre l'unité d'un morceau à partir d'une multiplicité immense. Toute tentative pour définir ou expliquer la musique doit donc échouer parce que la musique est éphémère : elle peut, dans certaines circonstances favorables, naître, sans pour autant jamais

1. Allusion à un poème philosophique du poète classique allemand Friedrich von Schiller (1759-1805) : *"Was wir als Schönheit hier empfunden, / Wird einst als Wahrheit uns entgegengehn."* (Ce que nous avons ici ressenti comme beauté / Viendra un jour à notre rencontre en tant que vérité.) *Die Künstler (Les Artistes)*, v. 64-65. *(Sauf indication contraire, toutes les notes sont des traducteurs.)*

avoir ni d'existence ni de durée. L'acte musical lui-même ne peut pas être remplacé par l'expérience ou le savoir individuels. Il est inaccessible par la pensée.

H. F.-L. : L'originalité de la phénoménologie musicale est de se concentrer exclusivement, comme vous dites, sur les lois intrinsèques des phénomènes sonores, alors que, très étrangement, nous entendons de nombreuses interprétations qui se fondent essentiellement sur des données historiques, scientifiques ou musicologiques en général, au détriment du phénomène musical en tant que tel. En ce sens, ce qui fait l'originalité de la phénoménologie musicale, c'est simplement de puiser à l'origine même du phénomène musical, d'aller à la source à partir de laquelle jaillit la musique. Or grâce à cette écoute phénoménologique qui va à la source, nous entendons tout à coup que la source elle-même n'est pas le son au sens physique du terme. Il y a comme un "au-delà" du son, comme vous dites, qui pourtant n'a lieu qu'à même le son – est-ce ce phénomène que le maestro nomme la *transcendance* ?

K. v. A : Tout d'abord, permettez-moi une clarification.

La phénoménologie musicale se subdivise en *deux* domaines : l'observation des phénomènes sonores d'un côté et celle de l'action des phénomènes sonores sur la conscience humaine de l'autre. Dans les deux domaines, nous sommes très vite confrontés aux *relations entre les sons*, parce que aucun élément en musique ne peut être considéré comme statique ou fixe, séparément des autres et de l'entier.

Le problème quant à la transcendance, à présent, est que tout ce qu'on peut en dire semblerait aller contre la transcendance elle-même qui est liberté. La transcendance n'est en effet accessible à aucune notion, à aucune explication, définition ou méthode. La difficulté tient à ce que quand on laisse derrière soi le monde émotionnel des sons on n'arrive pas "quelque part", dans un lieu déterminé qu'on pourrait analyser.

En musique le pas vers la transcendance se fait au moment où tous les éléments fusionnent dans une entité globale, en dehors du temps. C'est donc tout à la fin de la recherche des relations musicales et de leur révélation univoque par le phrasé approprié que peut apparaître, pour une conscience qui se met dans une écoute inconditionnée bien entendu, la transcendance. Elle n'est pourtant pas la *conséquence* de tout le travail savant effectué avec les sons : elle ne peut pas être préparée ou préméditée. Ce moment magique a lieu sans que nous soyons jamais capables d'énumérer tous les ingrédients nécessaires à sa naissance. Elle n'est pas mesurable ou calculable. D'un autre côté, cependant, elle ne peut pas être vécue sans qu'il y ait une disponibilité de notre part, une ouverture vers des dimensions dans la musique qui dépassent la simple satisfaction par les émotions. Celibidache a décrit cela un jour d'une manière qui peut sembler paradoxale : “Il faut être libre pour pouvoir transcender les sons, pour pouvoir vivre la liberté par la musique.”

H. F.-L. : Il y a paradoxe, en effet, si nous restons attachés à une conception de la liberté comme produit de la volonté d'un sujet, une conception de la liberté au sens du libre arbitre comme nous a habitués à la penser la philosophie classique. A cet égard, Celibidache disait de manière en apparence tout aussi paradoxale : “Etre libre c'est ne pas pouvoir faire autrement.” En réalité, la volonté ne peut rien face à la liberté dont il est ici question et telle qu'elle advient avec la transcendance. Pourrions-nous dire que la liberté qui permet la transcendance a plutôt à voir avec la résolution de toutes les tensions musicales qui structurent un morceau ? Lorsque tous les éléments sont mis en corrélation, quelque chose se libère, s'ouvre, qui n'est pas le fait de notre propre volonté – “Ne rien vouloir – laisser advenir”, dit aussi le maestro. Ce *laisser advenir*, c'est la liberté même, qui n'est ni une passivité, ni une activité de la volonté ; elle est en amont de la volonté et nous requiert entièrement, mais nous n'avons effectivement pas le choix, parce que c'est le morceau lui-même qui, si nous lui prêtons toute l'attention qu'il demande, nous montre comment il peut advenir. Ce point où tout s'ouvre et se désencombre, où la liberté s'accomplit dans la transcendance et où la beauté devient vérité, n'est-ce pas au fond ce qu'on appelle le *tempo juste* et dont le maestro a si souvent parlé ?

K. v. A : Le son étant un phénomène qui révèle ses caractéristiques et ses rapports potentiels avec d'autres sons *dans le temps*, il y a une condition cruciale qui nous met chaque fois en mesure de vivre la globalité des relations qui agissent sur notre conscience : c'est le tempo musical. Ce n'est pas un paramètre musical parmi d'autres, comme par exemple la mélodie, le rythme, etc. Le *tempo* est une *condition* et ne peut donc recevoir aucune caractéristique ou qualité de l'extérieur. Soit je suis dans une écoute spontanée, inconditionnée, de la richesse spécifique à chaque instant et j'avance en conséquence dans le temps en fonction de cette richesse, dans un rapport permanent et vivant avec son passé et son futur ; soit le vécu *univoque* des relations entre les sons reste impossible et je suis donc condamné à la perception purement successive des impressions sonores.

Ce que Sergiu Celibidache a découvert et pratiqué pendant toute sa vie dans son travail avec des orchestres dans le monde entier, ainsi que dans son enseignement, n'est rien d'autre que la capacité qu'a l'esprit humain de vivre par la musique le passage de la successivité des phénomènes sonores à la simultanéité, où début et fin sont présents dans le *maintenant*. Il était également attiré par la recherche de cet état de liberté en dehors de la musique, comme le montrent son étude et sa pratique du zen, du yoga et son intérêt pour les beaux-arts et la poésie. (Au XXe siècle, il s'est surtout penché sur la peinture abstraite et la poésie dadaïste qui s'approchent au plus près du matériau de la musique par l'absence d'objets concrets.) Mais il était convaincu que la musique nous réserve la possibilité la plus directe de dépasser les émotions, au moment où leur fonction constitutive pour le morceau appréhendé comme un tout se révèle par le vécu.

La véritable ampleur de ses découvertes n'a pas encore trouvé sa répercussion dans la vie musicale d'aujourd'hui. Puisse ce livre inspirer et encourager des musiciens et d'autres esprits libres dans leur recherche de ce qu'il y a à trouver au-delà des émotions.

NOTICE

Sergiu Celibidache a de son vivant beaucoup écrit, mais, craignant de réduire l'expérience musicale vivante à un squelette théorique, il a finalement renoncé à publier ses textes consignés dans des cahiers. La conférence *Sur la phénoménologie musicale* prononcée en 1985 à Munich est ainsi le seul texte que le maestro a livré de son vivant au public et où il a tenté de rassembler l'essentiel de sa pensée. Mais Celibidache ne s'est en revanche pas refusé à de nombreux entretiens, qui auront été autant d'occasions de développer la pensée phénoménologique de la musique qu'il a passé sa vie à mettre en pratique dans son activité de direction d'orchestre et d'enseignement.

Sans les recueillir tous (il en existe de très nombreux dans diverses langues : allemand et français principalement, mais aussi anglais, italien ou espagnol), nous avons rassemblé la majeure partie de ces entretiens où est abordé de manière phénoménologique le problème de l'essence de la musique à travers les questions centrales que sont notamment l'espace et le temps musicaux, le tempo, la transcendance du son, la réduction. A travers ces questions, sont également en jeu des questions philosophiques de fond, telles que le rapport de la vérité et de la beauté, la liberté, la volonté, l'intersubjectivité et finalement l'être humain en général, y compris dans son rapport au divin.

A l'exposé chronologique des textes, nous avons préféré une présentation thématique voire pédagogique, afin que le lecteur puisse se frayer un chemin dans cette pensée qui est à la fois très simple parce qu'elle en appelle toujours en définitive à une expérience que tout un chacun peut vivre, et très savamment articulée. Bien que le maestro ait dans chaque situation cherché la formulation la plus appropriée, de nombreux propos se recoupent à l'échelle du livre entier, et parfois même se répètent, car chaque entretien peut être considéré comme un tout. Compte tenu de l'extrême originalité de la pensée de Celibidache, nous avons délibérément conservé ces éventuelles répétitions, considérant également qu'elles inviteraient les lecteurs à refaire chaque fois l'expérience de pensée à laquelle ces textes les convient.

La liste des références aux textes originaux figure en fin de volume (p. 317).

Pour leur soutien dans les différentes étapes de la réalisation de ce livre, nous remercions très chaleureusement Serge Celebidachi, Konrad von Abel, Mark Mast, Bertrand Dermoncourt, Stéphane Barsacq et Alexis Lavis. Ioana Celebidachi a suivi la genèse de l'ouvrage avec intérêt ; elle nous a quittés avant d'en voir l'aboutissement ; nous le dédions à sa mémoire.

H. F.-L. ET P. L.

I

PHÉNOMÉNOLOGIE DE LA MUSIQUE

1

CELIBIDACHE : LA LEÇON

Outre votre refus catégorique de faire des disques, et que vous exigiez trois fois plus de répétitions pour la préparation d'un concert, ce qui vous caractérise en propre c'est que tout, dans votre activité, est fondé sur ce que vous appelez la "phénoménologie". Est-ce simplement de la philosophie appliquée à la musique ? Et quand on vous entend diriger une symphonie de Tchaïkovski, comment y entend-on cette fameuse "phénoménologie" qui, d'une certaine façon, "fait" du Celibidache ?

La phénoménologie, ce n'est ni Celibidache ni Tchaïkovski. Elle intervient seulement pour mettre au point certaines choses qui, sans elle, resteraient dans l'arbitraire. Si vous me dites que, dans ce que je fais avec l'orchestre, vous entendez quelque chose de positif, c'est que déjà vous "réalisez" au sens phénoménologique du terme. Ce que je fais se justifie d'un point de vue scientifique : selon les possibilités de la science rendant compte du développement et de la perception des phénomènes d'audition dans le déroulement du temps. Le reste, c'est la musique. La phénoménologie vous fait seulement éviter des "interprétations" trop personnelles, dont le public et les musiciens sont eux-mêmes si friands, qui n'existent *que* dans le monde de la subjectivité. Réaliser un concert, c'est essayer de réaliser autre chose que ce tas de subjectivités.

Cette ligne de conduite suscite souvent de votre part des positions très dures vis-à-vis de vos collègues. Vous semblez, par exemple, détester Toscanini…

Grâce à la phénoménologie, on peut voir qu'il était un très grand chef d'orchestre, mais qu'il n'était pas musicien pour deux sous ! Il tient l'orchestre ensemble, les intervalles sont justes, le rythme est correct… Mais ce n'est que de la diction. "L'interprétation" de Toscanini !… Mais il n'y a pas d'interprétation !

La musique renaît à chaque instant et cette notion est totalement étrangère à Toscanini et aux autres… Qu'est-ce, le tempo dans la musique ? C'est autre chose que la vitesse dans le monde physique. Si dans une petite pièce comme *Ma mère l'Oye*, de Maurice Ravel, vous ne prenez garde qu'aux éléments physiques, premiers, vous manquez absolument tout. En effet, à travers une conduite d'archet spécifique, telle qu'elle peut seule déterminer des proportions tout à fait irremplaçables, uniques en leur genre, il y a une autre octave, l'octave astrale, qui apparaît à quatre octaves plus haut que les perceptions normales du son. Cet enrichissement naît avec les structures, il est lié aux structures. Il ne peut apparaître avec le flux inévitable des instruments mis ensemble. Mais cette octave peut se former sans que celui qui écoute ne l'entende, ne l'inclue dans les manifestations qu'il va réduire : elle ne prend pas temps dans sa conscience. Plus il y a multiplicité dans ce que vous réduisez, plus le tempo est lent : on a besoin de plus de temps pour réduire la complexité. Il faut ce temps-là qui n'a rien à voir avec le chronomètre. Quand on se plaint que les tempi de Celibidache sont trop lents, on ne fait que certifier sa surdité musicale ! Si vous achetez un Stradivarius, qu'est-ce que vous faites ? Vous jouez des petites notes, des pizzicati, ou vous tirez un son très long ? Pourquoi un son très long et très lent ? Pour avoir le temps de réduire, de porter à une unité absolue tout ce qui se manifeste dans la lenteur du son. Dans chaque élément musical, il y a une dimension temporelle. Ça n'a rien à voir avec "l'interprétation" ! Le temps n'est qu'une des conditions de l'intégration des éléments, de leur réduction dans une entité supérieure.

L'ennemi du musical, c'est le subjectif ?

Non ! Il n'y a pas d'autre approche possible que la subjectivité, mais elle doit être dépassée : il faut réduire objectivement le flux de sensations que vous percevez subjectivement, voire sentimentalement. Nous sommes *un* et nous sommes confrontés à chaque instant à une incroyable multiplicité. La tendance de l'esprit humain, c'est de réduire. Et réduire, ce n'est pas restreindre, c'est donner une vie à une unité : étant un, je ne peux donc avoir affaire qu'à d'*autres un*. Je réduis tout le temps, et toujours pour la première fois. Pour les autres chefs, la musique n'est qu'une série de notes, une suite de valeurs locales. C'est de l'analphabétisme de très haut niveau ! "Je ne fais rien qui ne soit dans la partition", disait Toscanini… A quoi Mahler répondait : "Dans la partition, il y a tout, sauf l'essentiel !" Toscanini était pourtant un chef extraordinaire, implacable dans toutes ses attitudes ; tout était précis, parfaitement exprimé… sauf qu'il n'avait rien à exprimer ! C'était un processus mécanique de reproduction du son abstrait, déchargé de toute substance humaine !

Mais vous avez des raisons personnelles d'en vouloir à Toscanini ?

Aucune. Je ne l'ai pas rencontré. Il est le prototype qui a synthétisé l'idiotie musicale humaine ! C'était un roi fêté pour des raisons politiques : il fallait quelqu'un qui ait pris position contre le fascisme, un symbole de la liberté. Furtwängler, le plus grand, se laissait faire, lui…

Qu'est-ce que l'idiotie musicale ?

C'est l'incapacité de corréler les valeurs, ne les prendre que dans le sens discursif, telles qu'elles apparaissent dans le temps. Faire un tout de toutes ces apparitions ponctuelles, ça c'est la musique. On y arrive en allant d'une erreur à l'autre, d'une anomalie à l'autre, d'un arbitraire à l'autre… on se rend compte, petit à petit, on enlève… non ! c'est pas ça… encore… L'idiotie musicale traîne partout, mais surtout dans la grande publicité, dans les grands centres musicaux. Là, il n'y a pas de musique, il n'y a personne. C'est sûr. Mais, dans un petit village quelque part, dans un petit chœur, il peut y avoir de la musique, certainement !

Vous avez fait un concert avec la Philharmonie de Munich et Anne-Sophie Mutter, il y avait eu des répétitions mais elle a refusé au dernier moment de faire le concert. Que s'est-il passé ?

Anne-Sophie Mutter est incapable de faire un gramme de musique ! Une violoniste extraordinaire, un don du ciel ! Mais, le violon… ce n'est pas de la musique ! Il faut avoir la capacité de corréler, de se mettre un peu dans l'ambiance spirituelle de l'œuvre que vous jouez. On ne peut pas courir seulement et déshabiller la structure rythmique de tout ce qu'elle a de convaincant. Elle n'a aucun sens de l'égalité des valeurs ! Dans la musique, il y a un élément spirituel qui commande le physique. C'est la corrélation qui permet de transcender le son et de dépasser la valeur physique. Dans une série de sons qui se présentent à votre conscience, le premier disparu, voilà le second… où vont-ils ? Ils disparaissent ! Qu'est-ce qui reste ? La relation entre les sons qui, elle, n'est pas de nature physique.

La musique n'est pas autre chose que la transcendance du son. La musique est une articulation : la coïncidence dans le temps et dans l'esprit du commencement et de la fin, de la fin et du commencement. La musique se manifeste dans un déroulement spatiotemporel, mais elle est autre chose que ce développement continu.

Cette direction phénoménologique que vous appliquez à la musique, que doit-elle à la phénoménologie de Husserl ?

On a tous commencé par suivre Husserl. Puis on s'est aperçu que ses axiomes ne permettaient pas de trouver l'ensemble, la fin et le commencement en même temps. Il part de l'idée que toute conscience est conscience de quelque chose. Rien n'est plus faux. Regardez autour de vous : des millions de gens pratiquent la méditation. Que dit le gourou : enlevez tout, videz-vous, ne laissez rien venir à la lumière de votre conscience ! Si vous voulez que la musique vous console parce que Jeanine ne vous a pas téléphoné, c'est possible… mais ce n'est pas la musique… La musique est un exercice de notre liberté.

Pour pouvoir s'engager dans le dynamisme très, très actif et très épique d'un Beethoven, il ne faut pas être aliéné et s'identifier à Beethoven ; parce que lui, quand il lâche ce motif, il en prend un autre pour l'égaliser, trouver son complément naturel, afin que les deux puissent se réduire dans une unité ; si vous restez engagé dans la ligne de son dynamisme sans pouvoir vous en dégager, jamais vous ne serez capable de savoir si le second thème peut s'intégrer au premier. Lui était libre de le faire : sa partition le montre. Vous êtes libre de faire le même chemin. Liberté pour liberté ! Donc, au début j'ai suivi Husserl, comme j'ai pu, car en tant que juif, il était interdit. Mon professeur m'avait assuré qu'il pouvait mettre un peu d'ordre dans mon univers intérieur. Je l'ai suivi en même temps que les assertions de tous les grands musiciens. C'est ainsi que j'ai compris qu'il y a une dimension temporelle dans tout phénomène statique musical. Une seule note sur le violon : l'homme l'a conquise, l'a prise à l'univers, la voilà constituée ; mais elle ne reste pas là, elle ne vibre pas dans son entière intégrité, elle se double, fait des nœuds et disparaît en présentant toute une famille de relations : ça n'appartient plus à l'homme, mais à l'univers qui regagne ce qu'on lui a volé, avec ces divisions en deux, en trois et en cinq que sont l'octave, la quinte et la tierce. C'est cette double appartenance qui importe. Les structures spatiotemporelles existent aussi chez l'homme, liées à son monde affectif : ou bien je suis attaché au passé, ou bien à l'avenir… Tout élément affectif humain est répertorié dans un système qui est applicable également au son. Cette structure qui influence l'homme est cosmique, on ne la trouve pas dans la nature.

Tout cela est concevable abstraitement. Mais vous êtes surtout un praticien. Comment tout cela est-il transmissible à cent vingt musiciens ?

Avec l'orchestre, on ne peut pas tenir ce genre de discours ; ils n'ont pas la possibilité d'y accéder, mais ils ont une certaine sensibilité ; si vous essayez d'appliquer ces connaissances en les mêlant à celles de l'orchestre, il verra alors très vite de quel côté est la vérité, la vérité musicale. Si vous jouissez, en effet, de quelque chose dans la musique, ça ne peut être qu'à partir de cette vérité qui n'est ni mienne ni vôtre : nous ne pouvons pas faire autrement que de réduire avec une seule conscience à la fois. L'effet de cette vérité sur vous, de cette vérité unique, qui rassemble et qui réduit en *un*, c'est que "ça ne peut être autrement" ; c'est aussi net que ça et ça signifie alors que vous étiez dans la musique comme j'y étais moi. La différence entre vous et moi n'est alors qu'une différence potentielle : nous sommes réunis, dans la musique, il y a une corrélation totale. C'est comme ça maintenant ; demain ce sera autrement.

Cette voie a l'air totalement neuve. Mais, à part Husserl, vous parliez des assertions de quelques musiciens...

Frescobaldi, qui a vécu cent ans avant Bach, disait que pour les passages de grandes expressions, le tempo doit être plus lent. C'est de la phénoménologie, une logique des proportions. Que disait Bach ? Si vous ne voyez pas la structure en regardant le morceau dans la partition, si vous ne savez pas le tempo en lisant une partition, sans aucune indication de ce genre (du temps de Bach, on n'écrivait rien de tel), il vaut mieux laisser le morceau... Ouvrez une partition, vous devez savoir en lisant s'il s'agit d'un allegro ou d'un andante. Ce n'est pas une question de tempo-vitesse, mais une question de structure essentielle, spatiotemporelle donc, à partir de laquelle l'œuvre est faite. Bach un grand phénoménologue ! Et quand Haydn disait : les harmonies d'un presto final doivent être très simples : tonique, dominante, sous-dominante, tout au plus ; toutes les autres harmonies plus chromatiques ont besoin d'un tempo plus lent pour être réalisées dans leur dynamisme spécifique… c'est encore de la phénoménologie ! Il y a eu ailleurs de grands esprits qui se sont un peu occupés de la question : comment le son agit-il sur l'homme ?

A partir de ces questions, est-ce qu'on ne peut pas envisager un renouvellement dans le domaine de la pédagogie pour les enfants, qui semble totalement laissée à l'arbitraire ?

L'enfant est très près de la corrélation naturelle. Le désastre qui caractérise l'enseignement musical est tout à fait du même ordre que le désastre du désordre humain. Les professeurs, où qu'ils soient, croient tous servir la musique, avoir raison ! Mais ils n'ont aucune idée de ce dont ils parlent ! Ce que vous pouvez donner n'est que la somme des expériences pragmatiques que vous réussissez ; ça se limite à la technique et, de ce point de vue, tout peut être appris et enseigné ! Mais la musique n'a rien à voir avec la technique ! La musique est unique. Unique ! Il n'y a pas d'"assez bonnes *Quatrième* de Brahms". Il y a la *Quatrième* de Brahms, et aucun critique ne la connaît. Ils collectionnent des sensations empaquetées qu'ils comparent comme un paquet de café ! La *Quatrième* de Brahms ? Une série de sons tout à fait ponctuels dont il faut établir le lien spirituel ! Prenez un enfant qui chante : s'il ne fait pas trop attention aux paroles, si sa sensibilité n'est pas trop déformée par le sens des mots, il est très rare qu'il ne soit pas dans le phrasé naturel.

Mais, alors, que faire avec son enfant ?

Laissez-le chanter, et, chaque fois qu'il se met au piano, faites du silence autour pour qu'il puisse s'exprimer. Mais c'est alors que les difficultés commencent ! J'ai fait la même chose, j'ai commencé par le mauvais chemin, le contraire de ce que j'ai appris plus tard. J'ai perdu les meilleures années de ma vie, j'ai voulu suivre un idiot qui avait plus de dynamisme qu'un autre, et qui m'a entraîné dans toutes ses incapacités à pouvoir transcender le son. Et je butais toujours sur la même chose : "Fais ça comme ça ! – Pourquoi ? – Parce que c'est beau. Tu ne vois pas que c'est beau ? Si tu ne le vois pas, tu n'as aucun talent !" Voilà la raison suprême : "le beau" ! Rien n'a changé aujourd'hui.

Il n'y a qu'une chose à faire : garder intacte la liberté de l'enfant devant la musique ! Ce n'est pas une simple recommandation, c'est un fait ! Mais cela suppose une condition : que vous ayez au moins autant de talent que lui pour le ménager et le protéger de tout ce qu'il y a de négatif et destructeur dans ce milieu. Un rien peut tout faire basculer. Toute profession est une concession aux pressions extérieures. J'ai pour ma part essayé de retrouver la liberté que j'avais comme tout le monde, mais que j'avais perdue par la faute d'un enseignement très mal conditionné. Mais je ne peux pas vous prouver que je la possède ! C'est vous, ou un autre, qui pouvez dire : "Ça ne peut pas être autrement !" Husserl appelait ça l'*Intersubjektivbetreffbarkeit* : on se retrouve l'un dans l'autre – vous êtes Celibidache et je suis un Pierre. Sur quelle autre base cet échange unique peut-il avoir lieu ?

Si je transcende, vous devez également transcender pour vous rendre compte que je suis sorti du son, que je suis ailleurs, sans pouvoir dire où je me trouve. Ça se passe dans chacun de nous. Si quelqu'un ne fait attention qu'à la justesse de l'accord des cors entre eux par exemple, s'il en reste à ces conditions physiques, il est en dehors de toute condition spécifique pour laquelle le compositeur, à cet endroit précis, a choisi de mettre quatre cors. Le "pourquoi là et pas ailleurs", c'est de la transcendance. Quand je fais de la musique avec Michelangeli, on peut trouver une différence entre le tempo de l'orchestre et celui du pianiste : il y a une multiplicité supplémentaire à réduire. Et elle n'est pas la même que celle de l'orchestre symphonique qui dispose de sept octaves et de couleurs que le piano n'a pas. C'est à partir de tels éléments absolument méconnus que les critiques "écoutent". Or, ils devraient être dans la réduction continuelle, comme les artistes. Certains dans la salle, pendant le concert, en sont capables : mais personne ne le sait. Celui qui écoute réalise ; ce n'est pas forcément celui qui "va au concert" ! Les concerts deviennent comme des décorations : vingt-trois concerts avec Michelangeli, quatre avec Celibidache et vingt-huit avec Toscanini ! Quelle culture ! Vous pouvez y aller une fois, et transcender. Rencontre intersubjective !

Dans un univers musical hautement technologique et dominé par la performance physique, vous parlez de "spirituel" et de "transcendance" : il est bon de savoir que vous pratiquez le zen et que vous suivez un enseignement hindou.

Par là j'ai appris à ne développer qu'une seule chose à la fois. Les Anglais appellent ça *onepointedness.*

C'est aussi vieux que l'hindouisme qui a six mille ans de plus que les Hébreux : ils appellent ça *ekâgratâ*[1], l'impossibilité de faire autrement qu'une chose à la fois. Il n'y a pas d'équivalent dans les autres langues. Le zen n'est pas autre chose : se vider de toute contingence du monde extérieur. Toute musique est une méditation. Ce mot lui-même est employé à toutes les sauces. Pourtant la capacité de se vider, cette condition de liberté, est à la portée de tout le monde. Vous connaissez la lourdeur du bagage que nous transportons avec nous ! Si vous ne videz pas tout ça, vous ne pouvez pas entendre la musique. Imaginez un peu ce qu'on apporte dans les salles de concert !

A Munich, où vous êtes responsable de l'Orchestre philharmonique, vous vous trouvez dans une situation très privilégiée : vous avez la direction artistique et la direction administrative. Comment pouvez-vous concilier les deux avec vos exigences, qui vous ont fait quitter si souvent les orchestres ?

L'administration est conduite par l'esprit. Voilà tout ! Mais il n'y a pas assez de bons chefs et on est obligé de changer souvent de chefs pour servir ceux qui n'ont d'autres intérêts que de voir un nouveau frac, un nouveau visage, une nouvelle musique, et le reste… Avec des chefs moins connus, les salles restent vides ! C'est évidemment une question d'argent. Mais qu'est-ce qui pourrait réellement empêcher de conduire un orchestre comme je le fais, dans un sens précis, et de

1. Ce mot que l'on rencontre notamment dans la *Bhagavad-gîtâ* signifie littéralement le fait *(-tâ)* d'être uniquement *(eka)* sur le sommet *(agra)*, de ne prendre en vue que l'essentiel.

diriger parallèlement l'administration ? Si vous vous demandez combien de chefs sont capables de faire du Mozart par exemple, votre programmation est faite. Mozart, il n'y a aucun domaine où la confusion entre les notes et ce qu'elles doivent signifier, entre le signifiant et le signifié, soit si dangereuse : très peu de matière physique, mais tant d'esprit. Il faut trouver l'équilibre. La liberté. Aucun attachement, ni au passé ni au futur. Au moment où vous travaillez Mozart, votre conscience a déjà été travaillée pendant des décennies par le son et, si vous n'arrivez pas à vous libérer de tous ces conditionnements, vous n'arrivez pas jusqu'à Mozart. Il nécessite une conscience entière et libre, comme la sienne. Il n'y a pas d'autre accès possible. Comment un politicien, intervenant sur l'administration d'un orchestre, va-t-il comprendre tout cela ? Il n'y a qu'un seul objectif : éduquer la nation, les porter au conservatoire, leur enseigner les notes, la tenue de l'archet, etc. Où est la musique ?

Qu'est-ce qui vous empêche d'aller plus loin dans votre enseignement, de le porter à un plus grand nombre ?

Je suis dans une problématique sans issue : si je veux prouver l'élément temps dans la constitution du son, j'ai besoin d'exemples, donc de moyens audiovisuels qui sont incapables d'enregistrer la complexité dont je parle. Le microphone, par exemple, il n'arrive à saisir que 78 % des faits vivant dans l'espace musical. Etant lui-même une masse métallique, il a ses propres apparitions et crée ses propres épiphénomènes : c'est une dénaturation totale des faits authentiques. Une octave qui apparaît quatre octaves plus haut que le régime normal n'apparaît absolument pas dans le micro. Une bonne conduite d'archet, une bonne proportion entre les sons de base sont données par l'expérience directe, par le son vivant ! Pas par le micro. Le cercle où je travaille est évidemment limité : à l'université de Mayence où je tiens régulièrement des séminaires, on a un quatuor, une chanteuse, un petit orchestre, des éléments qui nous permettent d'être dans l'expérience directe du son. Mais cela ne concerne que cent personnes à peine ! J'essaie seulement de donner un peu de lumière et un peu d'orientation à ces jeunes gens qui ont autant de talent que moi, mais pas les mêmes possibilités. Il faut faire de la musique, semer la vérité à gauche et à droite et attendre qu'elle pousse, et que les autres fassent la même chose plus tard. Comment mettre pratiquement en œuvre la question : comment s'organise la perception ? Avec la successivité qui forme un UN. Ça semble intellectuel, mais ce n'est pas autre chose que la réalité de l'expérience qu'on a toutes les peines du monde à traduire en mots. Vous réduisez comme moi : j'entre en vous et vous entrez en moi !

Quand et comment avez-vous su que vous teniez "le bon bout" ?

Je ne l'ai jamais su ! J'ai été réveillé après huit ans de cauchemar à la tête de la Philharmonie de Berlin, par un professeur qui m'a dit : "Tu es un idiot ! Avec toi j'ai perdu les meilleures années de ma vie ! Tu ne peux pas tenir deux mesures ensemble et tu veux faire des symphonies !..." Ce fut un choc terrible. On voulait, à ce moment, me donner la couronne de Toscanini. J'ai tout laissé tomber ! J'ai tout recommencé, d'abord avec des petites formes pour essayer de percevoir la fin en fonction du commencement, et le commencement en fonction de la fin : percevoir en dehors du spatiotemporel. Mais je me suis rendu compte que plus j'entrais dans le matériel, plus je me perdais. Il faut entrer sans se perdre : entrer et rester dehors. Pour vous approprier ce que vous entendez, il faut que vous soyez là à la mesure 60, qui n'est pas seulement elle-même, mais qui est aussi le résultat des cinquante-neuf autres qui ont travaillé ma conscience avant elle. Elle, la soixantième, n'est pas libre. Elle est constituée par la présence des autres, et en même temps elle contient ce qui va naître après elle. Pour pouvoir la transcender, il faut que je m'approprie tout ce que j'entends avant elle, et après elle. Tout est lié ! Je ne suis là que parce que je n'y suis pas. C'est une logique particulière qui n'a rien à faire avec Descartes. Comme le jeune yogi, se vider, ne rien vouloir ! Mais avec l'orchestre, comment mettre tout cela en branle ? Par la levée : vous levez ! Et vous savez tout ce qui va venir, et tout vient..., ou ne vient pas ! Ça arrive aussi, lorsqu'on retombe dans la discursivité... Le début, la mesure n° 1, c'est le système de référence initial : tout part de là ! Les relations ne se sont pas encore matérialisées, elles ne sont pas encore senties, mais elles sont là, potentiellement, et d'emblée ! Tout ce que cet *un* va devenir existe au commencement. En France plus que partout ailleurs, vous êtes "rationalistes", et si je vous demande de répéter encore une fois, vous dites "Pourquoi encore une fois ?". Parce que cette multiplicité, dont je sais l'existence par un processus de connaissance abstraite, n'est toujours pas là ! Alors, qu'est-ce qu'on doit faire ? Se munir d'encore plus de patience, d'encore plus d'espoir, et continuer !

A vous entendre, on peut avoir l'impression qu'il serait déjà trop tard, et que cette vérité dans la musique est perdue.

Vous ne croyez pas en vous-même... Vous ne croyez que par les voies de la logique, et non par cette vision intérieure de vous-même : vous ne vous connaissez pas ; sinon le problème de croire ou ne pas croire ne se poserait même pas ! Dans le zen, on fait sauter ce qui n'est pas essentiel. L'essence de tout cela est en vous-même, et encore plus dans chacun de nous. Regardez à l'intérieur de vous-même, et soyez, si c'est encore possible, sincère, et demandez-vous si vous avez quelque chose à dire aux autres ! Peut-être vous ennuyez-vous déjà avec vous-même ! Si c'est le cas, pourquoi chercher ailleurs cet élément capable de vous éveiller et de vous hypnotiser ? Il est en vous ; ou il n'est pas ! Ou bien, il est là, et vous ne le voyez pas ! Ce n'est pas "une envie" : je ne peux pas faire autrement ! Dès que je suis devant l'orchestre, je réduis ! S'il se passe quelque chose qui m'oblige à sortir et à retomber dans le monde physique, ni vous ni moi ne pouvons continuer. Sinon, vous êtes avec moi, car vous êtes aussi libre que moi. C'est universel.

Une chose m'a beaucoup frappé : vous avez dit que vous n'aviez jamais signé de contrat, parce que vous étiez libre !

Je suis libre ! Mais dans quel sens ? Si je vous ai donné ma parole, je suis libre, parce que je me tiens à ma parole qui est libre aussi... Je ne vous décevrai jamais en vous promettant quelque chose que je ne peux pas tenir, ou en vous disant que vous prendrez ce chemin dont je sais qu'il ne mène nulle part ! Pour autant que ma réflexion est encore capable de contrôler mes réactions sur ce que je suis et sur ce que je fais : je ne fais pas autre chose que ce que je suis ! J'ai mes faiblesses et j'en suis très conscient. Mais elles ne peuvent pas intervenir sur le déroulement spirituel de mes ambitions ou de mes possibilités… Et puis, je tiens beaucoup à vous convaincre !

2

SUR LA PHÉNOMÉNOLOGIE MUSICALE

Conférence du 21 juin 1985

Mesdames et messieurs,

Je vous salue et je me réjouis beaucoup que vous soyez si nombreux dans la salle [... ici ... à l'université de Munich][1]*. Je vous demande l'autorisation de rester assis [...] j'ai été un peu malade, et depuis deux jours j'ai de la fièvre, je souhaiterais rester assis, si vous le permettez.*

Je voulais vous dire quelque chose sur ce que M. von Canal nous a exposé, mais je l'ai si mal entendu que je ne suis pas vraiment en mesure de dire quelque chose à ce propos. J'en ai entendu bien davantage du professeur Bockholdt, et je constate que, tout de même [...].

[J'ai écrit un certain nombre de choses, pour que nous ne courions pas le risque de traiter un aspect partiel de cette science. Je ne sais pas jusqu'à quel point je m'y tiendrai, mais je vais essayer, dans un premier temps, de vous exposer, dans l'espace d'une heure, ce que je pourrais en dire.

Qu'est-ce que la "phénoménologie de la musique" ? Bien que nous devions commencer par cette question, qui provient de l'attitude naïve, naturelle,

1. Pour l'explication des crochets droits [], voir la note du traducteur, p. 80.

descriptivement psychologique, nous ne parviendrons pas, dans l'heure la plus brève de ma vie, à élucider ce qu'est la phénoménologie ; et nous ne pourrons élucider que de façon conditionnelle, lors de l'exploration de quelques aspects partiels, ce qu'elle ne peut être en aucun cas.

La première difficulté vient de ma position héroïque et incorrigible de vouloir tenter ce que l'entendement exclut totalement. A l'aimable invitation du président, M. von Canal, et de M. le professeur Bockholdt, d'exposer en une heure ce à quoi mes étudiants ont besoin de réfléchir pendant sept ans, j'ai répondu "oui" avec un sourire bien joué. Je m'encourageai moi-même et pensai à la question du zen, si une courte heure est plus longue qu'un long quart d'heure. Et à la réponse du maître zen : "Nigaud que tu es ! Presque le double !"] Formuler abstraitement et avancer loin dans l'exposé de la doctrine, ou procéder intuitivement et empiriquement, mais ne saisir qu'une petite partie de la tâche infinie, ce choix est pour moi tragique.

La seconde difficulté se situe dans l'objet même de notre propos. Je dois ici ouvrir une petite parenthèse : je vous envie de savoir déjà ce qu'est la musique. La musique n'est pas quelque chose qui, dans une définition, se laisserait saisir par des symboles intellectuels et des conventions du langage. Elle ne correspond à aucune forme d'existence perceptible. La musique n'est pas quelque chose. Quelque chose, à certaines conditions déterminées et uniques, peut devenir musique. Et ce "quelque chose", c'est le son *[Klang]*. Donc : le son n'est pas la musique ; le son peut devenir musique.

La troisième difficulté consiste dans la question, qui vient facilement à l'esprit, de savoir quel est le rapport de la phénoménologie musicale à la phénoménologie philosophique[1] – à *quelle* phénoménologie philosophique ? Celle d'avant 1913 ? Celle qui provient de l'inclination, de l'attitude naturelles, ou celle qui en est issue, expliquée par Husserl[2] ? La phénoménologie n'est justement pas une psychologie descriptive, parce qu'elle exclut l'accomplissement naturel de toutes les aperceptions et positions *[Setzungen]* empiriques, naturalistes.

Sans renoncer à la saisie d'une formulation produite par l'intellect discriminant, je voudrais vous indiquer, d'un point de vue pragmatique, deux voies, deux domaines de recherche, proposés par Nicolaï Hartmann[3], qui tentent de faire de cette discipline une science :

1. l'objectivation du son ;
2. l'étude des multiples façons dont le son agit *de manière univoque* sur la conscience humaine.

Et si ce n'est pas trop difficile pour vous, nous allons marcher ensemble sur ces chemins simples.

Que savons-nous du son *[Klang]* et finalement du son *[Ton]* musical ? Pas beaucoup plus que l'homme préhistorique qui, obéissant à une impulsion intérieure vers la liberté, l'a découvert par une recherche inspirée et, sans le savoir, l'a emprunté à l'univers. Qu'est-ce que le son *[Klang]* ? Le son est mouvement. Le son est vibration. Qu'est-ce qui se meut ? La matière brute : une corde, une masse d'air ou de métal. Nous savons que tout est mouvement. Si le son est mouvement, qu'est-ce qui distingue le son pouvant devenir musique des autres formes de mouvement ? C'est la structure

1. Doctrine philosophique de l'essence des choses saisie dans les phénomènes, fondée par Edmund Husserl.
2. Edmund Husserl (1859-1938), philosophe allemand.
3. Nicolaï Hartmann (1882-1950), philosophe allemand.

spécifique et à nulle autre semblable *[unverwechselbare]* qui est à sa base : les vibrations égales, et qui demeurent égales. Pour une unité temporelle déterminée, le même nombre de vibrations : voilà l'essence du son *[Ton]* musical.

Cette structure peut bien exister dans le monde qui environne l'homme ; mais elle n'apparaît pas dans le secteur de sa perception conditionnée par les sens. L'homme, qui créa le son à vibration régulière, l'éleva de la profondeur inerte de son environnement matériel à la lumière de sa conscience, ou peut-être : le fit descendre de la scène divine. En tout cas, c'est lui qui l'a créé. Il fait vibrer une longueur élastique entre deux points fixes, il souffle dans un tuyau de bambou ou dans un os de tibia évidé et percé de trous et constitue ainsi, sans avoir la moindre idée à ce sujet, les requis préalables qui lui permettent de transcender ses conditions-de-maintenant *[seine Jetzt-Bedingungen]*.

En premier lieu, il est fasciné par la stabilité de sa découverte : chaque fois qu'il crée les mêmes conditions, il obtient le même résultat. L'environnement inconstant qui lui est familier ne lui fournit pas de tels vécus. Il a expérimenté combien est éphémère son monde environnant et tout ce qu'il peut en savoir. Le son à vibration régulière est éphémère, lui aussi. Mais, aussi longtemps qu'il subsiste, il manifeste une identité continuelle et qui revient sans cesse – quelque part c'est toujours là. Dans cette invention naît une joie nouvelle, qui n'est rien d'autre que se vivre soi-même. C'est une identification émotionnelle avec le phénomène sonore révélé, car dans l'homme lui-même, cette image (selon tous les prophètes, muets et éloquents) de l'être absolu, il y a également quelque chose d'inaltérable. La véritable force motrice, se renouvelant elle-même, qui le retient auprès de sa découverte, c'est la nouvelle sensation de bien-être *[Wohlempfinden]*. Elle n'existait pas auparavant.

Le son à vibration régulière ne vibre pas seul. Toute une série de sons périphériques, que l'inventeur, riche d'initiative, n'a pas du tout suscités, vibrent avec lui et forment ensemble une pluralité résonnante tout à fait nouvelle. Ce sont les sons harmoniques, les manifestations secondaires directement dépendantes, les épiphénomènes qui s'ensuivent de façon immédiate. La corde élastique qui a été tendue entre deux points, la colonne d'air qui est enfermée dans un espace cylindrique, ne peut vibrer dans son intégralité. Conformément à la loi de la masse inerte, elle doit se subdiviser. Et ces subdivisions produisent une série de sons qui appartiennent à la famille du son principal. Le son principal n'est donc pas seul. Il est constamment accompagné de sa famille, qui lui appartient en propre, qui lui est proche. Le bruit, c'est-à-dire une somme de sources sonores réfractaire à une définition plus précise, a lui aussi des harmoniques. Mais ceux-ci, n'étant pas différenciés, ne sont pas perceptibles pour la fonction constituante de ma conscience.

Dans le monde que l'homme, dans son attitude naïve, appelle "nature", la consonance du son principal et de sa famille, surgie en dehors de toute intention de l'homme, ne se présente pas. C'est l'homme qui crée des conditions pour que cela se produise. Il emprunte, il dérobe au cosmos ce phénomène particulier, qui sans lui n'existerait pas. – Mais pas pour longtemps. Même le son singulier se voit irrévocablement rappeler son origine et se trouve sommé d'y retourner sans délai. Lui aussi disparaît. Lui aussi, dans la masse de la matière inerte, doit reprendre la place à laquelle il a été arraché. Mais les phénomènes secondaires qu'il a révélés ne sont rien d'autre que les différentes étapes, structurées sans équivoque, sur le chemin de sa disparition définitive.

Nous voici devant le phénomène le plus fondamental qui donne au son la possibilité de devenir musique. De la façon la plus directe, nous sommes confrontés, dans l'espace le plus restreint, avec la structure spatiotemporelle la plus primordiale, unique en son genre : en tant que chaque son singulier est un système solaire, il existe entre lui et ses épiphénomènes des relations fixes, non arbitraires, non interprétables.

Ces relations ne sont pas seulement spatiales (la longueur se divise en deux, en trois, en quatre parties, les harmoniques supérieurs apparaissent plus haut, les inférieurs plus bas), mais aussi temporelles. Ce que la musicologie ignore complètement, c'est la structure temporelle de l'apparition des épiphénomènes et leur implication réflective dans le monde des affects humains *[menschliche Affektwelt]*. Les phénomènes secondaires ne se forment pas en même temps que le phénomène principal, ils apparaissent – fût-ce à une distance à peine perceptible pour l'homme – dans le temps, donc *après* le phénomène principal. C'est ce que l'acoustique physique appelle le "processus d'entrée en vibration" *[Einschwingungsvorgang]* qui a, entre autres, une dimension temporelle.

La musique est-elle seulement l'effet du son ? Est-elle seulement la nouveauté, sans équivalent ailleurs, de la plénitude conditionnée par les phénomènes secondaires, unique pour l'homme ? Non. L'essence de la musique doit être cherchée dans la relation son-homme et dans les correspondances entre cette structure temporelle du son et la structure du monde des affects humains.

Qu'est-ce que l'essence du monde des affects humains ? Relation dans le maintenant entre ce qui est passé et ce qui est à venir. Quelles sont les motivations agissantes, les mobiles caractéristiques pour les émotions et les sentiments apparaissant dans le monde des affects, sinon cette double liaison dans le maintenant entre avenir et passé ? Regretter l'absence de quelqu'un qu'on aime, c'est relié au passé ("je l'ai connu autrefois...") ; attendre quelque chose qui ne peut se produire : la déception est reliée au passé et à l'avenir ; l'espoir est relié à l'avenir ; l'action est reliée à l'avenir ; le remords est relié au passé et à l'avenir, etc. Il n'y a rien dans notre monde affectif qui ne représente l'une de ces combinaisons polyvalentes.

Qu'en est-il de nos toutes-puissantes petites structures ? Le premier son harmonique : l'octave. Vous savez que, lorsqu'une corde se divise au milieu, elle se divise d'abord en deux : apparaît l'octave ; elle se divise en trois : apparaît la quinte ; elle se divise en quatre, en cinq, en dix, en cent, jusqu'à ce qu'elle finisse par atteindre – du point de vue humain – la position de repos à laquelle elle a été arrachée. Ce processus se déploie dans le temps, bien que sa durée, comme nous l'avons dit, ne soit pas perceptible à l'homme. Le premier harmonique, l'octave, ce qui est en mouvement, apparaît plus tard que le son principal, elle est donc son avenir. Or, l'octave n'est pas quelque chose d'entièrement nouveau ; dans des conditions mélodiques, elle peut apparaître comme nouvelle, mais en même temps elle est aussi la même chose. Dans le même, dans la répétition, se situe pour le moment son terme, le "ne-pas-pouvoir-autrement" uniformisant de l'inertie.

<*Au piano*[1].> Je vais essayer de montrer un peu (j'ai eu les doigts si ankylosés depuis deux jours,

1. Pour l'explication des crochets obliques < > voir la note du traducteur, p. 80.

est-ce que ça va s'en aller ?). Donc, l'octave : elle est quelque chose de nouveau. *<Il joue une octave désaccordée.>* Ça, c'est absolument nouveau !... Mais c'est aussi la même chose. Qu'est-ce que je joue maintenant ?

(Fig. 1)

Et maintenant :

(Fig. 2)

Vous voyez, c'est aussi la même chose. Certes, l'octave est quelque chose de nouveau, lorsqu'elle est atteinte de façon mélodique...

(Fig. 3)

... elle a effectivement la valeur d'un phénomène nouveau, mais c'est là une condition tout à fait particulière ; d'après sa fonction, elle est la même chose.

Tout à fait nouveau et différent sans méprise possible est le deuxième harmonique, lorsque la longueur se divise en trois, à savoir la quinte. Elle est en soi le véritable avenir du son fondamental. Je n'ai pas besoin de jouer une ligne <mélodique> aussi en quintes, vous savez combien cela est en contradiction. Dans sa relation au son principal et aux autres phénomènes secondaires, elle est prépondérante et, de ce fait, hérite de toutes les caractéristiques dominantes du son originaire. <*Au tableau.*> Elle est caractérisée par la relation pythagoricienne 2 : 3 (en divisant la corde en trois, la quinte est – ici un tiers – et cela serait 2 : 3 ; trois, ce sont trois unités, et je n'en prends que deux, c'est ainsi que la quinte est née), qui représente la plus petite et la plus grande opposition des premiers nombres premiers. Elle se trouve en position orthogonale par rapport à la fonction principale et, de ce fait, elle est le plus stable intervalle sonore. En tant qu'elle est le symbole de toutes les relations stables, elle est le paramètre et l'étalon invariable de toutes les structures spatio-temporelles mobiles et génératrices.

Donc, le son appartient à l'initiative de l'homme et en même temps il appartient à l'univers. Pourquoi à l'initiative de l'homme ? Je peux former une mélodie de telle manière ou de telle autre – c'est moi qui l'ai faite, je pense ; en même temps, cela appartient aussi à l'univers, qui le résorbe. Donc une double appartenance. Ce qui est essentiel, c'est d'entendre dans le son, qui est entre autres un phénomène spatial, la dimension temporelle occulte, en quoi consiste l'essence de la relation à l'humain.

Un son tout seul, malgré sa structure spatiotemporelle implicite, ne peut pourtant pas encore devenir musique. Ce n'est qu'avec l'apparition du son suivant que se matérialisent les autres dimensions de l'activité en expansion, dirigée contre l'inertie qui avale tout, contre la tendance omnidévorante à disparaître.

Je ne sais pas s'il est clair à ce stade que dans la division du phénomène principal, dans la révélation de sa famille, nous sommes en présence de quelque chose qui n'est pas interprétable.

<*Au piano.*> Le phénomène essentiel est la quinte. Qu'est-ce à dire ? Dans la musique, nous avons affaire aux seize premiers phénomènes de la série des harmoniques supérieurs, par exemple à partir de cette note :

(Fig. 4)

L'essentiel est la quinte. Pourquoi pas la quarte ? Parce qu'à l'intérieur de ce système référentiel définitif qu'est l'octave…

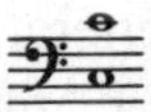

(Fig. 5)

… à l'intérieur de ce système :

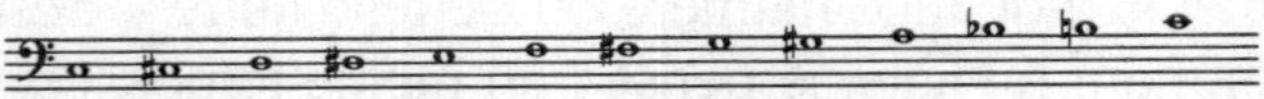

(Fig. 6)

je puis réduire tout ce qui se situe à l'intérieur des neuf octaves audibles pour l'homme :

(Fig. 7) est ici :

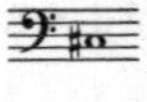

(Fig. 8)

(Fig. 9) est ici :

(Fig. 10)

(Fig. 11) est ici :

(Fig. 12)

(Fig. 13) est ici :

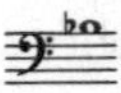

(Fig. 14)

Ainsi l'octave est un système référentiel définitif – pas pour toutes les expansions, seulement pour les <expansions> harmoniques et mélodiques. Et si l'on prend l'octave comme le rapport 1 : 2 (qui est le rapport pythagoricien), l'octave est encore longtemps – puisque représentée par le rapport 1 : 2 – très éloignée de l'autre rôle, que joue la quinte. Rapport 1 : 2 :

(Fig. 15)

Rythmiquement :

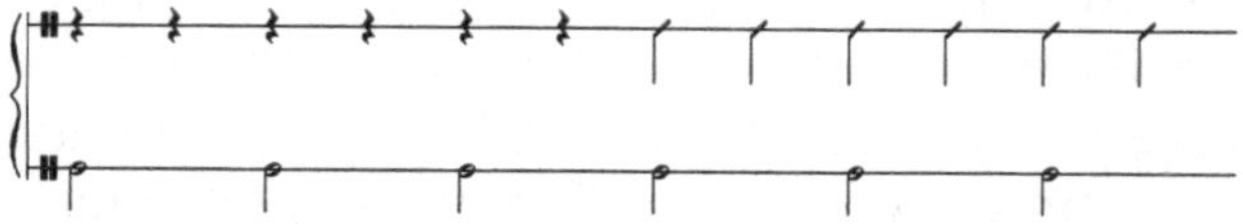

(Fig. 16)

Est-ce entièrement nouveau, ou est-ce déjà contenu dans le premier ? Oui, bien entendu !

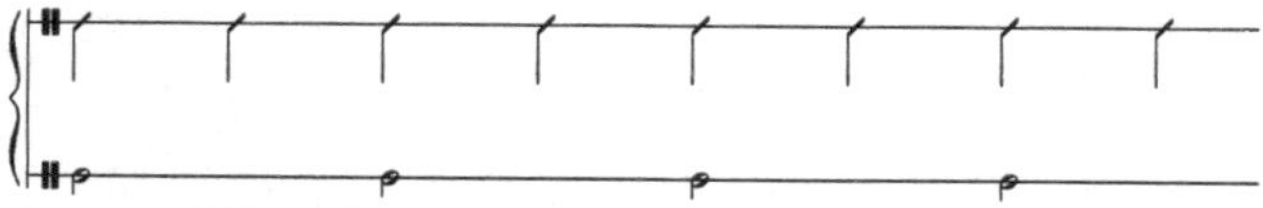

(Fig. 17)

Qu'en est-il de la quinte ? Rapport 2 : 3 :

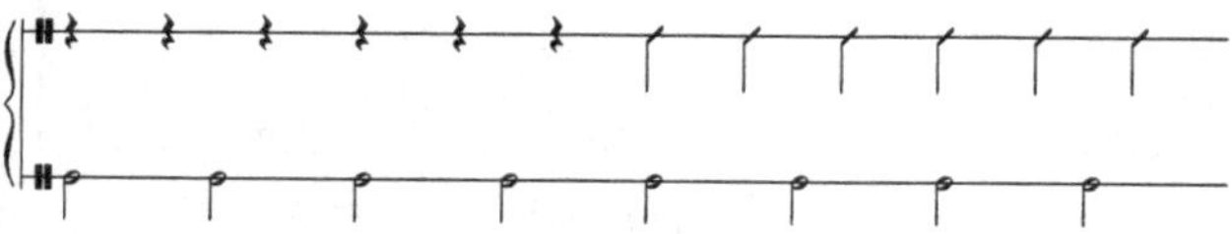

(Fig. 18)

Opposition maximale !

(Fig. 19)

Par contre :

(Fig. 20)

C'est à nouveau la même chose, qui annule l'opposition. Y a-t-il dans cette opposition des rapports de tension plus grands que la quinte ? Plus grands, non – plus différenciés, certainement.

(Fig. 21)

Trois contre cinq : plus difficile à percevoir, mais pas plus grand que le deux contre trois. Ceci :

(Fig. 22)

Des positions dynamiques plus éloignées l'une de l'autre que 2 : 3, il n'y en a pas.

C'est aussi l'essence de la musique jazz, qui à ses débuts a tiré la plus grande énergie rythmique de cette confrontation des deux rythmes. Ce qu'on appelle le *hiccup*, c'est ce qui se passe si je fais ici…

(Fig. 23)

Qu'est-ce que c'est ? Ce sont trois croches ensemble contre quatre en bas. […] Ce *hiccup* peut être déplacé, et c'est ce que les gens du jazz ont aussi découvert avec le temps, ça donne :

(Fig. 24)

C'est trois contre deux. Donc, la plus petite et la plus grande opposition. Voyez-vous, tous ces aspects, pour cela j'ai besoin de vivre avec vous pendant une semaine, alors vous n'appréhenderiez plus cela comme une théorie, mais vous verrez : en vous vivent les mêmes forces actives qui sont aussi en moi. C'est ce que Husserl appelle "intersubjectivité transcendantale".

Bien, nous devons maintenant quitter le matériau, le son. Nous sommes partis de cette étude du son et nous voudrions maintenant aborder autre chose. Mais nous en avons très peu parlé, est-ce que nous devrions encore un peu […] ? Mon heure devient de plus en plus limitée, n'est-ce pas ? Nous allons quand même avancer, peut-être que nous reviendrons en arrière. (Mesdames et messieurs, j'attends bien plus de votre participation directe tout à l'heure – avec des questions relatives à tout ceci – que de cet exposé théorique.)

Nous quittons maintenant le matériau et nous nous intéressons à la constitution *[Beschaffenheit]* de l'esprit humain. L'esprit humain est une entité cohérente en elle-même, indivisible, qui se trouve constamment face à une multiplicité de phénomènes. Il est donc une unité accomplie, et ne peut avoir affaire qu'à une autre unité à la fois. Dans sa disposition, intentionnellement tournée vers l'extérieur, à s'identifier au perçu en se l'appropriant – à s'identifier au perçu en se l'appropriant ! – ou à exclure l'incorrélable, l'incompatible : c'est là l'essence ontologique de sa fonction. Cette qualité unique de l'esprit humain se dit en sanskrit *ekâgratâ*. En allemand nous n'avons pas pour cela de concept équivalent. Les Anglais sont en meilleure posture cette fois, ils appellent cela *onepointedness* : être-dirigé-sur-*un*. Nous pouvons pourtant traduire ce dont il s'agit, en circonscrivant le sens de ce qui est visé, comme "constitution non dualiste de la conscience libre". Si l'esprit ne pouvait pas saisir, puis à nouveau quitter, ce qu'il s'approprie, c'est-à-dire s'il ne pouvait pas le transcender, il n'y aurait pas d'autre possibilité d'une prochaine appropriation, expérimentée dans la corrélation. Par la transcendance ponctuelle dans l'ici et le maintenant (transcendance de l'appropriation immanente), l'esprit recouvre à nouveau sa liberté ; l'absence de préventions *[Unvoreingenommenheit]* qui est la condition *sine qua non* pour l'appropriation suivante. L'intégration des différences, l'élimination de toute forme de dualité est le seul travail *[Leistung]* que puisse accomplir notre esprit. Il s'ensuit qu'il doit intégrer toute multiplicité en un fait qui lui apparaisse comme unifié. L'élimination de toutes les différences, l'intégration de toutes les parties en un tout, nous l'appelons "réduction".

(Pour les phénoménologues : C'est ici que se séparent les chemins de la phénoménologie musicale et ceux de la phénoménologie philosophique. Husserl appelle réduction le fait de "mettre entre parenthèses", "exclure", "faire abstraction de", etc. Nous avons pris un chemin absolument différent.)

Intégrer n'a rien à faire ici avec le concept mathématique et logico-formel qui désigne la restitution d'une unité à partir de ce qui a été dérivé. Il ne s'agit pas d'une restitution, mais d'une production neuve unique et première, qui ne requiert qu'une seule condition : à savoir, les relations existant entre les parties, ou entre les modes d'être, relations susceptibles de se compléter mutuellement, donc complémentaires entre elles. (La relation "nez rouge" et "la volonté comme représentation" ne se laisse pas intégrer.)

Lors d'une série de perceptions sonores, chacun des phénomènes singuliers disparaît et la question se pose : que reste-t-il ? *Ce qui reste, c'est la relation, qui ne peut être vécue que par transcendance.* L'esprit qui transcende n'est ni auprès du premier membre, ni auprès du second membre d'une relation, mais il les dépasse tous les deux et s'approprie l'essence de leur relation englobante, réciproquement solidaire et portée par une parenté de nature. Les relations ne disparaissent-elles pas ? Si, mais non de la façon dont les sons disparaissent du secteur physiquement perceptible où ils ont surgi ; elles s'intègrent dans une unité d'un ordre nouveau, supérieur, transcendant les parties, qui est l'œuvre durable, la fonction éternellement possible de l'esprit humain.

Nous avons ainsi rencontré une différence cardinale entre la philosophie européenne et la réalité des faits. Depuis Brentano[1], le maître de Husserl, la philosophie européenne part du présupposé apodictique, axiomatique, que toute conscience est “conscience de quelque chose”. C'est bien là l'énigme de toute notre philosophie. Il n'y a pour nous rien de plus faux que cela. Les yogis le savent depuis que la pensée réflexive existe. Avant que la conscience ne saisisse quelque chose, elle doit être là, exister. C'est seulement lorsqu'elle a saisi qu'elle devient conscience de quelque chose. Et si elle a saisi – comment peut-elle encore être pure ? Que signifie la recommandation que le yogi donne encore et toujours à l'élève pendant la méditation : “Vide-toi ! Ne laisse pas la lumière toute-puissante de ta conscience être troublée par quelque chose qui y monte.” Tenir tout objet de pensée à distance de la conscience pure, serait-ce de la passivité ? Serait-ce un évitement violent ? Ou bien est-ce vivre sans restrictions et sans conditions la lumière toute-puissante, donc l'activité suprême ? Nous l'avons dit, on ne peut pas en parler, on peut seulement le vivre. (C'est ce qu'essaient aujourd'hui des millions de jeunes gens, peut-être pour la première fois dans l'histoire de cette planète avec une telle ampleur, en n'apportant à cette entreprise cosmique que leur indomptable aspiration à la liberté.)

Revenons maintenant au son. Nous avons vu qu'un son isolé ne peut pas devenir musique. Par l'apparition d'un autre son après le premier se forme la première articulation qui établit la communication

1. Franz Brentano (1838-1917), philosophe autrichien.

entre l'écoute et ce qui est écouté. Mais cela ne suffit pas à maintenir l'auditeur sous l'emprise d'un événement sonore. Dans ce qui succède à cette articulation, se manifestera l'autre caractéristique vivante qui fait de l'association de deux sons la plus petite pierre de l'édifice futur. Cette caractéristique est la directionnalité *[das Gerichtet-Sein]*.

Quelles relations existent entre deux sons qui se succèdent ? Voici le premier cas : le deuxième son est identique au premier. Lors de l'opposition de deux sons semblables, se matérialisent pour la première fois les structures sonores les plus élémentaires, qui demandent du temps, et qui sont la condition appropriée pour que s'accomplisse la métamorphose de toutes les données sonores en musique.

Le deuxième cas, ce serait qu'au premier son succède quelque chose de différent. <*Au tableau.*> [...] Pour le premier son, nous avons constaté qu'il n'est pas seulement un phénomène spatial, mais qu'il a aussi une dimension temporelle. Sa famille naît après lui. De ce fait, nous nous trouvons pour la première fois, dans cet espace restreint, en présence d'un phénomène qui reste important, essentiel, pour tout ce qui en sortira plus tard. <*En montrant au tableau.*> Si le deuxième son est identique au premier, nous nous trouvons <pourtant> devant une situation toute nouvelle. Est-ce que je ressens *[empfinde]* le deuxième son, qui est physiquement le même que celui-ci, est-ce que je le ressens de la même manière ? Bien entendu, il n'en est rien, car le premier son a laissé subsister quelque chose chez moi. (Sinon je ne pourrais même pas dire que le deuxième est un deuxième.) Une impression quelconque, soit dans ma mémoire, soit dans cette sensibilité incroyablement disponible de l'homme. Ce son n'a plus cet incroyable avantage de tomber sur un champ qui n'a pas encore été travaillé, mais il tombe sur un champ qui a été travaillé par ce <premier> son. Grand Dieu ! Alors il n'y a pas de répétition en musique ? Eh bien non, cela n'existe pas, bien entendu. Car de la première fois j'ai reçu quelque chose, ainsi la deuxième fois, ce que nous appelons <improprement> répétition, tombe sur un champ déjà travaillé. Combien de fois peut-on marcher sur de la neige fraîche sans retrouver les mêmes traces ? Une seule fois.

Vous allez dire que c'est là un phénomène absolument nouveau – c'est bien vrai ! *<Dessine au tableau.>* A-t-il quelque chose en commun avec celui-là ? *Seulement* si je considère chacun des deux phénomènes *en soi*... et celui-ci en soi..., alors ils sont identiques. Mais comment pourrions-nous appréhender *en soi* quelque chose qui est dans le cours d'un devenir ? S'il en est ainsi, la position du second phénomène vis-à-vis du premier est autre que la position du premier envers le second. Le deuxième apparaît de façon discursive, dans la discursivité, et le premier de façon récursive. Le ne-pas-pouvoir-autrement englobant de l'esprit *(onepointedness) n'*entend *pas* en soi, mais quoi donc ? Il entend la relation entre les deux. Et dans la relation, ni le premier, ni le second ne subsistent encore comme tels. S'il n'y a rien de nouveau dans le deuxième phénomène, mon intérêt pour lui sera diminué. Ainsi, de ce phénomène à celui-là, se forme un creux... *<Tableau.>* Puisque ceci a d'abord agi sur moi, je ne peux percevoir le second qu'en référence au premier. Le fait d'avancer dans le temps manifeste une nouvelle dimension en faveur du second, elle va dans ce sens... *<Tableau.>* La relation "n'expérimenter rien de nouveau dans l'autre" crée <à partir> de cette articulation une direction, et celle-ci va dans le sens inverse : je perçois le deuxième son par rapport au premier.

Voilà déjà les premières oppositions. Des divergences *[Gegensätzlichkeiten]* qui favorisent la durée, qui sont créatrices de durée. Ah ! Nous ne savions pas cela ! Qu'est-ce que vous racontez, monsieur Celibidache ? Comment Beethoven construit-il le point culminant dans le premier mouvement de sa *Cinquième Symphonie* ?

(Fig. 25)

Ah, ne répète-t-il pas huit fois la même chose ? *Justement, non !* "Huit fois", c'est la photo de l'image, ce n'est pas la réalité musicale. Cela *s'intensifie*, justement parce que ce n'est pas la même chose ; parce que ce n'est pas une répétition. S'il n'avait pas fait cela, si à la place il avait fait (là je ne peux servir qu'une improvisation idiote) :

(Fig. 26)

… qu'est-ce qui est contraignant ici ? Rien ! Qu'est-ce qui est contraignant dans l'autre ? Tout ! Et entre ces deux pôles se joue tout dans la musique. Ce sont là de tout autres dimensions, que nous allons encore découvrir.

<*Au tableau.*> Alors, que se passe-t-il maintenant si le deuxième son est nouveau ? Les considérations qui se sont absolument imposées ici, est-ce qu'elles se trouvent encore ici aussi ? Est-ce que j'entends le deuxième son par rapport au premier ? Bien évidemment. Est-ce que ce creux (du fait de n'être-pas-nouveau) se forme également ici ? Non, ici il y a quelque chose de nouveau. Ici se forment évidemment toutes les dimensions musicales : … Ceci représente une articulation… et ceci également. Je peux entendre seulement ainsi : un – deux ; de ce qui est entendu d'abord vers ce qui est entendu ensuite. Ici aussi. … Mais quelles autres forces sont ici à l'œuvre ? Si ce deuxième son est l'un de ces épiphénomènes du premier son, on dit que la parenté est proche, l'opposition n'est pas si grande. C'est une possibilité. Mais si ce deuxième son n'appartient pas à ces épiphénomènes du premier son, … il y a tant de phénomènes qui en font partie, s'il n'est pas un de ceux-là, mais un très éloigné – comment est l'opposition ? Très grande. Est-ce que l'autre son, le nouveau, a également autour de lui un tel système ? Bien entendu. Plus éloignée est la relation, phénoménologiquement on dira : plus éloignée est la parenté entre ces deux… (nous avons des critères pour constater cela, je ne peux pas vous exposer cela si vite)… plus elle est éloignée, plus grand sera le combat entre ces épiphénomènes et les épiphénomènes du premier son. Nous appelons cela "tension".

Donc, plus grand est l'éloignement, plus grande est la tension. Or, je peux par exemple jouer doucement cette note [sur le piano – comment sont alors les épiphénomènes ? Sont-ils toujours là ? Oui. Mais si je lui donne naissance avec peu de force, comment est alors son monde ? Petit pour la perception humaine, c'est-à-dire nous y entendons peu. <*Au piano.*> Il n'est pas dit que ce son

(Fig. 27)

n'ait pas les mêmes épiphénomènes que celui-ci :

(Fig. 28)

Il *a* effectivement les mêmes, mais qu'en est-il entre celui-ci :

(Fig. 29)

et celui-ci ?

(Fig. 30)

Avec le second, où le toucher a été plus fort, j'entends beaucoup plus d'épiphénomènes qu'avec le premier. Alors, qu'en est-il des conditions physiques ? Avec ce son :]

(Fig. 31)

j'entends tous les seize premiers phénomènes déterminants <cf. fig. 4>. Qu'en est-il de ce son-ci ?

(Fig. 32)

Y sont-ils aussi ? Bien entendu, mais où tombent-ils ? En dehors du secteur de la perception humaine, qui s'étend acoustiquement de 16 vibrations jusqu'à 20 000 et musicalement de 32 jusqu'à environ 8 000.

<*Au tableau.*> Donc, dans le premier cas, la famille… cela c'est le secteur de la perception humaine… dans le premier cas : ce son <grave>, qui est ainsi, il est audible dans toute son identité. Ce son <aigu> forme les mêmes épiphénomènes, ils tombent tous en dehors du secteur de la perception humaine, donc ils ne sont plus audibles pour moi.

Donc : parenté entre les sons, relation entre les différents volumes sonores, entre les intensités. Si celui-ci est très fort et l'autre très peu – naturellement il n'y aura pas de grande opposition. Si celui-ci est très fort et l'autre également fort – il y a une opposition énorme. Plus grande est l'opposition, plus nombreux sont les points de contact entre les faits. Et plus grande l'opposition, plus nombreux les points de contact, plus j'ai besoin de *temps* pour percevoir cela. Ah ! Donc, la dimension temporelle est déjà contenue dans l'intervalle. Bigre ! Pourquoi cela ?

Quels autres phénoménologues musiciens affirment cela ? Que dit Frescobaldi, le musicien qui a épuisé l'espace de la quinte, qui a vécu environ cent ou quatre-vingt-dix ans avant Bach : “Des passages expressifs doivent être joués plus lentement que les autres.” Ah ! D'où vient l'expression ? Qu'est-ce que l'expression ? Multiplicité des points de contact entre les phénomènes. Si j'ai un fort et un faible, il n'y a guère de points de contact, guère d'oppositions. Ils ne peuvent pas nous intéresser. <Par contre>, si par l'intensité, par l'exécution *[Vortragen]* intensive des phénomènes, il y a de très nombreux points de contact, j'ai besoin de plus de temps pour, au moyen de mon *onepointedness* (la puissance synthétique de mon esprit),… j'ai alors besoin de plus de temps pour pouvoir y entendre une relation. Ah !

Que dit Bach, cet autre grand phénoménologue, par les quelques paroles qu'il nous a laissées ? “Celui qui ne sait pas reconnaître le tempo à partir de la composition *[Tonsatz]* ferait mieux de s'abstenir !" Vous ouvrez une partition et vous devez savoir si c'est un mouvement lent ou un mouvement rapide. Quand est-ce que ce sera un mouvement lent ? Lorsque ces oppositions, que ce soit dans la parenté, dans l'intensité sonore, dans le phrasé, sont grandes. Ah ! Et cette prérogative revient à chacun ? Il pensait que oui. Je le pense aussi. Mais pas après deux cents ans de fausse pratique musicale – tout cela a été détruit. Aujourd'hui nous recevons comme première donnée, ou... renseignement : *Allegro* = 52. Et alors ils font marcher le métronome : ti-ti-ti, et puis ils essaient de mettre ensemble, là, comme ça, les multiplicités – bon, qu'est-ce qui peut sortir de là ? Qu'est-ce que c'est que cette idée du tempo ? Où figure-t-elle ? C'est <seulement> lorsque nous nous sommes appropriés tous les facteurs agissants, que nous pouvons dire : à ce tempo ce sera possible.

Que dit Haydn ? "Les harmonies d'un mouvement final, d'un presto, doivent être simples : tonique, dominante, sous-dominante." Ah bon, pourquoi cela ? "Des harmonies chromatiques peuvent se trouver dans des mouvements lents." Ah ! Il y a donc bien dans le son et dans les associations de sons quelque chose qui contient objectivement le tempo. Et qu'est-ce que c'est ? C'est le degré d'opposition.

Je peux, bien entendu, parler très longtemps de ces situations (le même son et des sons différents, etc.), mais je ne fais que penser à cette heure tragique qui est à ma disposition. <*Au tableau.*> Donc, cette situation, naturellement elle n'est pas seulement ainsi mélodiquement, dans le temps, mais deux sons peuvent également apparaître *simultanément* ; les points de contact entre ces phénomènes sont les mêmes. Si tous deux appartiennent à la même série d'épiphénomènes, la parenté est proche ; s'ils n'y appartiennent pas, l'opposition est grande.

Malheureusement, il y a en moi une impulsion très saine et un tel amour des hommes, je voudrais bien vous convaincre tous que ce que vous entendez là n'est pas un délire, une spéculation de la pensée. Mais c'est ce que vous-mêmes entendez en permanence ; ce qui, en vous, est actif – de façon absolument dynamique. Mais nous devons aller plus loin.

Ces relations entre deux sons révèlent une série d'aspects partiels séparés qui, lorsque les conditions sont présentes, disparaissent totalement dans la réduction. Peut-être tout le monde n'a-t-il pas compris ce qu'est une réduction : <*Au tableau.*> Si nous avons divers phénomènes singuliers qui se matérialisent dans le maintenant… Ce serait quelque chose comme ça… <*dessine*>… dans le maintenant, n'est-ce pas ?… <*Au piano.*> Imaginez-vous, un accord, n'est-ce pas ?

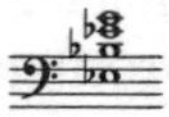
(Fig. 33)

Il y a des cors, des flûtes, des bassons, des altos, des violoncelles, etc. Et l'un de ces éléments qui agissent dans la simultanéité… <*au tableau*> … par exemple cette flûte, elle est trop basse. Que faisons-nous ? *Vous* ne savez pas ce qu'il y a à faire – nous autres, chefs d'orchestre professionnels, nous disons : “Vous êtes trop bas !” Une fois que nous avons dit cela, que se passe-t-il ? Ou bien il a des oreilles et modifie sa hauteur de son et rentre à nouveau dans l'unité existante. Car, aussi longtemps qu'il est trop bas, il est ici et les autres sont là, donc dualité. <*Dessine.*> S'il trouve le son juste, que se passe-t-il ? Est-ce qu'il disparaît ? Non, il est intégré dans cette unité. Maintenant, imaginez-vous qu'ici un corniste qui n'est pas bien réveillé souffle *mezzo-forte* et les autres jouent *piano*. ... Lui aussi crée une dualité, ce sont deux choses. Si vous lui dites : "Voudriez-vous avoir, s'il vous plaît, l'obligeance de ne pas déranger les autres. – Oui, oui, toutes mes excuses !" Maintenant il joue aussi *piano* – a-t-il disparu ? Non, il est intégré dans l'"un", dans le maintenant. Combien de telles dimensions y a-t-il ? D'innombrables : ça peut être trop mou, trop dur, trop bas, trop... (je ne peux pas expliquer ça maintenant) ça peut être trop extraverti et trop introverti. Il y a d'innombrables aspects selon lesquels cela pourrait aller.

<*Au tableau.*> Donc, ceci c'est de la dualité. Il peut aussi se faire que la multiplicité soit beaucoup plus grande : flûte trop basse, maintenant trombone trop bête, cor trop fort,... contrebasse trop tard !!! ... trompette trop tôt – multiplicité !! Et si ça n'est pas le cas, si chacun trouve comment entrer... – entrer où ? dans l'unité génératrice – ... la multiplicité disparaît. Nous ne pouvons avoir affaire qu'à ce "Un", parce que nous sommes nous-mêmes "Un". Aussi longtemps que nous sommes confrontés à une multiplicité qui subsiste, nous ne pouvons rien en faire. En tant que nous nous l'approprions, cela doit d'abord devenir "Un". Et nous l'approprier, pourquoi faire ? Pour devenir libres pour l'appropriation suivante. J'espère que c'est à peu près clair ce qu'est la multiplicité et ce qu'est *onepointedness*, la capacité de l'esprit à unifier toutes choses.

L'unification de deux phénomènes séparés correspond au seul mode d'action possible, au "ne-pas-pouvoir-autrement" unique, primordial et ultime, de l'esprit. Il doit venir à bout de la multiplicité, c'est-à-dire qu'il doit en sortir. Il doit s'affirmer contre elle. Puisque la multiplicité renaît éternellement à nouveau, la capacité de réduction doit être éternellement la même, inentamée. C'est par la volonté de s'affirmer que l'esprit doit réduire la multiplicité. Et c'est ce qu'il fait partout où cela est possible. L'acte de pensée est une réduction univoque, qui a lieu dans la simultanéité. Dans l'acte de pensée s'exprime de façon directe la capacité unificatrice de la conscience humaine. Toute définition, toute généralisation, toute volonté de saisie sous des lois valides, toute pluralité projetée en tant que totalité, toute multiplicité du phénomène singulier, en tant qu'elle est réduite par la symbolique conceptuelle, toute équation mathématique, toute conclusion inférée sans alternative possible à partir des nombreuses prémisses, est le fruit direct de cette potentialité ainsi caractérisée de l'esprit humain.

Mais quelles sont à présent les conditions irremplaçables pour que des réductions de phénomènes sonores puissent avoir lieu ? L'une des conditions à cela est le "tempo". Oui, ce qu'est le tempo, c'est très difficile à définir. Non, pas difficile – impossible ! Le tempo peut rencontrer un corrélat dans le monde physique, mais il n'a rien à faire avec le temps physique et son écoulement. En relation au tempo, toutes les indications temporelles comme "lent", "rapide", "pas lent", "pas si rapide", "trop rapide", "juste" ou "faux" ne peuvent, et de très loin, trouver aucune application. L'énoncé qui dirait qu'une plus grande multiplicité a besoin de plus de tempo pour être réduite qu'une <multiplicité> plus petite est aussi faux que l'espoir des scientifiques de parvenir par la division éternelle aux unités fondamentales, indivisibles. Le tempo étant une condition *unique*, il ne peut être ni plus, ni plus grand, ni plus petit, ni moins, ni autre ; cette condition est unique, ne concerne qu'une seule situation.

Si la réduction n'a pas eu lieu, ce n'est pas que le tempo était faux, c'est que les sensations sonores qui apparaissent les unes après les autres dans le temps restent ce qu'elles étaient et n'ont pas pu être réduites à une structure simultanée. Le tempo, en tant que condition, n'a pas même existé. Il ne se peut pas que la réduction n'ait pas eu lieu parce que le tempo était faux – le tempo ne peut être ni faux, ni juste ; le tempo n'a aucune existence propre, il est une *condition.*

Lorsque les amateurs professionnels disent que le tempo était juste, ils parlent de quelque chose d'improjetable qu'ils projettent dans le monde physique, d'un flot d'eau sèche qui coule en remontant le caniveau de la débilité mentale. Les différences qui surviennent dans le temps physique ne touchent pas à la production de toutes les unités supérieures par la réduction. L'immense confusion, la plus funeste de toutes, consiste à assimiler le tempo à la vitesse. Le tempo n'est pas la vitesse ; le tempo n'est rien. Mais pour qu'une série de phénomènes sonores puisse être rassemblée en une unité, il faut une condition. Elle reçoit, comme nous l'avons dit, un corrélat dans le monde physique – mais elle n'a rien à faire avec celui-ci.

Si quelqu'un vous raconte que le *Faust* de Goethe a été maintenant joué en Amérique en deux heures, que dirions-nous ? Oui, et de quelle manière ? Que tous les mots y aient été – c'est possible. Que le sens y ait été aussi ? Eh bien, nous dirions : non ! Nous – ceux d'entre nous qui ont un peu lu là-dedans – nous tenons cela pour impossible. Si nous entendons que ce tempo est juste (terminologiquement, seule la vitesse est juste), cela signifie que quelque chose s'est formé chez celui qui présente et aussi chez celui qui reçoit. Le tempo peut-il être quelque chose, pour pouvoir être juste ? Pour que vous, tout comme les autres, vous puissiez y trouver un sens quelconque ? On ne peut rien dire de cela. La chaleur se manifeste à travers les objets. Il doit y avoir quelque chose qui devient chaud, par quoi la chaleur se manifeste. Mais les objets mêmes ne sont pas la chaleur.

Comme nous l'avons vu, même l'articulation de deux sons identiques représente un processus d'opposition qui tient sa place et son rôle au sein de l'expansion entière. Qu'est-ce que l'"expansion" ? Le fait de progresser dans l'espace et dans le temps. L'essence de toute expansion spatiotemporelle est la liaison imperméable, organique, qualifiée de telle manière et non pas autrement, entre toutes les articulations qui participent à ce devenir. <C'est> l'interpénétration réciproque entre toutes les composantes qui agissent : compléter et se laisser compléter, oublier toute forme de subsistance individuelle ou de manifestation discursive, relation irréversible entre la totalité vécue et ses parties, voilà les marques distinctives infaillibles de cette interpénétration mutuelle.

Comme le dit si bien Husserl, "chaque acte du vécu de la conscience n'est pas isolé, mais implique nécessairement en lui un horizon infini de validités inactuelles qui fonctionnent avec lui". Jamais encore un homme n'a formulé d'une façon aussi claire et univoque ce qu'il a lui-même vu. Nous savons aujourd'hui que la terminologie de Kant était très polyvalente. Il y a même un logicien qui a découvert à l'aide d'ordinateurs que toutes les inférences de ses raisonnements logiques étaient contenues dans les prémisses. Certes, on n'a jamais étudié Husserl de cette manière. Nous y reviendrons.

Il est clair que la répétition matérielle d'un son, malgré la naissance de structures musicales initiales, ne peut créer l'opposition qui donne naissance à l'expansion, à la progression dans l'espace et dans le temps. Toute articulation musicale représente un processus d'expansion et de compression. Le droit, éprouvé dans le vécu, de continuer à subsister dans la dimension spatiotemporelle – le droit de durée – dépend immédiatement des divergences. Jusqu'où peut aller l'expansion ? Jusqu'où l'expansion peut-elle s'étendre ? Jusqu'à ce qu'elle ne puisse s'étendre plus loin ! Ce point crucial de toute évolution expansive s'appelle le "point culminant".

Ce tournant, où la direction extravertie de l'expansion se renverse en introvertie, est la charnière la plus cardinale autour de laquelle s'ordonne fonctionnellement toute forme d'architecture musicale. En raison de sa signification unique, il échappe rigoureusement à toute théorie des formes. Tout ce qui se passe dans la phase expansive reçoit un complément organique, favorisant la réduction, dans la phase compressive. Si cela n'est pas le cas, la fin n'est pas la suite conséquente, inévitable, du commencement. Mais si la fin est la conséquence authentique du commencement, elle est, comme dans l'acte de pensée, présente simultanément avec le commencement. L'acte de pensée et l'acte musical se manifestent, se matérialisent tous deux dans le *continuum* spatiotemporel. Mais, quant à leur essence, ils sont extratemporels, simultanés.

Si vous dites : "Je n'ai pas pu te téléphoner hier soir, parce que ma mère est arrivée trop tard" ; "Je n'ai pas pu...", quand vous commencez, vous savez où vous voulez aller ; vous savez la fin, que votre mère est arrivée. La fin était contenue dans le commencement : tel est l'acte de pensée. Donc, la fin est simultanément présente, inhérente au commencement. C'est également le cas pour l'acte musical. La fin est contenue dans le commencement ; et ce non pas potentiellement, mais *effectivement*. Il y avait jadis des professeurs de direction d'orchestre qui disaient : "Avant de commencer, représente-toi quatre moments cruciaux : commencement, point de l'expansion maximale, point de la tension la plus basse, et fin." Représente-toi ! Rends-les présents ! Pense comment cela devrait… Bon, mais c'est une approche très statique. Que ce soit effectivement le cas, que nous procédions ainsi (et que nous le fassions de manière non consciente), c'est un fait différent.

Ainsi, l'acte créateur – et cela peut être le cas lors de l'acte de pensée comme lors de l'acte musical – est libre de tout conditionnement relatif au passé ou à l'avenir. Seul son déploiement ouvert, spontané, garantit son fonctionnement sans entraves. La mesure effective d'une opposition ne peut être prise que par un esprit spontanément actif, libre d'associations. (Le mélomane qui trouve Rimski-Korsakov "doucereux" apporte son diabète à chaque concert.) L'opposition est la source de force vivifiante qui est responsable de la naissance, du maintien et de la limitation de la durée. Mais toute opposition n'est pas *ipso facto* génératrice de force et constitutive de durée. Seules des oppositions qui se comportent réciproquement de façon complémentaire ou, autrement dit, celles qui dans l'activation ou dans la diminution de l'expansion ont un ou plusieurs paramètres en commun, se compensent dans la réduction.

Mais cela ne peut être reconnu que par l'esprit libre, non conditionné. Seul l'esprit libre peut suivre les tendances contradictoires de deux facteurs musicaux entrés en conflit, et ce n'est qu'en vertu de l'inextinguible aspiration à la liberté qui existe en lui qu'il continue à écouter tant de phénomènes non libres, afin de vivre le dépassement du conflit qui l'a entraîné. L'esprit libre entend comment la liberté est acquise par la compensation, l'équilibre des oppositions. En d'autres termes, seule la liberté peut percevoir la liberté. Pour les activités de l'esprit libre qui éliminent toute dualité, lorsque le son parvient à devenir musique, liberté, être libre et se libérer ne font qu'un.

Est-ce que la musique est un langage ? Non. La musique est tout sauf un langage. Le langage se sert d'une symbolique conventionnelle qui apparaît dans la discursivité, et de significations sémantiques polyvalentes. Par des mouvements prédicatifs périphériques, il peut, par des voies diverses, parvenir à un noyau central de l'ordre du sens. Le son parle directement, inéluctablement à l'homme, indépendamment de toute détermination individuelle spécifique, comme la race, le sexe, l'état, l'âge, et suscite des réflexes libres, non conditionnés. Si les présupposés sont réunis, il rencontre une correspondance immédiate, ininterprétable, dans le monde mouvant des affects du sujet qui le reçoit.

Quels sont ces présupposés ? Tout récepteur n'est pas capable d'écarter et de déposer ce qui, entre sa conscience pure et la réalité, fait office de voile coloré. Le ciel peut bien être bleu et rester toujours tel, et pourtant de la vapeur, du brouillard et des nuages peuvent être suspendus entre <nous et lui>. Mais à chacun est donnée la possibilité sacrée d'écarter ce qui est suspendu et de libérer sa vue. L'"aussi-bien-ceci-que-cela" du langage n'existe pas dans l'"ainsi-et-non-autrement" du son musical. Si le son agit de façon différente, cela provient seulement de l'état différent des troubles de la perception dus à l'*ego*, qui planent entre la conscience pure et la réalité nue, et qui entravent la transparence. Le "ne-pas-pouvoir-autrement" de la conscience pure n'est pas une limitation. Cette identité éternelle, identique à elle-même, est l'actualisation continuelle, se renouvelant constamment, de sa nature ; la réduction ultime effectivement active, omniprésente, omni-englobante, les corrélatifs divins de l'être absolu.

Mais à quoi bon tout cela ? Pourquoi de la phénoménologie ? La phénoménologie changera-t-elle quelque chose aux abus et anomalies qui règnent dans la pratique musicale d'aujourd'hui ? Non, certainement pas. Pourra-t-elle empêcher qu'on se baigne dans la chaleur bienfaisante de sa propre ignorance ? Comment cela se pourrait-il ? On peut avaler des aiguilles et des pièces de monnaie – on ne peut les digérer. Mais cela, on s'en rend compte au plus tard dans la nuit suivante. Est-ce que la phénoménologie peut abréger la longue, parfois infiniment longue nuit ? Comment cela ? La nuit et sa longueur fonctionnelle sont en rapport direct avec la lumière dont on a fait l'expérience. Et il y a tant de gens qui sont d'accord parce qu'ils ont découvert que ledit bain fait davantage effet lorsqu'il est pratiqué de nuit.

Est-ce que l'homme parviendrait plus facilement à de la véritable musique grâce à la phénoménologie ? Non. S'il est parvenu à la musique, s'il est resté fidèle à sa propre nature divine, la phénoménologie est toujours impliquée. La phénoménologie n'est pas une panacée pour musiciens doués malades et pour ténors en bonne santé dépourvus de musicalité. Elle ne peut pas être tout cela. Mais nous savons déjà qu'elle ne se laisse pas aisément attraper dans un revêtement de mots.

Cela serait peut-être plus intéressant pour vous d'apprendre ce qui m'a personnellement conduit à la phénoménologie. J'appris son existence bien avant 1945 et je crois que, parallèlement à l'intérêt philosophique pour ce nouveau style de pensée, défricheur de voies nouvelles, le goût pour le fruit interdit, qui garantissait à l'époque une place sûre en prison, m'a beaucoup stimulé.

En 1945, je découvris sur une partie d'orchestre du *Siegfried-Idyll* de Wagner l'annotation suivante d'un altiste pas très zélé dans son service : "Siegfried Wagner : trente minutes, Wilhelm Furtwängler : vingt-six minutes, Siegmund von Hausegger : seize minutes." Plus tard, je devais apprendre que ces meilleurs temps ont été balayés du palmarès sportif musical, grâce au record de douze minutes et demie, par une gazelle viking qui, lorsqu'elle ne s'essayait pas à la musique, s'appelait Bernard Haitink ! S'agit-il encore de la même réalité, ou bien peut-on, dans une idylle poétique, embrasser sténographiquement une jeune fille ? Donc : lutte ! – lutte sans merci contre l'arbitraire, quels que soient les aspects sous lesquels il se présente toujours à nouveau. Les moyens de cette lutte doivent se trouver en l'homme lui-même, telle était ma foi.

J'ai été avisé par mon maître musical Heinz Tiessen[1] : cette étude pourrait peut-être mettre de l'ordre en toi-même ; les chances d'une conférence, de cette symphonie de la pensée en un seul mouvement, où les sonorités de l'auditeur corésonnant ne sont pas aisément audibles et donc irréductibles, restent assez faibles.

Bien, maintenant nous attendons vos questions. Je sais, vous ne devez surtout pas vous en faire parce que vos questions pourraient éventuellement être trop bêtes. Aucune question n'est bête, aussi

1. Heinz Tiessen (1887-1971), compositeur et chef d'orchestre allemand ; professeur de composition à la Hochschule für Musik et au Konservatorium de Berlin entre 1925 et 1955. Eduard Erdmann et Sergiu Celibidache, entre autres, ont été ses élèves.

longtemps qu'elle correspond à un besoin. Et s'il y a quelque chose que vous n'avez pas compris, nous sommes là pour expliquer à nouveau. Mais si vous avez compris que tout ce qui m'anime n'est pas juste, je suis aussi à votre disposition pour une discussion en forme de controverse.

Merci !

DISCUSSION

Question : [...] Puis-je en conclure [...] que vous avez en fait refusé au musicologue la faculté d'interprétation ?

Celibidache : Oui, pas <seulement> au musicologue. "Faculté d'interprétation" – je ne crois pas que nous soyons habilités à pouvoir *faire* quelque chose <à partir> de ce qui est entendu. Il est possible que vous ne perceviez pas complètement une multiplicité, comme un certain journaliste à Munich trouve toujours les tempi trop lents. – Vous savez, nous avons un domaine matériel : là où les sons s'affrontent, si certains rapports dans la conduite d'archet, dans l'intensité, dans la structuration du moment présent, si ces rapports sont là, il se forme, quatre octaves plus haut, une autre bande sonore, qui est aussi très compliquée. Mais si, par une fausse éducation ou par incapacité vous n'y avez pas été rendu attentif et si vous ne dirigez pas votre conscience là-dessus, vous ne pourrez pas du tout ressentir l'extension d'un tempo lent. En présence de quoi sommes-nous ? N'y a-t-il que le matériel qui soit porteur de substance ? Aïe aïe aïe. Que l'homme n'ait pas encore expérimenté que le monde physique est porté par un monde supérieur (nous pouvons l'appeler "astral" si vous voulez), mais que ce monde-là soit impliqué, il n'y faut pas l'oreille, il y faut une conscience orientée.

Dans une petite pièce comme *Ma mère l'Oye* de Ravel, nous nous efforçons de réaliser une conduite d'archet incroyablement différenciée, pour que des harmoniques se forment quatre octaves au-dessus. S'ils se forment, si je les entends, j'ai besoin – dans le temps physique – d'un peu plus de temps pour en faire une unité. Si par votre incapacité vous n'entendez pas ces octaves supérieures, le tempo apparaîtra pour vous beaucoup trop lent. Mes tempi, qui ont été enregistrés dans une multiplicité dans l'espace véritable, ou qui sont réalisés par moi – lorsque je les écoute sur l'enregistrement, ils apparaissent trop lents d'un tiers. Pourquoi ? Parce qu'il y en a un tiers que le microphone ne peut pas percevoir.

J'étais présent lorsque Furtwängler, à Londres, après l'enregistrement d'un morceau de Wagner, déclara : "Pour l'amour du ciel, ce ne sont pas mes tempi ! Jamais je n'ai dirigé si lentement !" Non, le microphone ne peut pas cela, percevoir la multiplicité. Non seulement il ne le peut pas, il y a environ (à l'intérieur des cinq premières octaves) 28 % des phénomènes qu'il ne peut capter ; mais de plus, par sa propre masse (puisqu'il est une masse métallique), il crée ses harmoniques *propres*, qui n'existent pas dans l'espace. Alors : pourquoi le tempo en tant que condition ? Sur l'enregistrement, est-ce que cela joue encore le même rôle que dans l'espace proprement dit ? Depuis quand l'humanité a-t-elle dépéri musicalement ? (Car c'est ce qu'elle a fait !) Depuis qu'il y a des enregistrements ; et que la relation entre tempo – disons encore plus simplement : entre vitesse et multiplicité n'est absolument pas là. Car cela a été enregistré *ici* et vous écoutez dans la salle de bains, où une tout autre multiplicité se forme.

Question : [...] La conférence avait aussi une approche pédagogique : voilà ce qui pourrait être si...

Celibidache : [Alors, la pédagogie veut dire : montrer à chacun en particulier que ce qui aide à laisser le son devenir musique ne doit être cherché que chez lui, et nulle part ailleurs. Eh bien, oui, une telle pédagogie existe-t-elle ? Bien que jusqu'ici j'aie vu peu de résultats, je m'efforce pourtant pour chaque individu – et entre lui et moi, dans la relation-de-maintenant, il n'y a là qu'une différence potentielle ; au fond il n'y en a presque aucune – et je le dis à chacun.

[...]

Nous n'avons pas encore parlé de ce qui est beau dans la musique. La musique n'est pas belle, elle est vraie. Et le plus beau compliment que j'aie entendu venait d'une vieille dame qui disait : "C'est ainsi." Rien d'autre. Je n'ai jamais rien entendu de plus beau. Donc, que vous n'ayez assurément pas les moyens techniques de réduire cette multiplicité, de structurer ces sonorités de façon à ce que les octaves supérieures apparaissent, c'est tout à fait normal. Mais que, si vous orientez votre conscience, vous les entendiez exactement comme moi, cela est donné par Dieu. Et c'est ce que font la plupart des gens, ils l'entendent, mais ils ne savent pas du tout ce qui importe exactement.

On m'a dit (excusez-moi, je dois de façon peu modeste parler de moi) : "Chez vous l'orchestre sonne différemment." Comme le disait, au jeune homme que j'étais, une femme à Berlin : "Comme tu fais sonner les cors, c'est unique !" Qu'est-ce donc qui est si unique dans le son des cors ? Dans cette position :

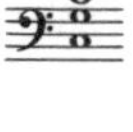

(Fig. 34)

(elle s'appelle position de dixième), le cor a l'un des plus lents processus d'entrée en vibration (il n'y a que la flûte grave qui soit encore plus lente), jusqu'à ce que le son entre en vibration. Pour amener cette structure temporelle partielle, donc ces deux *do* et le *sol*, à une continuité perceptible, il faut un tiers de seconde, jusqu'à ce que tous les épiphénomènes se trouvent ensemble dans la réduction. Un tiers de seconde, c'est 180 sur le métronome !

[…]

Dans le *Concerto pour violon* de Sibelius, dont les indications sont prodigieusement bien formulées, il est écrit : *Adagio molto* = très lent. Non, encore plus que cela : *Adagio* di *molto.* Vers où cela va-t-il ?

(Fig. 35)

Si je pousse un peu le tempo, c'est-à-dire, non pas par un acte de la volonté, mais si je n'écoute pas ces épiphénomènes, comme tout à l'heure dans la position de dixième, dans la première octave. Si c'est un peu poussé vers l'avant, comment sonneront les cors ? Comme tout ce que vous voudrez, sauf comme des cors. Quand les cors sonnent-ils ? Lorsque par une écoute intense vous laissez apparaître ceci :

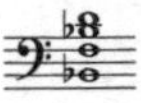

(Fig. 36)

cette quinte ici, une octave ici. C'est seulement à cette condition que l'euphonie se forme. C'est cela, l'indication *di molto*. Mais si ce qui sort vous est totalement égal, cela signifie que vous n'avez pas vécu la détermination spécifique de Sibelius, pourquoi il a écrit des cors à ce passage.

En d'autres termes, la même phrase, projetée dans le monde physique, est plus lente chez les cors que, par exemple, chez les violons. La même phrase dans un concerto pour piano est plus lente à l'orchestre qu'au piano. Mais il n'en est pas ainsi dans la réduction. Pour en faire l'expérience, il faut que je sorte de ce "un" et que je me mette à mesurer les secondes : "Cela a duré cinq secondes de plus chez Celibidache." Assurément pas pour l'être humain qui est dans la réduction. Voilà comment cela se passe en réalité. Qu'est-ce qui demeure identique ? La fonction !

Maintenant, si le tempo est trop lent au sens où les phénomènes singuliers se séparent encore une fois dans le temps, alors ne naîtra rien de plus qu'une sordide et sèche succession dans un temps non structuré. Oui, ce sont des aspects que nous n'avons jamais abordés dans notre formation de musiciens. Comment avons-nous donc fait ? Plus ou moins selon l'instinct – un peu là... Oui, c'est d'ailleurs la déclaration la plus importante dans ma vie, qui m'a sorti de cette inertie de la sottise. Je demandai un jour à Furtwängler : "Maître, à quelle vitesse cela va-t-il ici ?" Que me répond-il ? "Quelle étrange question ! Cela dépend comment ça sonne !" Ah bon ?! Donc, ce n'est pas ♩ = 42. Cela dépend comment ça sonne. Comment sonnent les cors ? Avec la même agogique harmonique, mélodique, rythmique – ils sonnent de la même manière pour l'esprit qui réduit. Comment sonnent-ils pour celui qui travaille avec *Andante con moto* et qui a reçu des définitions du langage une quelconque réponse irréductible ? Qu'est-ce que cela signifie ?

Pourquoi Beethoven, après le voyage en Angleterre, a-t-il marqué tous les tempi plus lentement ? L'épreuve du feu a lieu dans l'espace, et non sur le papier.

Quels sont les compositeurs qui ont vraiment entendu tous ces épiphénomènes sur le papier et qui les ont encodés dans l'écriture ? Beethoven, par exemple, n'était pas de ceux-là. Qu'est-ce que cela signifie dans la *Neuvième Symphonie* : *Presto* = 116 et *Allegro vivace* = 132, donc *Allegro vivace* plus rapide que *Presto* ? Qu'est-ce que cela ? Une indication très superficielle, parce qu'il n'y attachait pas d'importance. Qu'a écrit Verdi dans la *Messa da requiem* ? *Largo* ♩ = 60. Plus loin, il écrivit : *Andante moderato* ♩ = 58. Pourquoi cela ? *Andante* serait-il plus lent que *Largo* ? Il s'est trompé du point de vue du chef d'orchestre, il aurait dû noter, non pas des noires, mais des demi-mesures = 30 ; voilà ce qui correspond à la situation. Ce qu'il a entendu était autre chose que ce qu'il a écrit. Peut-on dire que Verdi ne savait pas l'italien ?… Chez Haydn : jamais une seule erreur, jamais chez Mozart, Bach n'a de toute façon aucune indication, tout est impliqué par l'écriture !

<*Question concernant l'altération* [Verfremdung] *des sonorités comme moyen utilisé par les compositeurs ; "composer contre la sonorité".*>

Celibidache : Le son est bien une réalité et non une représentation. Composer contre les réalités ?

Bockholdt : Il veut demander, je crois, s'il n'y a pas des compositeurs qui ont délibérément composé à l'encontre des rapports naturels, tels que vous les décrivez, sachant qu'un son de cor a besoin de tant de temps – de sorte que, pour ainsi dire, l'effet que vous souhaitez éviter est pourtant voulu par le compositeur.

Celibidache : L'équivoque – nous retournons à nouveau aux rapports naturels. Il n'est pas naturel que des cors sonnent autrement que des cors, et qu'il y ait une contrainte temporelle dans la formation du son, que puis-je vouloir contre cela ?

Questionneur : Il se forme une nouvelle irréalité !

Celibidache : Pourquoi irréalité ? Le cor ne peut pas être une fois ceci et une autre fois cela ; depuis qu'il existe, il est toujours la même chose. Que signifie cela : le cor n'est pas la même chose ? Comment pourrions-nous accorder les cors mozartiens avec les autres instruments ? Si ce n'est pas la même chose ? Cela nous mène à l'infini !

<Question.>

Celibidache : Naturellement, je ne puis rien dire sur la musique. Mais je peux dire beaucoup sur ce qui peut devenir musique – le son. Quelle est l'essence de la musique – comment aborder cela ? Seuls des professeurs, qui croient que “la musique est cela”, ah ! ils ont plus de facilité !... Je vous demande une chose, essayez de comprendre cela, que la relation entre le son et l'homme est unique – qu'elle est “ainsi et non autrement”. Et si vous avez vécu cela en propre, peu importe à quel niveau, vous verrez qu'il n'y a aucun autre niveau où la même chose ne serait pas à l'œuvre. Nous pouvons encore aujourd'hui nous représenter le monde de Josquin des Prés – certes avec les sonorités d'aujourd'hui nous ne pouvons pas entendre ses facteurs absolus qui ont agi à l'époque – et ainsi, un accès à sa musique est toujours praticable. Tout dans la musique est unique, dans son devenir.

C'est pourquoi il n'y a pas de répétition. La *Cinquième* de Beethoven n'existe assurément pas, mais elle devient dans l'instant. Et tout ce qui a lieu avec les mêmes notes ou autres signes musicaux n'est pas pour autant la *Cinquième* de Beethoven. Mais encore plus dramatique est la reconnaissance de cette autre vérité : il n'y a pas d'alternative à la *Cinquième* de Beethoven. Elle devient, ou elle ne devient pas. Ai-je fait une *Cinquième* pas trop mal ? Non, cela n'existe pas : mal, plus mal, à peu près... Si elle se produit, en vous, dans les exécutants, dans chaque personne qui prend part, la fin sera simultanée au commencement. Si ce n'est pas le cas, nous devrons nous tenir prêts à d'infinies discussions.

Il n'y a pas d'alternative à la musique, et c'est pourquoi il n'y a pas d'interprétation.]

NOTE DU TRADUCTEUR

Dans la biographie de Sergiu Celibidache, la conférence de 1985 constitue une exception unique.

Bien qu'il considérât, selon sa propre formule, l'enseignement comme la forme la plus élevée de l'activité humaine, et que cette activité eût occupé dans sa vie une place comparable à celle de la pratique musicale, il a rejeté, ou n'a en tout cas jamais publié de son vivant, ses nombreux essais rédigés avec une exigence extrême de rigueur, préoccupée notamment par la précision des formulations. Il ne voulut, en dernière instance, jamais céder aux attraits d'un exposé dogmatique et unilatéral d'une théorie seulement intelligible, et dont la médiation resterait étrangère à l'interaction avec les événements réels. Sa phénoménologie, appuyée sur les fondements philosophiques posés par Edmund Husserl, était pour lui, avant tout, une pratique vivante, la musique se soustrayant d'ailleurs, selon lui, à toute saisie conceptuelle.

Début 1985, vers la fin d'une soirée de bal avec l'Orchestre philharmonique de Munich, le Dr Rüdiger von Canal, alors président de la Beethoven-Gesellschaft de Munich, trouva le maestro assis seul à une table et lui demanda s'il accepterait de donner une conférence sur la phénoménologie de la musique pour ladite société. Celibidache répondit par un “oui” des plus aimables. Autant que l'on sache, Celibidache n'a jamais, ni auparavant, ni par la suite, entrepris de tentative comparable pour exposer une synthèse de son enseignement au cours d'une conférence publique. Quant à savoir ce qui a pu motiver son assentiment – alors que, des décennies durant, il avait refusé avec constance, et parfois avec véhémence, cette forme de transmission des connaissances –, cela demeurera sans doute à jamais l'une des énigmes de cet homme aux strates multiples.

Lorsque Celibidache parla, le 21 juin 1985, dans le grand amphithéâtre archicomble de la Ludwig-Maximilians-Universität, il se servit non seulement du piano à queue et du tableau, mais aussi d'un manuscrit formulé avec une extrême précision, dont il dépassa pourtant le contenu par des explications additionnelles improvisées, et qu'il ne publia d'ailleurs jamais (ce manuscrit doit être aujourd'hui considéré comme perdu). Et conformément aux usages de ce grand professeur, qui depuis sa période berlinoise avait sans cesse donné gratuitement des cours théoriques et des séminaires pratiques, la question des honoraires n'avait évidemment pas même été évoquée pour cette soirée, consacrée elle aussi à l'enseignement.

Après une allocution introductive de M. von Canal, Rudolf Bockholdt (1930-2007), l'un des professeurs de la faculté de musicologie, qui avait pris une part essentielle à la préparation de la soirée, prononça une conférence sur l'interprétation musicale du point de vue musicologique. L'intervention substantielle de Celibidache constitua le point culminant de la soirée. Par la suite, l'échange escompté entre les deux approches et modes de pensée, si éloignés l'un de l'autre, ne se produisit pas : deux mondes étrangers se faisaient face. Quoique ayant été formé à l'école de la musicologie, de la philosophie et des mathématiques, le style de pensée et d'enseignement de Celibidache, style vivant et toujours relié à l'absolu d'une situation concrète, s'était assurément toujours trouvé en opposition avec la science théorique. C'est précisément cette tension entre la musicologie, au sens érudit du terme, et la réflexion d'un praticien exceptionnel de l'art musical, qui donne à la présente publication de ce texte une part de son intérêt. Il nous semble souhaitable qu'elle puisse ouvrir le champ à l'approfondissement des recherches et de la discussion.

Le texte ici traduit a été établi avec un soin aussi respectueux qu'efficace, et publié pour la première fois en 2001 par Gundolf Lehmhaus pour la Sergiu Celibidache Stiftung, sur la base d'une transcription intégrale d'enregistrements sur bandes magnétiques, confrontée aux notes de séance prises par des auditeurs. Une seconde édition (2008), réalisée par mes soins dans la collection *Celibidachiana* qu'elle a inaugurée, a permis de combler quelques lacunes, de corriger quelques erreurs minimes et, surtout, d'incorporer au texte la transcription des exemples musicaux joués au piano par Celibidache. Dans ce travail extrêmement minutieux sur le texte original allemand, le souci prioritaire a été celui d'une authenticité maximale. Toutefois, toute transcription de l'oralité, à plus forte raison celle d'une parole libre et menée avec impulsivité, requiert une adaptation aux possibilités de l'écriture, qui impose au transcripteur des décisions et des limitations. On a ainsi éliminé les lapsus, les redites impliquées par ceux-ci, ainsi que les réactions du public ; on a complété les lacunes lorsque cela ne représentait pas une intervention interprétative dans le texte du manuscrit.

Celibidache était un véritable polyglotte, parlant couramment le français, l'allemand, l'italien, l'espagnol, l'anglais – la liste n'est peut-être pas exhaustive. Il maniait ces langues, qui n'étaient pas sa langue maternelle (le roumain), avec une grande virtuosité et une sensibilité exceptionnelle pour les possibilités expressives spécifiques à chacune. Mais il commettait aussi des erreurs caractéristiques de grammaire ou de syntaxe, qui donnaient à son discours un style immédiatement reconnaissable, en imprimant à la langue utilisée le cachet et le charme de la personnalité du locuteur. J'ai entendu Celibidache enseigner pendant sept années, principalement en allemand et en français, et sa diction française, restée vivante dans ma mémoire, a été présente à mon esprit à chaque instant du travail sur la traduction. J'ai tenté de rendre au mieux le caractère authentique de cette parole, tout en faisant apparaître le rapport intéressant entre le discours spontané et les impressionnantes ressources du manuscrit.

Pour rendre aussi transparent que possible le travail de transcription, j'ai conservé les indications de l'édition allemande, destinées à préparer une future édition scientifique et critique. Les crochets droits [ ] indiquent une incertitude de la source : soit que l'enregistrement audio présente une lacune, soit qu'un passage n'ait été accessible que sous la forme d'une précédente transcription d'enregistrement, sans avoir pu être vérifié grâce à la bande elle-même. Une grande partie de la courte discussion finale figure ainsi entre crochets et ne pourra être définitivement rédigée qu'après un accès à d'autres enregistrements éventuels. Des points de suspension entre crochets droits signalent une lacune dans la source, alors que des points de suspension dans le texte indiquent toujours une omission ou un silence du conférencier. Les crochets obliques < > signalent des ajouts d'éditeur, soit comme complément au sens du texte parlé, soit comme "didascalie" relative à l'utilisation du tableau ou du piano. Conformément à l'usage, les termes d'origine étrangère et les mots particulièrement accentués sont en italiques ; de même que le début et la fin de la conférence, afin de faciliter la lecture de son noyau en le détachant des remarques de circonstance qui l'encadrent.

P. L.

3

SOCRATE AU PUPITRE

Les concerts, je ne les donne pas pour être applaudi, mais pour fournir une occasion de méditer. Qu'est-ce que la méditation ? C'est le fait de se détacher du monde physique et même intellectuel en commençant par la sensation agréable du son et toutes les associations entre l'auditif et l'affectif. Le but de la musique est la liberté. Dans la musique, la fin est la conséquence directe, simultanée du commencement. Il n'y a plus de matière. Je peux dire : "Je suis là, parce que je ne suis pas là. Je suis là, puisque je dois me l'approprier, mais je suis en même temps au commencement et à la fin." Si vous marchez sans rien "transcender", vous restez au niveau de la jouissance. Vous n'avez pas compris pourquoi on vous a fait faire ce chemin.

Vous me parlez du but de la musique. Mais sa nature ?

Il n'y a rien à dire sur la musique. La musique populaire est-elle de la musique ? Une sonate de Mozart bien exécutée est-elle de la musique ? Et la même sonate de Mozart mal jouée ? Il n'y a pas de définition de la musique. Quelque chose peut devenir musique, c'est le son. Mais la musique n'a rien à voir avec le son. Il y a quelque chose de statique, un état d'être qui peut être défini comme musique. En “transcendant” le son, on se trouve en présence d’une réalité qu’on pourrait appeler musique, mais de toute manière la musique n’est pas de nature statique. Elle n’est ni définitive, ni restante. Elle serait en fonction de celui qui l’exerce ou la réalise.

Comment la réalisez-vous, cette musique ?

Il n’est pas dit que je la réalise toujours. Je donne cent vingt concerts par an et il y en a peut-être cinq ou six d’entre eux où, à certains moments, tout le monde se trouve devant les mêmes faits, qui ne sont pas, encore une fois, définissables, mais qui sont quand même réels. A la fin d’un concert, un élève est venu me voir et m’a demandé : “Qu’est-ce qui s’est passé, maître ?” Je lui ai répondu : “Rien n’est arrivé.” Ici s’arrête notre spéculation sur la musique. Nous sommes tous touchés par la musique, nous sommes en contact avec un phénomène. Si je dis phénomène, je ne fais pas allusion à une espèce d’information que le monde me donne à travers les sens, l’intelligence ou l’intuition. Ce phénomène est pourtant une vérité… Oui, c’est difficile.

Lorsque vous travaillez avec l’orchestre, essayez-vous par des moyens très concrets de “transcender” le son ?

Ce sont les musiciens qui “transcendent” ! Moi je crée les conditions pour qu’ils y parviennent. Ils ne le font pas consciemment. On ne leur a jamais appris ça. Surtout en France. Toute la science française se limite à la possession radicale et définitive de l’instrument. Personne n’a conscience de ce que l’on pourrait appeler musique dans les conservatoires. Il existe des manières très raffinées d'être impressionné par le son (car le son entre en contact avec l'être humain à des échelons très différents), mais ceci n'a rien à voir avec la musique. La musique n'est pas belle. Si elle reste à l'état de "belle", vous n'avez encore rien fait. La musique est vraie. Toute beauté qui se détache de l'être humain est permanente. C'est cette soif de permanence qui nous anime pour être derrière le son. Pourquoi le son m'attache-t-il ? Pourquoi me touche-t-il à ce point ? Lorsque vous entendez la phrase : "Oh ! comme c'était beau", celui qui parle évoque une phase intermédiaire. Celui qui arrive à savoir que la musique est vraie a dépassé la beauté. Cette dernière beauté est, au fond, la vérité. Rien n'est plus beau que la vérité.

Vous est-il arrivé d'entendre un instrumentiste ou un orchestre atteindre cette vérité ?

Bien sûr. Mais je ne pourrais pas vous donner de noms : ils ne correspondraient pas à ce que le monde cultive et pense avoir découvert.

Je sais que vous admirez Arturo Benedetti Michelangeli.

Lorsque Michelangeli joue *Les Sons et les Parfums* de Debussy, c'est une première et dernière audition mondiale. En tant que Français, il est difficile d'avaler ça. On disait que Gieseking était un très grand interprète. Interprète, oui. Mais quelqu'un qui sait ce qu'il fait, c'est autre chose. Il n'y a rien à interpréter. Il y a un paysage. Vous devez éviter les montagnes, passer par les vallées, c'est tout, mais la musique ne se révèle pas à tout le monde. Michelangeli est de loin le plus grand musicien vivant.

Quel est son secret pour la conduite des parties moyennes – les voix intérieures, comme on les appelle ? Ecoutez son interprétation des ballades de Brahms et vous verrez qu'il est aussi un chef d'orchestre, et l'un des meilleurs. On entend des cors, des clarinettes, tout un ensemble d'instruments qui n'existent pas chez les autres. La virtuosité peut-elle faire carrière ? Bien entendu. Le virtuose insiste sur les modulations introverties, sur cet attachement animal entre modulation tendre, repliée sur elle-même et toute cette tendance que nous avons, après un moment d'expansion, à nous retrouver. Nous sommes faits ainsi. Après avoir inspiré, nous expirons. Le virtuose peut, bien sûr, créer des associations et intéresser les gens de la façon la plus physiologique et primitive possible. Le virtuose met en ébullition le faible caractère de l'auditeur qui est de nature à s'étendre, puis à se contracter, avec toutes les associations inévitables du genre : "C'est triste parce que Alphonse ne m'a pas téléphoné hier soir. Voici un très beau concert." Ou bien : "C'est gai, parce que tout a très bien marché la nuit dernière !" Mais où donc est l'état de grâce ?

Comment y arrivons-nous, à cet état de grâce ?

Question de culture et de sensibilité. Le compositeur a mis son œuvre sur le marché. Quelqu'un est venu : "l'interprète". Mais on ne sait pas de quoi il est l'interprète. Il est peut-être l'interprète de la permanence. Cela présuppose qu'il sache quelque chose de la permanence, car comment peut-il, le pauvre, nous aider à y accéder, s'il n'a jamais su qu'elle existait ? Généralement, l'interprète reste au niveau du matériau, de la physiologie du son. Un grand tempérament créera des contrastes, mais correspondront-ils aux contrastes qui ont touché l'esprit du compositeur ? Le compositeur a-t-il su laisser dans sa notation (qui est un système très imparfait) suffisamment d'indications pour éviter que le pauvre ignorant "interprète" ne nous parle d'autre chose ?

Qu'a fait le compositeur ? Tendait-il vers cette libération dont vous parliez tout à l'heure ?

Le compositeur ne sait rien de tout cela. Il est un instrument, et ne fait que créer les conditions qui donneront aux autres, par le chemin de son écriture – de son testament – accès à cet état de liberté. Il est un privilégié et, dans la plupart des cas, il n'a aucune idée de ce qu'il fait.

Il n'y a rien de plus ridicule, de plus enfantin que les explications et les théories des musiciens sur leur propre création, sous la pression des autres. Les compositeurs s'ignorent totalement. Ce qui a remué et fécondé leur créativité n'est pas de nature rationnelle bien que leur esprit soit monté à des fréquences proches de la lumière.

Un compositeur français me disait un jour combien l'exécution d'une de ses œuvres avait été bonne. Comme j'avais également dirigé cette œuvre, je suis allé à Radio France et j'ai écouté l'enregistrement dont il parlait si bien. J'ai entendu une ordure ! Comment cela est-il possible ? Moi qui n'ai pas le talent de synthèse, mais simplement la possibilité de dépasser la matière écrite par le compositeur, j'ai une idée plus vraie que lui. Les compositeurs ne savent rien. Pensez aux relations qu'avaient Debussy et Ravel, Brahms et Bruckner. Comment est-il possible qu'ils se soient ignorés à ce point ? Brahms disait de Bruckner qu'il était un escroc. Quant à Wagner, toutes ses vues sur la philosophie et sur l'art n'ont absolument aucune valeur.

En quoi consiste la phénoménologie musicale que vous enseignez à l'université de Mayence ?

La phénoménologie musicale étudie le son en lui-même. Comment ce son est-il fait, comment fonctionne-t-il, quels sont les principes de nature physique qui le portent à l'existence, qui lui assurent une certaine apparence ? Pourquoi le son a-t-il une résonance dans l'être humain, dans quelle mesure et pourquoi le son se rattache-t-il à des états affectifs ? Tout cela est, jusqu'à un certain point, explicable. La phénoménologie ne découvre pas, elle élimine les hypothèses d'erreurs : "Il ne faut pas penser ainsi, parce que de cette manière, je n'arriverai à rien." La phénoménologie est l'étude du "non". Non, pas comme ça, et pas comme ça, et pas comme ça non plus.

Elle dit ce que la musique n'est pas ?

Elle dit plutôt ce qu'elle ne pourra jamais devenir. Il n'existe pas de définition de la phénoménologie comme celle de la cristallographie. La phénoménologie ne sert qu'à détacher le "non éternel".

Intervient-elle lorsque vous apprenez une partition ?

Absolument pas. La phénoménologie entre en fonction dès que les choses ne marchent plus, dès que les choses ne vous portent plus à l'état de liberté. Voici un exemple : vous entendez deux sons. L'un est haut, l'autre est bas. Quelle est la relation existant entre les deux ? Pour leur donner l'autorité de s'implanter en moi, de produire en moi quelques réactions, il faut qu'ils appartiennent à une discipline commune à eux et à moi. Je m'approprie ce qui me touche. Il n'y a pas de transcendance sans appropriation. Quand je me trouve devant l'orchestre, je suis devant une multiplicité d'informations. Quelle est la tendance, quel est le seul objet que mon acte de volonté devrait suivre ? Réduire cette multiplicité.

A quoi ?

A une unité quelconque, parce que notre conscience ne saisit qu'une chose à la fois. Le fait que notre conscience fonctionne ponctuellement porte en soi-même les conditions de la transcendance. Vous avez un accord de dix-sept instruments et vous dites à la flûte "vous êtes bas" – bas par rapport à quoi ? Par rapport à l'unité générale. Voici une dualité. Si le flûtiste joue un peu plus haut, s'il trouve la hauteur juste, il entre dans l'unité des autres. Il disparaît donc comme dualité. La multiplicité a été réduite. La partie est entrée dans le tout.

Mais d'où vient cette notion du tout ?

Du fait que ma conscience ne peut agir que ponctuellement, même si les points se succèdent avec une vitesse incroyable. Réduire la multiplicité est le seul moyen que je possède de pouvoir quitter l'instant. Soit dans un morceau de musique la mesure 4. Je perçois cette mesure. Est-elle tombée du ciel, ou est-elle la conséquence de tout un développement organique, mécanique, physique ?

Elle contient en elle-même potentiellement tout ce qui est arrivé avant. Tout est enregistré et n'est pas né par hasard. Cette mesure est une conséquence inévitable de tout un déroulement de faits que je ne peux pas interpréter. En elle, est aussi contenu ce qui va naître, parce qu'elle est mère généreuse de tout un avenir. Pour me l'approprier, je dois réduire la diversité d'éléments qu'elle contient et passer outre.

Vous faites travailler l'orchestre sans partition.

Il y a un système pour apprendre une partition, comme on apprend à conduire un avion. Mais la musique n'a rien à faire avec la mémoire. Un musicien qui joue tout de mémoire peut être totalement privé de musicalité. Même s'il sait chaque note, il est loin de la musique. Aussi loin que ceux qui ne savent rien. Qu'est-ce que la partition ? La *Cinquième Symphonie* de Beethoven, où est-elle ? Sur la partition ? Pas du tout. La partition n'est qu'une paire de béquilles pour éliminer ce qui l'empêche d'être. Rien d'autre. C'est un mode d'emploi que l'on utilise pour arriver à une réalité dont on n'a aucune idée.

Vous avez dit tout à l'heure que Michelangeli est le plus grand pianiste de notre époque ; que pensez-vous de Glenn Gould ?

C'est un homme exceptionnel, mais la victime d'une idée erronée. Il s'est spécialisé dans Bach. Impeccable ! Mais quand, dans une fugue, arrive un moment où l'entrée du sujet principal n'est pas encore décidée, où trois ou quatre parties se remuent, il décide d'accorder la priorité à l'une d'entre elles sans tenir compte d'aucun principe musical. Quelle est la partie "ressortissante[1]" de l'ensemble qui pourrait remplir le vide de ces quatre mesures, se demande-t-il. Mais n'y a-t-il pas une priorité ? Quand, dans un drame, le roi est apparu dans le

1. Il faut comprendre : "ressortante".

premier acte et dans le troisième, il n'est pas moins roi dans le troisième acte que dans le premier ! Le thème principal d'une fugue n'est pas moins royal dans la reprise, disons dans la rentrée de la tonalité principale. Nous n'avons aucune liberté de décider ! Le roi restera roi dans n'importe quel conflit. La reine restera reine, dans tout le contexte. Comment Gould ose-t-il nous intéresser à un motif porteur d'ignorance ! Il me dit à la télévision que toute la musique d'après Bach pèche par sentimentalité. Et quand il chante comme une femme payée aux enterrements roumains, comme un veau devant une porte qui ne s'ouvre pas, quand il s'accompagne avec ses mugissements, qu'est-ce que c'est, sinon de la sentimentalité ? Il trouve le *Concerto italien* de Bach trivial, mais c'est lui qui injecte de la trivialité, parce qu'il ne peut pas s'en débarrasser autrement ! Je ne connais pas sa vie privée… Enfin, Gould est un très grand artiste qui aurait vraiment pu créer des conditions pour que nous puissions jouir de la liberté. Quand il commence à expliquer les séquences de Bach, quand il les répète un ton plus bas, ce sont les explications d'une fille naïve qui voit un homme pour la première fois et qui pense que c'est le seul. Gould est un monument mortel à l'immortalité. Mais le pire est qu'il se limite à enregistrer des disques sans découvrir ce qui, dans le son enregistré, n'existe pas.

Votre fameux refus d'enregistrer…

Depuis qu'il y a des disques, il n'y a plus d'artistes. Le disque standardise vos réactions. Avec le disque, vous perdez la possibilité de "réduire". Plus exactement, vous "réduisez" autre chose que dans l'espace vrai. L'acoustique est un phénomène qui a une incidence sur le déroulement des choses.

Plus l'acoustique est riche, plus longue est la résonance, plus la multiplicité des éléments à "réduire" est grande. Si j'ai beaucoup d'éléments à réduire, si les informations qui m'arrivent sont très riches, j'aurai besoin de beaucoup plus de temps pour les "réduire". Voici ce qu'est le tempo. Le temps du métronome est une idiotie que nous avons héritée de tous ces bébêtes qui nous ont écrit de la musique, les grands génies. Est-ce que vous écoutez le disque dans l'acoustique où il a été enregistré ? Si on avait enregistré au Festival Hall le *Requiem* de Fauré tel que je l'ai dirigé, il aurait paru extrêmement lent. Il y a des ondes qui ne se forment jamais chez vous, parce que vos murs sont trop rapprochés, il y a des volumes qui ne naissent jamais, parce que les conditions d'écoute sont différentes. Le tempo que vous avez entendu à Londres, compte tenu de la richesse des informations, peut-il correspondre à l'acoustique d'un appartement ? Il ne vous reste que la vitesse qui n'a rien à voir avec le tempo. Lorsqu'il dit "c'est trop lent", monsieur le critique, le bébé, le pauvre, a-t-il "réduit" la même richesse d'éléments que moi ? Entend-il comme moi ? Je ne poursuis pas seulement des relations à l'état physique, mais des correspondances à l'état astral. Un autre monde marche avec le monde physique des sons. Certaines octaves, les harmoniques naturels, sont tout à fait contrôlables dans Ravel et dans Debussy. Mais le critique, conditionné qu'il est par son inévitable ignorance, peut à peine contrôler les sons directs. Comment voulez-vous qu'il sache quelque chose des octaves, des harmoniques ? Puisqu'il ne les entend pas, il n'a pas besoin du temps de réduction. Le critique, conditionné par son ignorance, croit que le tempo est donné par le métronome, c'est-à-dire par une force organisée, des mesures, un système référentiel qui vient, du dehors, s'implanter sur un processus vivant comme la naissance et la disparition du son. Ah ! les confiseurs de la critique musicale française !

N'y a-t-il vraiment plus d'artistes ?

Il y a toujours des artistes, mais ils sont empêchés d'exister par l'ignorance de la presse, par l'ignorance des conservatoires. Mon Dieu ! J'ai entendu une dame à la télévision française expliquer une sonate de Beethoven. Un vrai mouton enragé. C'était horrible !

Quels souvenirs gardez-vous de votre passage à la tête de la Philharmonie de Berlin ?

Je n'ai jamais fait de musique avec l'Orchestre philharmonique de Berlin, non par la faute des musiciens mais par la mienne. Je me laissais emballer, je restais dans la sensation. J'ai donc quitté Berlin sans avoir fait de musique, malgré d'énormes succès et des concerts inoubliables : il y a des gens qui ne voient pas la différence entre la manière dont je conçois la musique aujourd'hui et ce que je faisais alors.

Qui vous a fait changer ?

Un professeur, qui m'a dit après un concert (environ huit ans après mon passage au pupitre de la Philharmonie de Berlin) : "Tu es un idiot, tu n'as pas l'esprit à faire de grandes choses ; il faut que tu réalises encore des petits morceaux." J'ai compris : dans les petits morceaux, il est plus facile de tenir la fin et le commencement. Plus tard, j'ai donné un concert à Vienne pour l'Eglise catholique. Je pratiquais les petites formes depuis un an et demi et je devais passer à Bruckner. Mon professeur est venu sans me prévenir et après avoir écouté le concert m'a dit : "Oui, ça commence à venir", j'ai continué.

Ecrivez-vous de la musique ?

Oui, mais je ne la joue pas. Un jour, j'ai fait une petite suite pour les enfants. J'habitais chez un musicien qui avait des enfants et je me mettais au piano le soir. Nous nous amusions à danser. Je leur disais : "Maintenant, nous allons jouer. Le renard est par là, mais on ne le voit pas. Il est caché et nous sommes tous très peureux." J'improvisais. Nous nous amusions tellement que, au bout d'une demi-heure, nous étions tous en nage.

Alors pourquoi ne faites-vous pas entendre ce que vous composez ?

Cela m'a beaucoup coûté, ce n'est pas par égoïsme, ni à cause d'un sentiment de supériorité. Je respecte chacun, je sais que dans chacun existent les mêmes possibilités que celles qui sont en moi. C'est la raison pour laquelle j'enseigne avec beaucoup de passion.

Que deviennent vos élèves ?

Mes élèves feront comme moi, ils essaieront de faire de la musique selon leurs possibilités. Ils en feront ou n'en feront pas. Moi aussi, j'ai commencé quelque part. Pendant de très nombreuses années, j'ai fait de la musique d'une manière très discutable. Vous savez, tout existe. En ce moment il y a certainement des esprits que vous ne percevez pas qui écoutent notre conversation. Vous allez dire “c’est une folie”. Je vous répondrai que cette affirmation n’est pas prouvable, mais qu’elle est aussi réelle que n’importe quel autre aspect de la réalité.

À PROPOS DE BRUCKNER

Anton Bruckner est le plus grand symphoniste de tous les temps. Il a puisé dans ses forces les plus profondes, sans jamais avoir reçu ni la reconnaissance ni un encouragement quelconque de la part de son milieu. Comment a-t-il fait pour ne pas se décourager, pour ne pas perdre sa vie ? Il est allé jusqu'au bout.

Savez-vous qu'il n'avait lu que deux livres ? La biographie de Napoléon et la Bible. Et pourtant, son œuvre constitue l'apogée de la culture de toute une période de l'humanité, qui jusqu'à ce jour n'a pas été comprise.

Bruckner a créé de nouvelles formes symphoniques. Au lieu de l'opposition entre deux thèmes, comme dans la sonate, il a conçu la triangulation. Pour aborder cette triangulation, il nous faut d'abord découvrir d'où vient l'opposition quand on se trouve en présence de deux thèmes. Qui crée cette opposition ? C'est cette force intérieure, la vitalité du monde affectif de l'homme qui se met en mouvement. L'opposition ne se situe pas dans l'attachement de l'homme au son, qui n'est d'ailleurs pas de nature symbolique comme le langage. La liaison entre l'intervalle et le monde affectif est directe.

Lorsque j'ai commencé à étudier Bruckner, j'ai pensé : "Voilà quelqu'un qui s'est mis sur un piédestal, et qui parle devant une salle vide." Je suis resté vingt-cinq ans sans le comprendre. Mais au fur et à mesure que je me libérais du son, j'ai découvert qui il était. La théorie musicale ne l'a pas compris, il n'est pas aussi immédiat, aussi clair, aussi présent que Ravel. Les réalités qui animent ses textes musicaux sont presque inaccessibles. J'ai dit que Bruckner est le plus grand symphoniste de tous les temps. C'est une affirmation gratuite. Comment puis-je le prouver ? Dans quel sens est-il le plus grand ? Cette qualité, en quoi consiste-t-elle ? Le langage ne peut pas accéder aux réalités esthétiques musicales. La musique est absolument la dernière réalité. Il n'y a pas d'alternative à la musique. C'est une méditation. Il n'existe pas de moyen plus court pour arriver à la transcendance que le son.

En France, on croit que la musique est une jouissance, la recherche du beau. La musique peut être belle, ça ne dérange pas. Mais elle n'est pas que la sensation de la beauté. La beauté qui se matérialise dans la musique est le résultat, la conséquence d'une vérité : la nature divine de l'homme.

Il n'en va pas de même avec le symbolisme du langage. Si je vous dis : "Ah, comme il faisait beau hier soir", les explications pourraient ne jamais prendre fin. En revanche, si je vous joue une quinte descendante dans une tonalité mineure, vous vous trouverez immédiatement dans le passé, sans pouvoir l'éviter.

Pourquoi avez-vous choisi l'exemple de la quinte ?

La quinte est l'intervalle le plus fort, le plus important. Dans la genèse des intervalles, la quinte est partout. Quand une corde entre en vibration, elle ne le fait pas dans sa totalité : elle se divise d'abord en deux, voici l'octave. Quel est le prochain phénomène ? La quinte, lorsque la corde se divise en trois. Elle se divise ensuite en quatre, cinq, six, sept… jusqu'à l'infini, pour retrouver le repos auquel elle a été arrachée au commencement. Le produit de cette division est la série harmonique. La quinte constitue donc l'opposition majeure à l'octave, fonction d'origine. *Mi* se situe quatre quintes plus haut que *do*, dans le cycle supérieur des quintes : *do, sol, ré, la, mi. Fa* se situe une quinte plus bas que *do*, dans le cycle inférieur des quintes : *do, fa, si* bémol. La quinte est donc la genèse des autres intervalles.

Qu'est-ce qui tient ensemble les mouvements d'une symphonie ?

Les rapports qui existent entre les mouvements d'une symphonie ne sont pas de nature formelle. A moins que le compositeur mette, comme Bruckner dans la *Cinquième Symphonie*, le thème initial dans le dernier mouvement. Bruckner a réalisé pleinement les principes symphoniques. Mais en parlant ainsi, nous nous approchons de Debussy, un créateur qui échappe également aux explications. Si on réunissait tous les professeurs d'analyse pour expliquer le *Prélude à l'après-midi d'un faune*, ils n'arriveraient à aucune conclusion. Et pourtant, l'œuvre tient debout de tous les points de vue.

La musique est vraie, c'est à partir de cette évidence que vous rencontrerez Bruckner, mais il peut advenir que vous le manquiez. Vous pensez peut-être : "Puisque je vois la musique comme ça, Bruckner devait la concevoir de façon identique." Il ne la voyait pas comme vous, c'est certain. Ni comme moi.

Chez Mozart, on trouve une continuité inexplicable. Il est difficile de comprendre comment cet homme a eu la possibilité de saisir, avant de commencer, l'ampleur de la fin. L'acte de concevoir la musique est semblable au mouvement de la pensée, il est simultané. Seule la matérialisation de l'acte de penser se situe dans l'espace, la succession.

Comment vous comportez-vous face à la multiplicité de l'orchestre ?

Que devons-nous connaître de l'organisation de l'esprit humain ? Dans l'acte de penser, vous vous appropriez une notion, elle devient vous-même, puis vous la quittez par le processus de transcendance pour vous libérer, afin de pouvoir vous occuper de la prochaine unité. Nous ne faisons pas autre chose de la naissance à la mort, pour ne pas être seuls, pour cesser d'avoir peur, pour continuer à exister. Toute l'erreur de la philosophie occidentale réside dans l'aphorisme de Franz Brentano : "Toute conscience est conscience de quelque chose." Mais avant d'être conscient de quelque chose, je suis conscient ! Ce n'est pas : *cogito ergo sum*, mais *sum ergo cogito.* Si je n'avais pas la possibilité d'intégrer cette multiplicité dans un UN, avec ma conscience qui est un autre UN (il ne peut exister quoi que ce soit sans la possibilité de cette réduction), diriger me serait tout à fait impossible. Imaginez un œuf en chocolat qui se brise, et reconstituez-le, à partir de ses éclats. Il redeviendra à nouveau une unité. La réduction ne doit pas s'entendre au sens de perte ou d'élimination des choses. Elle est l'acte d'intégrer toutes les composantes qui s'offrent à ma conscience dans un UN qui unit toutes les parties. Si vous ne pouvez pas vous approprier ce qui a été réduit, vous restez collé à ce fait. Vous transcendez, parce que vous ne pouvez pas faire autrement. Vous devez vous rendre libre pour la prochaine perception. Si je restais, par exemple, au *sol* majeur qui m'a fait impression, il me serait impossible de percevoir le *la* majeur qui vient ensuite. La parole est un procédé de transcendance qui se matérialise. Pour vous convaincre de ce que je pense, je dois matérialiser ma pensée. Et je sais bien que j'ai commencé ici, et que je veux arriver là-bas. La conclusion existe donc dans le commencement. Dans l'acte de penser, les éléments spatiotemporels n'existent pas.

Lorsque je dirige, je ne fais rien. Si vous pensez pendant l'acte musical, vous êtes foutu, perdu. Votre savoir n'a un rôle que dans la phase où vous vous appropriez les éléments. Dès que la réduction est accomplie, il n'existe plus. Je crée seulement les conditions pour que les musiciens puissent faire de la musique. La musique n'est pas le son, le son peut devenir musique, et lorsqu'il deviendra musique, il ne sera pas musique. Etre et devenir, ce n'est pas tout à fait la même chose. La musique est un devenir qui n'arrive jamais à l'objectivation. Et la phénoménologie musicale est un énorme "non", devant le "oui" qu'est la musique. En transcendant le son, je n'arrive nulle part. Je ne suis plus dans le monde physique, et je ne pourrais pas répondre à la question qui naît immédiatement dans la logique occidentale. "Et si vous n'êtes pas là, où êtes-vous donc ?" En vous disant : "Je suis nulle part", j'hypostasie. La logique et la pensée s'arrêtent là.

Comment contrôlez-vous l'orchestre ?

Si le cor entre trop tard, je sors de la musique, je descends…

La musique n'est pas belle, elle est vraie. La vérité existe. Elle se matérialise sous la forme de quasi-vérités, et chacun de nous a les siennes, qui ne sont pas de nature définitive. L'essence de la vérité est en nous. "Ne cherche pas Dieu ailleurs, il est en toi." Comment le pauvre Bruckner aurait-il pu écrire, s'il avait cherché Dieu ? Il écrivait parce qu'il l'avait trouvé ! Mais il l'ignorait. Il se considérait "comme un petit rien du tout". Son intellect n'était pas du tout prêt à recevoir cette réalité. Pourtant, il n'y a pas une mesure dans Bruckner où vous puissiez sentir qu'il doutait de quelque chose. Lui, qui a été si "coincé" toute sa vie, a accompli des exploits proches de la divinité. Quand on lui demandait pourquoi il n'écrivait pas comme Brahms, il répondait : "J'écris comme il plaît au bon Dieu." Cette innocence est désarmante.

Et c'est pourtant Bruckner qui a introduit le plus de complexité dans la musique. Je ne pense pas qu'on puisse aller au-delà, si, bien entendu, on comprend le sens de cette complexité, et si on ne confond pas son travail avec l'éternelle division des intervalles. On peut diviser l'octave en douze intervalles, pourquoi pas en dix-sept, ou en vingt-cinq. On arriverait ainsi à une complexité majeure. Mais il se trouve que l'homme peut entendre, saisir, percevoir l'octave. Tous les autres sons se situent dans la région de l'octave, mais cette double dénivellation, nous ne la trouvons que dans le son. Toutes les sensations sonores sont contenues dans l'octave. Il s'agit là d'un système référentiel qu'on ne peut ni dépasser (on peut l'ignorer, bien sûr) ni remplacer.

Bruckner est resté près de tout ce qu'il y a de vrai en nous. Avec cette manière de diviser le son, on perd le caractère de la quinte, de l'octave, celui de tous les autres intervalles. Ou pourrait s'orienter d'une manière différente de celle de Bruckner. Il ne faut pas croire qu'il n'y a que ce langage qui soit capable d'exprimer quelque chose. Il existe des millions de possibilités. Les voies de libération de la matière sont infinies.

... Bruckner était incroyablement sincère et attentif à ce qu'il jetait dans la casserole. Il savait ce qui allait en sortir. Tandis que Mahler n'a jamais été maître de la fin.

Le matériel qu'est le son vous appartient. Mais il est aussitôt récupéré par le cosmos, qui n'a fait que vous le prêter. Le compositeur se trouve confronté à cette double appartenance. Il peut jouer ce qu'il veut, mais ce qu'il a choisi, inévitablement, disparaît. Lorsqu'on élabore du matériel thématique, il n'existe qu'une conséquence possible. Pas deux. Aucune dualité, aucune ambiguïté. Bruckner a toujours conscience de cela, et Mahler jamais.

Comme il commence bien, Mahler ! Ses thèmes sont extraordinaires. La fin, un chaos. Un chaos total ! Ce que je vous dis peut vous sembler une terrible impertinence, et pourtant c'est une réalité.

Mahler est-il chaotique partout et tout le temps ?

Le texte pose des conditions de continuité. Dans la *Sixième Symphonie*, il commence admirablement, mais le mouvement ne sait pas s'arrêter. Il ne finit d'ailleurs pas. Mahler n'avait aucune idée de sa responsabilité. Lorsqu'il dirigeait des opéras de Mozart, il leur ajoutait des menuets, pour faire l'intéressant. Tout cela transparaît dans ses compositions. Voyez la "danse populaire" de la *Quatrième Symphonie* : une orchestration géniale, un pouvoir d'expression potentiel inhumain, une richesse incroyable. Et pourtant, il a finalement été un très petit compositeur. Quand j'étais jeune, j'étais pour Mahler, et contre Bruckner. Et Tiessen, mon maître, m'a dit : "C'est une attitude que tu vas revoir plus tard."

Je serais le bon Dieu si je pouvais comprendre Bruckner. Je ne peux que vivre ce qu'il est. Comment un fils de paysan est-il arrivé à ces conceptions ? D'où les a-t-il prises ? Quels étaient ses modèles ? Et sa force ? Elle n'était rien d'autre que sa foi. Il ne voulait rien. Il acceptait.

"Si ça doit se passer comme ça, Seigneur, que Ta volonté soit faite.

Si je ne me marie pas, c'est Toi qui le veux.

Je ne suis qu'un professeur de conservatoire, c'est encore Ta volonté."

La création musicale ne dépend de rien. C'est un acte libre. Tradition, connaissance, passé, science disparaissent dans la création, si elle est vraiment libre. L'ambition de réussir, l'effort projeté vers l'avenir, la volonté se situent en dehors de toute possibilité de matérialisation de la musique.

L'acte libre, l'enfant qui chante, voilà de l'art. Mais ça ne peut être aussi que l'expression de l'immédiat. Je me souviens de cette mélodie extraordinaire qu'un enfant chantait, un jour, dans un hébreu très ancien que personne ne comprenait, à Safed, en Israël. Deux ans plus tard, on lui a fait entendre l'enregistrement que j'avais fait de lui, et il a dit : *"Mais qu'est-ce que c'est ?"*

Quelque chose est venu couper cette source spontanée, et cet enfant n'a jamais rechanté depuis.

Alors, analyser les mérites, les modulations de Bruckner ne servirait pas à grand-chose. Nous savons tous aujourd'hui ce qu'est une modulation, mais Bruckner l'a pratiquée sans la comprendre, ce qui porte ses mérites aux cieux. Il a écrit des modulations extraordinaires. Il avait un sens inouï de l'espace harmonique. D'ailleurs, toutes les grandes symphonies n'ont qu'une grande modulation à la fin. Mozart et Bach n'ont jamais écrit quelque chose “à côté”. Ils modulaient à la perfection, et si on leur avait demandé quel était leur secret, ils auraient répondu, comme saint Augustin, qu'ils savaient le faire, mais qu'ils ne savaient pas comment l'expliquer.

Que pensez-vous de l'enseignement musical, tel qu'on le pratique aujourd'hui ?

Les conservatoires, c'est la mort ! Dans le meilleur des cas, le professeur est triste, tout à fait esquinté par une fausse pratique, une fausse culture, un faux contact, et la fausse divinisation de dieux qui n'existent pas. Il devient impossible, dans ces conditions, de faire de la musique.

Avez-vous admiré un chef d'orchestre ?

Oui, un seul chef d'orchestre qui s'appelait Furtwängler. Avec très peu de connaissances et beaucoup de défauts, mais il avait compris. Un jour, je lui ai demandé : “Maître, ce passage, comment va-t-il ? Quel est le tempo ? A quelle vitesse dois-je aller ? *(Wie schnell geht es ?)*”

“So wie es klingt.” “Tout dépend de la manière dont ça sonne, m'a-t-il répondu. Voilà ce qui t'indiquera à quel tempo tu devras aller.”

Qui peut comprendre cela aujourd'hui ? Il n'y a pas de réalité physique du tempo. Est-ce qu'un métronome peut m'indiquer les conditions dans lesquelles je peux établir la transcendance, qui n'est pas un acte de la volonté ? On persiste pourtant à inscrire des chiffres sur la partition. Bach n'a-t-il pas déclaré avec bienveillance que celui qui n'était pas capable de reconnaître le tempo d'un mouvement à la lecture de la phrase musicale ferait mieux de s'abstenir ?... Qu'est-ce qu'une désignation de tempo ?

Etes-vous satisfait lorsque vous venez d'achever de diriger une œuvre ?

Sur les cent cinquante concerts que je donne dans l'année, un ou deux seulement peuvent être considérés comme de la musique. Ce n'est d'ailleurs pas le grand succès qui peut certifier la qualité d'un concert. Je ne me suis encore jamais trouvé dans une situation où je sois incapable de passer outre le son.

Lorsque je n'y arriverai plus, je m'arrêterai. J'espère que je ne serai pas fou au point de ne pas l'entendre moi-même.

DE LA DIRECTION D'ORCHESTRE

DU SON

La musique n'est pas de nature statique. Elle n'existe pas comme un *Daseins-Zustand*, un état d'être défini. Elle est toujours en devenir, sans jamais accéder à une forme d'existence. Où se trouve la *Septième Symphonie* de Bruckner ? Dans la partition ? Celle-ci n'est qu'une trace, une sténographie qui permet en la suivant de faire vivre la musique. C'est un mode d'emploi pour utiliser le son, et peut-être arriver à une réalité dont vous n'avez aucune idée.

Mais la musique n'est pas le son. Cependant elle ne peut se matérialiser sans lui. Le son peut devenir musique dans certaines conditions. Le son, qui est d'abord un fait physique, peut vous porter hors de toute contingence physique. Tout désir d'entendre, de jouir des relations entre les sons et leur attachement au monde affectif humain peut être transcendé. Cela dit, l'attachement de l'homme au son n'est pas de nature symbolique comme le langage, il est direct. Le son occupe une situation spéciale dans la structure sensorielle de l'homme. Je ne connais pas de moyen plus court que le son pour arriver à la transcendance.

Tout acte de transcendance musicale est un acte individuel. Je ne peux pas dire à quelqu'un : "Vous n'avez pas fait de la musique, vous êtes resté dans le son", parce que la seule forme d'objectivité grâce à laquelle je pourrais établir une mesure commune entre lui et moi serait, comme le dit Husserl, l'*Intersubjektivbetreffbarkeit* – se retrouver dans l'autre. Je peux vous dire : "A un certain moment, il n'y avait plus rien qu'un tout envahissant. Je n'étais plus là", pour parler de façon littéraire car on est plus là que jamais. Le but final de toute méditation transcendantale, c'est ce vide qui n'est pas une indifférence, un manque d'activité, mais, au contraire, l'activité suprême. Je peux encore dire : "Je suis là parce que je ne suis pas là." Il existe une forme pure de conscience sans objet qui pourrait toucher n'importe quoi sans s'attacher à quelque chose. Ceux qui y sont parvenus sont nombreux, mais malheureusement pas dans le champ de la musique. Je parle d'un état permanent. La fragilité du verre n'est-elle pas permanente ? N'existe-t-elle pas avant même qu'il ne se brise ? Nous ne pouvons pas définir la permanence avec des moyens conquis dans le non-être, dans la *Vergänglichkeit* [éphémérité]. Toute tentative de la capter, de l'immobiliser serait un acte forcé. Or la permanence n'est ni le produit ni le but direct d'une action. On s'éloigne de la permanence par la pensée. On en retrouve le chemin par la pensée, mais une fois arrivé, ce n'est pas la pensée que l'on trouve. La pensée ne peut que continuer à interroger sans fin. Qu'y a-t-il donc, si ce n'est pas cela ?

DE L'ARTICULATION MUSICALE

Qu'est-ce qu'une articulation musicale ? Une unité. Toute forme d'énergie mise en mouvement pour une raison quelconque ne peut pas vibrer dans toute son intégrité. Elle se divise en unités inférieures à elle-même. Une articulation est constituée de ces divisions qui sont la partie d'un tout. Tout discours qui doit se transmettre d'un homme à un autre, d'une conscience à une autre, doit être articulé. Il nous faut reconnaître les parties qui constitueront le tout. L'articulation a une certaine indépendance, qui trouve son identité seulement en relation aux autres, et qui sert à retransmettre cette forme d'énergie. Il y a des articulations mécaniques qui se réitèrent elles-mêmes, et qui ne transmettent que l'ampleur d'une énergie, et rien d'autre.

L'articulation musicale, l'articulation intellectuelle sont d'une autre nature. L'articulation est la garantie de la transmissibilité, qui n'est pas une garantie de la transmission, parce qu'on peut vous transmettre des bêtises.

Toute articulation a un commencement, un point culminant, et une résolution. C'est la première structure, l'organisation interne des unités de force dirigées. La structure présuppose l'existence de l'articulation. Dans la musique, nous avons la structure de l'articulation et, ensuite, la direction. La structure musicale ne peut se révéler que si on connaît les autres dimensions.

Il y a, dans la philosophie occidentale, un concept qui ne peut s'exprimer qu'en anglais : *onepointedness.* En d'autres termes, notre esprit ne peut saisir qu'une seule chose à la fois. Car l'esprit est une entité. Il ne peut avoir affaire qu'à d'autres entités. C'est grâce à cette faculté – *onepointedness* – que je peux m'approprier l'univers qui m'entoure. Nous ne faisons pas autre chose, de la naissance à la mort, qu'intégrer tous les phénomènes pour ne pas être seuls, pour ne pas avoir peur, pour pouvoir continuer à exister.

Dans l'acte de la pensée, vous vous appropriez une notion, elle devient vôtre, vous la quittez par le processus de la transcendance pour être libre afin de vous occuper de la prochaine unité. Tout cela se passe à une vitesse formidable. Dans cette opération, la fin et le commencement, après avoir transcendé toutes les phases intermédiaires, sont simultanés. Je vous dis par exemple : "Notre rencontre n'aurait pas été possible, si vous ne m'aviez pas téléphoné." Lorsque je commence à parler, je sais comment je vais achever. La fin coexiste dans le commencement. L'acte de la pensée est simultané, mais il se matérialise dans les éléments spatiotemporels. De la même manière, l'essence de la musique est simultanée, et elle se manifeste également dans les dimensions spatiotemporelles.

DE LA TRANSCENDANCE

Lorsque je dirige, je ne fais pas de la musique. Je crée les conditions pour que les gens puissent transcender le son. Il n'y a pas de transcendance sans appropriation. Mais en transcendant le son, vous n'atteignez pas une chose qui serait transcendable. Vous n'arrivez nulle part. Vous n'êtes pas là – dans la matière physique – sans pouvoir répondre à cette question de la philosophie européenne : "Si vous n'êtes pas là, où êtes-vous donc alors ?" Je ne suis pas là, c'est définitif. La pensée s'arrête là, et ne peut aller outre.

Lorsque je suis devant un orchestre, je suis comme un sculpteur devant un bloc de pierre. Lorsqu'il a donné tous ses coups, il reste, par exemple, une tête d'homme. Quel est le dénominateur commun de tout ce que je fais lorsque je dirige ? Je ne cesse pas de dire non : "Non, pas comme ça, c'était trop vite ! Pas comme ça, vous avez couvert le deuxième cor… Ce n'est pas le thème, le thème est là. Non, non, non", pour que finalement apparaisse le *"oui"*. Mais, le oui, ce n'est pas moi qui le réalise. Je crée les conditions pour que chacun puisse se faire une idée du oui. Il y a cependant des musiciens qui ne pourront jamais modeler un oui. La plupart d'entre eux ont réduit la musique à une alternance discursive d'événements locaux, tout à fait isolés du contexte.

Une mélodie s'achève, par exemple, et, en général, on reprend la phrase un point trop haut ou un point trop bas. En fait, il faut reprendre exactement là où l'autre a cessé. C'est réalisable, mais personne ne possède la moindre idée de ce qu'est ce concept, la *Räumlichkeit* – si vous voulez, la spatialité. S'il y a trois mesures jouées à la flûte, qui se poursuivent au cor, comment doit-on créer l'intégrité de la ligne ? Certains éléments doivent être révélés dans la conscience de celui qui les joue. Et celui-ci doit avoir une conception de ce qu'il cherche.

Quand je me trouve face à l'orchestre, je suis devant une multiplicité d'informations. Quelle est la tendance, quel est le seul objet que mon acte de volonté devrait suivre ? Réduire cette multiplicité à une unité quelconque. La réduction ne s'entend pas au sens de perte ou d'élimination des choses.

DU LANGAGE

Certains disent que la musique est un langage. C'est, en fait, le contraire d'un langage. Il n'y a pas un concept qui pourrait me dire l'arbre. Il y a des millions d'arbres, et, par le concept, je parle à la fois de tous et d'aucun. Tandis qu'un *do* majeur, il n'y a rien d'équivoque là-dedans ! S'il vous touche, il vous touche, sinon, le rideau est tiré. Ceux qui possèdent la grâce de pouvoir percevoir l'effet du son sur eux-mêmes peuvent pratiquer la méditation.

Le langage est-il moins réel que la musique ? Il ne s'agit pas d'une réalité commune à tous. Vous serez touchés par une phrase, et moi, non. Mais nous savons comment vont les choses, par exemple, de *do* à *sol*, non parce que nous voulons qu'il en soit ainsi, mais parce qu'il en est ainsi.

Que pouvez-vous m'expliquer dans l'extraversion d'une quinte ascendante, dans le fait que le *sol* soit l'avenir du *do* ? Si vous ne la sentez pas, c'est fini. Si, au contraire, vous la sentez, il n'y a rien à expliquer parce que l'explication serait donnée au moyen du langage et des concepts. La musique n'est pas logique. Elle est vraie.

DE L'INTERPRÉTATION

Lorsque le compositeur a mis son œuvre sur le marché, un monsieur intervient, qui s'appelle l'interprète. On ne sait d'ailleurs pas de quoi il est l'interprète. Peut-être de la permanence ? Cela présuppose qu'il en sache quelque chose. Le pauvre, comment le pourrait-il, s'il n'a jamais su que ça existait ! Il restera au niveau de la physiologie du son : le *forte* vous touche d'une autre manière que le *piano*. Il est plus facile d'associer la violence que la douceur au *forte*. Ce sont des associations primitives. Un “interprète” de grand tempérament créera des contrastes. Mais correspondent-ils aux contrastes qui ont touché le créateur ? La proportion des rapports, du point de vue de la tension, de la structure, dans le chemin de l'expansion, comme dans le chemin de la résolution, n'est pas interprétable. L'interprète peut l'ignorer. Au lieu de restituer ce chemin vers la permanence, il met en ébullition le faible caractère de l'homme, avec toutes les associations inévitables.

DE LA CRÉATION

Le compositeur ne sait rien de tout cela. Il n'a aucun moyen d'accéder à sa propre composition. Est-il possible que Stravinski ou Hindemith aient été d'aussi mauvais chefs d'orchestre de leurs œuvres ? Ravel, le pauvre, se noyait chaque fois qu'il dirigeait. Ce qui a remué, touché les compositeurs, fécondé leur créativité, n'est pas de nature rationnelle. Mais leur esprit est monté à des fréquences proches de celle de la lumière, c'est certain. Cela dit, ils sont incapables de parcourir le processus inverse depuis la matière inerte qui est symboliquement représentée dans la partition, afin de retrouver l'édifice vivant qui leur a fait vivre quelque chose qui était de l'ordre de la permanence.

DE LA CONTINUITÉ

Y a-t-il des rapports entre les mouvements d'une symphonie ? Il y a des rapports, mais ils ne sont pas de nature formelle, à moins que le compositeur n'introduise, comme Bruckner dans la *Cinquième Symphonie*, le thème du premier mouvement dans le dernier. Les mouvements s'intègrent les uns aux autres.

Dans certaines symphonies, comme la *Troisième Symphonie* de Beethoven, le quatrième mouvement n'a rien à voir avec les autres. L'idée est héroïque, noble, et le voilà qui fait des blagues. Le fait que le compositeur sent le continuum dans lequel il nage, et que chaque faute qui l'en détournerait lui paraît évidente, cette appréciation n'est pas de nature matérielle. Ceux qui sont un peu familiers de la philosophie orientale savent cela. Chez Mozart, il y a une continuité inexplicable. Je n'arrive pas à croire qu'un homme ait eu à ce point la capacité de saisir, avant de commencer, l'ampleur de la fin. Dans le commencement, il y a tout. L'acte de créer de la musique est semblable à l'acte de penser, qui est simultané.

Chez Mozart, chaque note est si libre qu'elle pourrait être une autre, mais en même temps elle est si déterminée qu'elle ne peut être que celle-là. Dans une phrase de Mozart, dans une série de cinq notes, les relations sont si claires qu'il pourrait, au lieu d'aller à *mi*, par exemple, rester sur le *sol*. Tandis que chez Wagner, le chromatisme détermine la fonction suivante.

DU TEMPO

Un jour, j'ai demandé à Furtwängler : "Maître, ce passage, comment va-t-il ? Quel est le tempo ? A quelle vitesse dois-je aller ? *(Wie schnell geht es ?)*" *"So wie es klingt"* – Tout dépend de la manière dont ça sonne, m'a-t-il répondu. Voilà ce qui t'indiquera à quel tempo tu devras aller.

Le métronome ne peut pas indiquer quelles sont les conditions dans lesquelles je peux accomplir l'acte de la transcendance. Mais s'agit-il d'un acte de ma volonté ? Pas du tout. Le tempo pris comme objet, à la manière des idiots qui écrivent sur leur partition "la croche à 72", n'existe pas. Le tempo est la condition pour que la multiplicité des phénomènes qui se présentent à ma conscience puissent être réduits par cette force qu'elle possède, cette force unique de "réduire" la multiplicité, et d'en faire un tout très complexe, une unité qu'on peut s'approprier pour la quitter ensuite, la transcender pour se trouver libre devant la prochaine unité. Plus la multiplicité est grande, plus le tempo matérialisé, vu dans la dimension physique du temps, est lent. Mais en vérité, le tempo n'est pas lent. Il n'est ni lent ni rapide. Aujourd'hui, le tempo est devenu un objet qu'on peut caractériser par une mesure physique. La convention de mesurer physiquement le tempo est idiote. Le temps physique n'existe pas en musique. Et pourtant, les critiques et les imbéciles qui enseignent dans les conservatoires continuent de le mesurer ! Le tempo n'a rien à faire avec la vitesse. Que disait Bach à ce sujet ? Que celui qui ne peut pas évaluer le tempo en lisant le texte musical – le *Tonsatz*, comme il disait – ferait mieux de s'abstenir, de renoncer à la musique. Le tempo n'a pas d'existence individuelle. Il ne pourra jamais être hypostasié. Dans une bonne acoustique, les éclats de la multiplicité sont très nombreux. Dans une acoustique sèche, ces mêmes éclats sont très réduits. Où cela se matérialise-t-il ? Sur la montre. Voilà pourquoi les critiques idiots, qui ignorent tout contact naturel avec le phénomène du son, viendront me dire que j'ai joué seize minutes "de trop". Lorsqu'il affirme "c'est trop lent", le critique, le bébé, le pauvre, a-t-il réduit la même richesse d'éléments que moi ? Entend-il comme moi ? Je ne poursuis pas seulement des relations à l'état physique, mais des correspondances à l'état astral. Un autre monde marche avec le monde des sons. Certaines octaves, les harmoniques naturels, sont tout à fait contrôlables dans Ravel et dans Debussy. Mais le critique, conditionné qu'il est par son inévitable ignorance, peut à peine contrôler les sons directs. Comment voulez-vous qu'il sache quelque chose des octaves, des harmoniques ? Puisqu'il ne les entend pas, il n'a pas besoin du temps de la réduction. Il croit que le tempo est donné par le métronome, c'est-à-dire par une force organisée, un système référentiel qui vient, du dehors, s'implanter sur un processus vivant comme la naissance et la disparition du son. On confond la matière avec l'esprit qui anime la matière !

La somme de tous les éléments qui agissent dans le "maintenant", je l'appellerais la pression verticale. Le décor horizontal est le morceau qui marche dans le temps. Les choses sont liées entre elles parce que s'il n'en n'était pas ainsi, elles apparaîtraient individuellement. Elles ne seraient plus qu'une série d'événements ponctuels dans le temps. Pour que cela fasse sens, il me faut "réduire". Plus grand est le nombre d'éléments qui se trouvent dans le "maintenant" (qui sont à réduire d'un point de vue horizontal), plus grande est la pression horizontale. La musique n'est rien d'autre que la quantité de flux horizontal que la pression verticale laisse passer.

Furtwängler, par exemple, jouait un adagio deux fois plus lentement qu'un autre chef, sans que cela paraisse lent. Il mettait tant d'expression dans les éléments qui se contredisaient, se complétaient, s'harmonisaient, se neutralisaient, que ça aurait pu être encore trois fois plus lent. Il était conscient de la pression verticale. Si vous laissez trois mélodies de cordes passer comme de l'eau de rose, sans beaucoup de relief dans chaque ligne, la pression verticale est faible. Vous ne pouvez donc pas prendre un tempo trop lent. Si, au contraire, vous créez des oppositions, des contrastes entre les lignes – l'une dramatique, l'autre lyrique, l'autre rythmique –, voici la justification pour votre conscience de vouloir réduire, en prenant plus de temps, ces éléments extrêmement hétérogènes. Furtwängler est le seul à avoir eu une intuition empirique de cette réalité. Je lui disais un jour : "Comme c'est beau, comme c'est lent !", et il m'a répondu : "Oui, mais pour pouvoir le faire si lentement, il faut avoir des contrebasses avec une résonance extraordinaire, et des instrumentistes qui s'engagent eux-mêmes. Je ne pourrais pas le faire avec un orchestre américain."

DE LA SUBJECTIVITÉ

La musique n'est pas belle, elle est vraie. Elle peut aussi être belle, ça ne dérange pas. Comment sait-on qu'elle est vraie ? Il est vrai que vous vivez, voici une vérité sur laquelle vous pouvez compter. A partir de là, vous pouvez aussi retrouver Bruckner, de la même manière que vous pouvez le manquer.

Lorsque, dans une symphonie, il y a seulement deux thèmes, d'où vient l'opposition entre eux ? Qui la crée ? C'est la force intérieure, la vitalité du monde affectif de l'homme. L'attachement de l'homme au son n'est pas de nature symbolique, comme le langage. La liaison entre l'intervalle et le monde affectif de l'homme est directe. C'est le fait d'être d'abord touché d'une manière, puis d'une autre, qui crée l'opposition, qui ne se trouve pas dans le matériel. En fait, dans la partition, rien ne peut vous montrer la voie. Il n'y a pas moyen d'accéder à cette idée, mais on peut la vivre, l'extraire de son ambiance ontologique et dire : "C'est ça !" Il n'y a pas un seul fait dans la musique qui soit isolable. Tout est lié.

L'art de la modulation harmonique consiste à quitter une tonalité, à trouver un champ neutre, puis à fixer par une cadence une nouvelle tonalité. Si je passe de *do* majeur à *sol* majeur, c'est un passage, ce n'est pas une modulation. Si, en quittant *do* majeur, je réussis à vous rendre plus ou moins indifférent, sur un champ neutre, et si, ensuite, j'arrive à *fa* mineur, j'ai fait une modulation harmonique. Mozart et Bach modulaient à la perfection. Mais si on leur avait demandé leur secret, ils n'auraient pas su répondre. L'homme le plus doué pour remuer les harmonies était Max Reger, en son temps. Il a écrit un livre sur les modulations harmoniques, et a laissé cent exemples, dont deux seulement valent quelque chose. Tout le reste prouve qu'il ne savait pas de quoi il parlait. Il n'avait jamais réfléchi aux forces, aux principes selon lesquels on peut quitter une tonalité et en établir une autre. Bruckner n'a pas écrit de livre sur les modulations, mais il en a fait d'extraordinaires. Des modulations tridimensionnelles. Du point de vue de la modulation, Bruckner est un des plus grands compositeurs de tous les temps. Avec Bach, qui possédait un sens exquis, inouï, de l'espace harmonique. La modulation du finale de la *Quatrième Symphonie* de Bruckner est extraordinaire. Toutes ses grandes symphonies ont une modulation unique à la fin. Beethoven s'est trompé très souvent. Dans l'*Héroïque*, au dernier mouvement, il passe par *la* bémol majeur, pour arriver à *la* bémol majeur ! Ce n'est pas possible ! Il n'était pas aussi conscient des antagonismes et de leur irréductibilité que Mozart et Bach, qui n'ont jamais écrit quelque chose à côté. Mozart enfant, avec une approche de la musique pas encore approfondie, ne s'est jamais trompé. Haydn non plus. Debussy a encore plus de mérite, parce qu'il n'y avait plus de critère. La technique de son temps ne lui avait pas donné les éléments nécessaires pour s'orienter différemment. Il ne l'a fait que par son génie, et a exploré un territoire tout à fait inconnu.

DU SPECTRE

L'homme peut entendre, saisir, percevoir l'octave. Acoustiquement, l'octave supérieure d'une note vibre à une fréquence double de la fréquence de la note originale. Tous les autres sens ne perçoivent qu'une région de l'octave. Le son exerce un pareil pouvoir sur l'homme car toutes les sensations sonores sont contenues à l'intérieur de l'octave. Voilà un système de référence qu'on ne peut ni dépasser, ni changer, ni remplacer. Les radiations du spectre visible ont une longueur d'onde comprise entre 0,4 micron (µ) pour le violet extrême et 0,75 µ pour le rouge extrême. Le double qui constituerait l'octave se trouve au-delà de notre secteur perceptible. Nous ne percevons pas seulement une, mais neuf, dix octaves auditivement. Sur l'octave, tout le monde a d'ailleurs écrit, y compris les grands alchimistes dont les conclusions n'étaient ni d'ordre mathématique, ni d'ordre matériel. Les alchimistes n'étaient pas à la recherche de l'or, comme les gens le pensent communément.

4

POUR LE SOIXANTE-QUINZIÈME ANNIVERSAIRE DE SERGIU CELIBIDACHE

Maestro, y a-t-il eu pour vous, quand vous étiez enfant, une "mise à feu" initiale qui vous a conduit à la musique ?

A quatre ans déjà, je me suis assis au piano, et on m'a souvent éloigné de force de cet instrument, parce que je faisais trop de tintamarre... A six ans, j'ai reçu des cours de professeurs tout à fait misérables, qui lisaient le journal pendant les séances, et moi j'improvisais. Il n'était donc pas question de mise à feu. C'était la joie prise à la sonorité et le fait que je pouvais répéter au piano ce que j'avais entendu en ville, à la fanfare militaire ou le soir, quand les gens buvaient de la bière. Je pouvais transposer tout cela sur le piano, et cela m'a beaucoup amusé.

Qui a été le plus marquant pour vous par la suite, quand vous en êtes arrivé à diriger ?

Cela n'a jamais été mon intention de devenir chef d'orchestre. J'ai lu des livres de musicologie en autodidacte. Il n'y avait pas la possibilité de fréquenter un conservatoire. Plus tard, à Bucarest, j'ai fait deux ans de mathématiques. Mon père voulait que je devienne ingénieur... Il avait une idée très arrêtée de ce que devait être un futur président de la République, le poste m'était réservé depuis longtemps. Après les études à Bucarest, je lui déclarai ne pas vouloir suivre ce chemin, et mon père a dit : "Dehors !" Il eut la force de caractère de me jeter dehors, et j'eus la force de caractère de partir... Pendant les premières années que j'ai passées en Allemagne, il avait les craintes les plus noires que je pusse devenir pianiste de jazz dans une maison close, ou quelque chose de ce genre... Et puis quand, en 1945, je suis passé des bancs de l'enseignement supérieur au pupitre de l'Orchestre philharmonique de Berlin, il a été, bien sûr, incroyablement heureux.

Quels étaient ces bancs de l'enseignement supérieur à Berlin ?

La Hochschule für Musik et la Friedrich-Wilhelms-Universität. Pour être dispensé du service militaire, je me suis inscrit simultanément en musicologie, j'ai repris les mathématiques, et j'ai suivi des études de philosophie, mais de façon à ne jamais les terminer, car sinon j'aurais dû partir pour me battre contre les Russes. Mais je n'aurais été d'aucune utilité comme soldat, car je suis incapable de tuer un homme, c'est à peine si je peux tuer une mouche qui me dérange.

Est-ce qu'il y a eu à Berlin un professeur qui vous a particulièrement marqué ?

J'ai eu vingt-huit professeurs dans ma vie, mais il n'y en a que trois dont j'aie appris quelque chose, et le seul qui ait eu une influence constante sur mon évolution, c'est Heinz Tiessen, professeur de composition et lui-même compositeur. Il ne savait certes pas toujours expliquer rationnellement pourquoi quelque chose n'était pas en ordre. Mais lorsqu'il disait : "Ceci est bon, mais cela ne l'est pas", il avait toujours raison, bien qu'il ne sût pas toujours le *justifier.* S'est donc éveillée en moi l'idée de pouvoir aussi justifier quelque chose : et c'est ainsi qu'à l'aide de la philosophie, j'ai approfondi la phénoménologie musicale... Je voulais vraiment connaître les *limites* de la pensée, et quand je les découvris, je compris aussi que j'avais perdu énormément de temps avec la pensée, car la pensée ne peut pas tout... Je me suis beaucoup intéressé au zen. Un jour un disciple demande au maître : "Qu'y a-t-il derrière la pensée ?" Et le patriarche répond : "La réalité." Et c'est là ce qui, à titre de philosophie concentrée, a agi sur moi le plus profondément : le fait que la pensée n'a pas accès à ce qui nous émeut et touche réellement. La pensée peut à merveille éliminer ce qui ne nous touche pas et en dire les raisons, mais elle ne peut transmettre le *vécu* de ce fait. Quand on fait de la musique, il y a une phase où la pensée revêt une immense importance, tant que l'on élimine tout ce qui n'est pas musique, c'est celle que nous appelons la phase noétique ; une répétition n'est rien d'autre qu'une phase noétique. Mais quand on fait de la musique, il y a bien longtemps que la répétition n'y est plus...

Est-ce que cela correspond au "Celui qui ne le ressent pas ne l'attrapera pas[1]*" ?*

<Hochement de tête vivement approbateur, puis long silence.> Le se vider des yogis, ne laisser s'élever *[aufkommen]* aucune pensée, cela ne signifie

1. Citation approximative d'un vers de Goethe : *"Wenn ihr's nicht fühlt, ihr werdet's nicht erjagen"* (*Faust* I, scène 1, v. 534).

pas qu'ensuite vous n'avez plus rien. Si j'essayais d'expliquer ce qui continue alors d'animer ces gens, j'objectiverais quelque chose, et ce serait à nouveau de la pensée. Mais la pensée n'a aucun accès au réel. C'est très difficile à comprendre, surtout ici en Europe, où tout est appréhendé de façon rationaliste, par voie de dérivation, qu'elle soit discursive ou récursive... La musique[1] est unique *[einmalig[2]]*, elle n'est pas, comme le langage, à multiples facettes, polyvalente et symbolique. Dans le langage, je puis dire "homme", et cela peut désigner une multitude de réalités ! En musique, un intervalle est un intervalle et a une relation unique avec vous, à la condition que vous vous soyez libéré de ce qui s'interpose toujours entre la réalité et vous. Si vous en êtes libre, vous êtes sous l'effet direct de l'intervalle. Et si vous êtes libre, cet effet sera le même sur vous que sur un autre ; mais nous ne pouvons ni constater ni mesurer en quoi consiste cet effet. Ici s'applique la grande parole de Husserl au sujet de l'intersubjectivité transcendantale : je me trouve en vous et vous vous trouvez en moi, et tous deux nous disons : "C'est *ainsi* !" Non pas "C'est beau", beau est polyvalent, mais "C'est ainsi !". Naturellement, de cette considération découlent des conséquences incroyables : à ce jour, l'humanité n'a toujours pas appris que la musique n'est pas seulement belle ; le beau est l'appât, sinon personne ne ferait de la musique ! Mais la musique est vraie. Or, combien d'hommes parviennent à cette vérité, qui n'est aucunement matérialisable

1. L'original porte : *denken* (penser). Mais le contexte suggère qu'il y a soit lapsus du locuteur, soit erreur de transcription. La pensée est précisément toujours tributaire du langage, comme l'a par exemple bien noté Hegel.
2. Le sens exact de cet adjectif est rendu par la locution : ne se produisant qu'une seule fois.

dans les conditions du langage ? Dans le langage, on dit : “musique”. Le jazz est de la musique, la pop, la musique populaire, la musique chinoise, la musique classique, tout est de la musique, la musique de danse aussi – où est la différence ? Voyez-vous la polyvalence ? Mais lorsque vous entendez un intervalle, vous êtes déjà crucifiée, vous ne pouvez plus bouger ; certes seulement à la condition que vous soyez libérée du bagage conventionnel du savoir qui vous accompagne tout au long de la vie, et que vous laissiez agir les choses sur vous *directement*. – Par la pensée nous créons des catégories, parce que nous ne pouvons avancer avec la vérité non catégorisable. Toute la philosophie européenne est victime d'une idée fausse : “Toute conscience est conscience de quelque chose”, selon Brentano, le maître de Husserl. Que disent en revanche les Asiatiques ? Avant que je ne saisisse quelque chose avec ma conscience, la conscience n'est-elle pas là ? Ou bien la conscience n'est-elle pas plutôt le saisir en tant que tel ? Méditer signifie se libérer de la pensée. Mais ce n'est pas ainsi que nous pensons en Europe. Et si Husserl n'est parvenu à aucun résultat définitif, c'est parce que ce commencement, ce présupposé axiomatique, selon lequel toute conscience serait conscience de quelque chose, est fondamentalement erroné. Et s'il y avait quelque chose qui était là *avant* le saisir et qui continuerait de fonctionner comme condition du saisir, jamais de la vie je ne pourrais vous dire ce que c'est ; car ce serait à nouveau objectivation, faire-devenir-concept – la réalité n'est pas ainsi !

Comment est-elle ?

Si je répondais, je retomberais dans le langage, dans une définition composée symboliquement…

Mais vous pouvez l'exprimer par la musique ?

Pas l'exprimer, car il n'y a là rien qui se laisse exprimer !

Le rendre vivable ?

Ah !! Entre le vécu et la pensée il y a bien une différence ! Nous pouvons vivre quelque chose que nous sommes incapables de saisir par la pensée ! Et qu'est donc en fin de compte la musique, si elle *n'est pas* du son ? Car elle n'en est pas ! S'il manque une chose dans le monde d'aujourd'hui, c'est la musique, mais de son nous sommes riches ! Nous avons même des instruments électriques pour produire du son. Il y a des compositeurs qui passent toute une vie à vouloir inventer des sons. Mais ils ne peuvent rien faire d'un *do* majeur. C'est pourquoi il n'y a guère plus personne aujourd'hui qui sache encore phraser une phrase de Mozart !

Par quoi les musiciens de jadis ont-ils mieux rendu justice à Mozart ?

On ne peut savoir s'ils le faisaient... Mais y eut-il des hommes chez qui la pensée était tout à fait exclue dès lors que la lumière de cette conscience éternelle est apparue ? Oui ! Une partition de Bach en est la preuve. *La fin y est simultanée avec le commencement*, ce qui n'est pas possible dans le langage. Par exemple : la mesure 35 d'un certain mouvement qui me vient justement à l'esprit, elle n'est pas tombée du ciel, elle est le résultat des autres mesures. Par diverses correspondances qui se sont formées dans mon monde affectif, le morceau se poursuit, la mesure 35 est une conséquence qui s'actualise. Mais la mesure 35 contient aussi la fin, car si je fais sauter cette mesure, je n'ai plus la fin non plus. Donc, puisqu'à la mesure 35 je suis aussi bien au commencement qu'à la fin, le seul énoncé possible est celui-ci : "Je suis là parce que je ne suis pas là." Voyez-vous où nous a conduits le langage ? Nous ne pourrons pas faire grand-chose d'une telle pensée, car nous autres Européens, nous sommes du mauvais côté de la réalité, nous traquons les mots avec un zèle incroyable…

Du point de vue de mon vécu, j'aimerais dire : il y a des choses qu'on ne connaît pas par une formation préalable, mais qu'on pressent et qu'on attend à l'égard d'une certaine œuvre, et qui, par une interprétation, par exemple l'une des vôtres, sont soudain effectivement là, de façon absolue !

Mais il n'y a pas d'interprétation ! Si tous ces éléments qui se déroulent devant ma conscience ont un effet unique sur moi à la condition que je sois libre, ils ont sur vous le même effet. Lorsqu'on dit que Celibidache est lent et que Furtwängler était encore plus lent et que Carlos Kleiber est rapide, et que ce seraient là différentes interprétations, il n'y a pourtant rien de différent à la base. Tous trois peuvent se tromper. Et s'il y avait quelque chose de *juste*, il serait nécessaire de savoir sous quelle forme ces faits physiques peuvent agir sur moi et où sont les limites de la perception. Et quelle signification garde alors le tempo, qui a fait surgir ces trois différences ? Le tempo est la condition pour que la multiplicité qui se déroule devant ma conscience puisse être réduite, intégrée, dans une unité. Pourquoi dans une unité ? Parce que je suis moi-même un UN. Nous ne pouvons jamais prendre en considération qu'une seule chose à la fois. Tout ce que nous faisons dans la vie revient à combattre la dualité ; c'est ce qui correspond à la nature humaine effective. Dans un *do* majeur vous intégrez ensemble un nombre de sonorités : *do* majeur ! D'où cela vient-il ? Est-ce l'homme qui a fabriqué cela ? Non, il ne peut faire autrement qu'intégrer les phénomènes isolés dans une grande unité. La mesure 35 susdite n'est pas seule, elle provient des autres, le commencement avec le temps devient le milieu. Que signifie "devenir" ? Ils vivent ensemble, ils sont contemporains, c'est-à-dire que dans le commencement réside la fin. Ils sont simultanés, mais se manifestent dans la succession temporelle ; comme l'acte de pensée : il est atemporel, mais se manifeste dans le temps. Dans un raisonnement mathématique aussi, le commencement et la fin sont simultanés. C'est l'essence de l'acte de penser, c'est l'essence de la musique ! Simplement, elle se manifeste dans le spatiotemporel, elle n'est pas encore là d'elle-même, tant que l'espace et le temps ne sont pas encore articulés l'un à l'autre. A présent : où y a-t-il en tout cela de l'interprétation ? Et puisque tout à l'heure vous parliez d'attente : c'est plus qu'une attente ; en nous est toujours présent un sens profond pour la lumière illimitée de la conscience : c'est notre nature divine. C'est pourquoi la première condition pour parvenir à un vécu musical est de venir *libre* au concert. Laissez à la maison tout ce que vous savez sur la musique. La musique n'est pas fonction du savoir. Le savoir est relié au passé, le vouloir est relié à l'avenir. Si vous laissez tout cela de côté, vous vivrez peut-être quelque chose. Non pas ce que fait Celibidache, mais ce qui est éternellement présent en vous. C'est la lumière divine. Voilà pourquoi – pas d'interprétation.

Mais tout le monde ne peut révéler cette lumière divine...

Elle est inhérente à chaque être humain, mais souvent elle n'apparaît pas, parce qu'elle est bloquée, embrumée, colorée. Cela n'a rien à voir avec l'éventualité que je vous aurais montré par une "interprétation géniale" la pureté de votre conscience. C'est là quelque chose que vous devez accomplir seule, qui ne dépend d'aucun homme, c'est un fait, c'est un vécu.

Vous avez mentionné le fait que, quand vous répétez, ce n'est pas encore de la musique.

C'est la phase technique, où le savoir, le savoir-faire et la tradition jouent un rôle. Mais si l'on a transcendé cela, on peut éventuellement en venir à ce qu'il est possible d'appeler "conscience pure".

Est-ce qu'à l'occasion vous vous rendez à une répétition dans cette liberté absolue ? Vide de toute pensée ?

Je vais à la répétition en étant animé par cela même qui vous porte, vous aussi, vers la musique ; par le désir de vivre à nouveau la liberté. Ce n'est rien d'autre qui vous amène au concert, vous aussi. C'est là une conduite secrète, fidèle, que vous cultivez à l'égard de vous-même. Et "vous-même", c'est la conscience pure. Si nous réussissons, vous et moi, à laisser nos problèmes à la maison, alors il y a une chance pour que nous disions tous deux : *C'est cela !* Et "c'est cela", ce n'est plus seulement beau, c'est bien davantage : c'est *vrai.* La beauté n'est pas la fin ; elle n'est que le moyen.

Ici se pose l'éternelle question : qu'est-ce que la vérité ?

Le langage s'imagine pouvoir atteindre à ce qu'est la vérité. Ce qui n'est pas vérité, je puis le dire sans difficulté : le langage ! Il ne peut rien transmettre. Car rien n'est plus polyvalent que l'expression. Or la conscience pure n'est pas une expression, c'est un état. Vous y parvenez ou vous n'y parvenez pas. Et celui qui y est parvenu n'a aucun moyen, s'il a renoncé au langage, de vous renseigner à ce propos. Mais il peut libérer des choses qui apparaissent chez vous comme libres. C'est tout de même une différence ! Si vous croyez que vous ne le pouvez pas, vous vous trompez ; en soi, tout un chacun le peut. S'il existe aujourd'hui une différence entre vous et moi, elle est potentielle. Aujourd'hui, il en est ainsi. Demain, il se peut que vous transcendiez la matière, que vous parveniez à la vérité, et pas moi... Combien de fois en a-t-il été ainsi ! Malgré des efforts et des soins suprêmes, je n'y arrivais pas. – Quand je songe au nombre de concerts que j'ai faits qui aient eu un sens, je n'arrive pas à quinze pour ma vie entière. Que je serais heureux s'il m'était assuré : aujourd'hui cela viendra ! Nous dépendons de trop de conditions matérielles. Nous sommes loin d'être prêts à pouvoir faire de la musique. C'est là l'illusion des pauvres hommes dont l'orientation est technique, de prétendre atteindre ce fond sans fond en poussant la sonorité jusqu'à l'extrême.

Quand avez-vous pris conscience pour la première fois qu'il s'agissait tant, pour vous, de la vérité ?

Très tard. Avant, j'étais un chef comme d'autres, qui faisait du sensationnel, mais pas de musique. Naturellement, j'ai senti d'une façon théorique, anémique, qu'il y avait quelque chose qui pouvait encore se révéler, mais je ne peux pas dire que je le savais.

Par quoi cela a-t-il été déclenché ?

Par plusieurs faits. Ainsi, j'ai été en relation insigne avec Furtwängler. C'est grâce à lui que j'ai entendu ce que signifie ce "réduire", cet "intégrer dans un UN". Au moyen du langage, on dit qu'il avait un potentiel d'expression tel qu'il pouvait rendre crédible n'importe quel tempo. Ce n'est pas vrai, il a souvent tapé à côté. Mais quand il réussissait, on se trouvait devant un fait ; dans un premier temps, il n'y avait absolument rien à dire ; c'était tout à fait à l'opposé de toutes les autres tentatives dont l'histoire de la musique est si riche. Lui-même concrétisait cela dans des phrases assez énigmatiques. Un jour, le jeune Celibidache est allé le voir et lui demanda : "Maître, cette transition du scherzo au mouvement suivant, à quelle vitesse *[wie schnell]* va-t-elle ?" – Et il répondit : "Qu'est-ce que c'est que cette question stupide : cela dépend comment ça sonne !!" Par conséquent : il ne s'agit pas du tempo comme vitesse, ou comme division du temps arbitraire, déterminée par le métronome ! Non. Si cela sonne plein et incroyablement complexe et profond, j'ai besoin de temps pour le réduire, pour amener cela à un UN. Si la multiplicité est petite, la musique va vite ; si elle est grande... Et le chef d'orchestre peut y contribuer beaucoup : il peut faire ressortir un son, faire disparaître les autres, il peut renforcer une octave, etc. – il peut faire énormément de choses, ce que nous appelons structurer. Donc, s'il peut influencer la multiplicité, cela n'est possible qu'en relation à un tempo qui permette de réduire, qui permette à des unités de se relier. Et quel était chez

Furtwängler cet immense savoir-faire ? Pour une multiplicité incroyable, qu'il créait par sa pensée et par sa sensibilité, il trouvait exactement le tempo juste, et alors il n'était plus question de tempo, mais de la richesse. Si aujourd'hui de jeunes chefs se bornent simplement à le copier et battent des tempi larges, parce que lui le faisait, cela est foncièrement faux. Ce qui rendait ses tempi crédibles, c'était la richesse de l'expression. – Une fois que j'avais compris cela, cette petite lumière commença à se frayer un chemin en moi. Qu'est-ce qui importe ? L'écoute ! La multiplicité qui est produite, je dois d'abord *l'entendre*, et c'est alors seulement que je peux, suivant les cas, aller plus vite ou plus lentement. Si le tempo est trop lent et la multiplicité trop petite, tout se désagrège. Si la multiplicité est énorme et le tempo pas assez large, tout se perd, tout est pour des prunes. – Je savais donc que je devais écouter autrement. Et si vous dites que vous avez été si impressionnée par Bruckner, c'est simplement parce que vous avez écouté. Puisqu'il y a *une* multiplicité et *une* possibilité de réduction et, bien évidemment, *une* conscience, il ne peut y avoir d'interprétation…

Est-ce à dire que jusqu'à ces expériences avec Furtwängler vous avez appréhendé la musique d'une façon ordinaire ? Sûrement aussi de façon différenciée ?

Oui, je suis allé chercher des effets qui n'étaient pas du tout dans la partition, mais il n'y avait aucune correspondance entre le commencement et la fin, aucune simultanéité, il n'y avait pas trace de cela !

Etudiant, vous aimiez déjà particulièrement Mozart ?

Chez Mozart, chaque note est si fermement fondée en l'homme, présente de façon si unique et si conforme aux lois *[gesetzmäßig]*, qu'elle ne saurait être remplacée par aucune autre. Unicité ! D'un autre côté, chaque note est si éloignée de toute forme de pesanteur qu'elle pourrait tout aussi bien être représentée par une autre. C'est ce paradoxe qui m'a tant fasciné chez Mozart, aujourd'hui comme il y a cinquante ans. Tout ce qu'on peut faire avec un *do* majeur ou un *sol* majeur ! Allez donc raconter cela à nos compositeurs de "musique nouvelle", qui cherchent à compenser par l'enrichissement du langage leur impuissance en idées. Le son doit obéir à un esprit qui règne. Si l'esprit n'est pas là, que cherchent-ils encore dans le son ? Et quel esprit est-ce là, qui ne se laisse féconder que par du nouveau ? Qu'est-ce qui est nouveau ? Diviser le ton en seize, en cent, et alors ? Qu'est-ce que l'homme peut faire avec ça ? – Voyez-vous, Mozart était capable d'exprimer le monde avec une quinte – chez lui, chaque quinte est cosmique, c'est-à-dire extérieure à l'action humaine. L'homme peut également devenir cosmique, lorsqu'il est parvenu à la conscience définitive...

Vous ne dirigez jamais Mahler.

C'est un homme chaotique, il n'a pas le sens de l'architecture, de la cohérence. Ses idées sont toujours follement bonnes, mais il ne sait jamais s'arrêter, ne sait pas où aller. Comme compositeur, c'est un autocrate. Et [en même temps] un génie en tant qu'être humain qui ressent ! Sa thématique est absolument unique, mais ce qui n'est pas clair pour lui... Vous savez, il y a dans le son quelque chose qui s'appelle la double appartenance. Par des vibrations égales, j'ai créé quelque chose : la corde vibre – puis j'ai fait la connaissance de ses intervalles, de la parenté octave, quinte, etc., et maintenant je puis, dans cette multiplicité, choisir un thème <*il chante*>. Après que j'ai choisi ce thème, chaque son disparaît ; il n'est pas éternel. Donc, ce que j'ai emprunté, volé au cosmos, le cosmos le reprend <*il mime la résonance et l'évanouissement d'un son après l'attaque*>. Et comment ce phénomène meurt-il ? Par le fait que toutes ses relations à sa famille se révèlent encore une fois. La corde se divise en deux : l'octave ; puis en trois : la quinte ; puis en quatre, en cinq, en six, en cent, en mille, jusqu'à ce qu'elle revienne au repos. Donc, le cosmos l'a regagné. Et par le fait même que le phénomène meurt en tant que tel, nous apprenons quelle est sa famille. D'un côté, j'ai la liberté de choisir les sons, d'un autre côté, après ce choix, le cosmos reprend tout pour lui. C'est ce dont Mahler n'est pas conscient. Il jette simplement tout pêle-mêle dans la marmite, et il n'a aucune idée de ce qui en sortira. C'est-à-dire aucune forme. Mais c'est ce que savaient au contraire tous nos grands maîtres : chez Bach, nous savons à la première mesure tout ce qui vient, pas chez Mahler. Quel admirable début que celui de la *Sixième Symphonie* ! Mais il ne sait pas la mener à bonne fin. C'est là, naturellement, sa tragédie – et, parce que c'était un compositeur hautement dramatique, cela ne reste pas sans effets. Mais la musique n'est pas un effet. La musique est le chemin vers soi-même, elle est le vécu de ce phénomène unique qui s'appelle conscience, conscience pure.

Il semble que vous trouviez aussi le chemin vers vous-même chez Debussy tout particulièrement.

Debussy a en commun avec Mozart d'échapper à toute tentative de le fixer par concepts. Il ne vient de nulle part, il ne mène nulle part[1], c'est inexplicable de A jusqu'à Z. Et j'ai dans l'idée que cette multiplicité, où l'orchestration et les idées musicales peuvent paraître absolument discontinues, rendent très difficile, à quelqu'un qui s'en tient de façon conventionnelle à l'écriture, la tâche de reconnaître l'unité et la ligne directrice qui rend possible la réduction. Depuis que je vis, je n'ai encore entendu, dans le domaine orchestral, aucun chef qui ait reconnu l'unité dans l'hétérogénéité de Debussy. Dans le domaine instrumental, si : Michelangeli, Gieseking, voilà des gens qui, par leur toucher, ont créé les conditions de la réduction ou de l'intégration. Ce sont des phénomènes, si l'on considère le grand nombre d'artistes actuels qui partent de présupposés tout autres, et qui ont néanmoins un effet sur le public, car le son aura toujours un effet, qu'il soit structuré ou non, au service de l'idée ou non, animé ou non de l'expression juste…

Considérez-vous Schönberg comme un enrichissement ou comme un péril pour l'histoire de la musique ?

Comme théoricien, c'était quelqu'un qui n'a absolument rien entendu, comme compositeur, il est l'un des plus grands de tous les temps. Toute la théorie est une affaire conditionnée par la pensée, qui meurt dès qu'on a commencé. Le fait que Schönberg ait été un homme d'instinct et un observateur de génie a très négativement influencé la formation de cette théorie. Qu'est-ce qu'une théorie ? La sienne est une façon très personnelle d'articuler des sons en se laissant conduire par des concepts

1. Comprendre : Debussy n'a pas d'antécédents ni de successeurs dans l'histoire de la musique.

tout à fait faux. Si nous renonçons à des relations entre les sons, il doit y avoir autre chose qui remplace la relation, car la musique n'est rien d'autre que relation. Prenons la série de ces douze sons donnés ; nous n'avons pas le droit de les répéter et c'est d'eux que résulte l'unité. Mais jusqu'où en résulte-t-elle ? Lorsque la série sonne seule, il y a une capacité. Si elle est accompagnée par une fraction de la série, il n'est déjà plus question d'une valeur propre, transcendable, communicative. Jusqu'où puis-je corréler les sons ? Est-ce qu'il me suffit que la première série se manifeste dans son renversement, bien qu'il s'agisse des mêmes sons ? Non ! De la même manière que *do-sol* n'a rien à voir avec *sol-do. Do-sol* est extraverti et expansif, et *sol-do* est introverti et sur le chemin du retour. Alors ! Comment affirmer encore que, si j'en reste à la série avec tous les renversements, augmentations, mouvements rétrogrades et tout le travail thématique, il y aura de l'unité, simplement parce qu'il y a toujours une série au fondement ? Il y a belle lurette qu'on ne peut plus l'entendre, la série, ni même ses fragments, il y a longtemps que l'être humain a été oublié au bord de la route. Et s'il y a d'autres relations qui sont censées se former, nous aurions bien aimé savoir lesquelles. Le monde ne tient là rien de prometteur – on fait de la musique de façon de plus en plus fausse, c'est-à-dire de plus en plus contraire à la nature de l'homme.

Constatez-vous un manque de talent, de dons ?

Non. On est mal orienté et tout à fait faussement formé. Parmi les professeurs que je connais, il n'y en a aucun qui puisse transmettre quelque chose, excepté dans le domaine de la maîtrise instrumentale. Mais maîtriser un instrument ne signifie pas encore, loin s'en faut, pouvoir faire de la musique.

Parlons de vos compositions. Que composez-vous ? On ne connaît en effet guère que Le Jardin de poche *qui est vraiment ravissant.*

Je compose pour grand orchestre, à cause de la multiplicité des couleurs, mais je le traite de façon tout à fait différente de ce qui se fait par ailleurs. C'est là naturellement le fruit d'une expérience très attentive de l'orchestre. Il y a bien des choses conventionnelles dans la technique pour orchestre d'aujourd'hui. Je n'écris pas de façon conventionnelle, mais comme je l'*entends*, et je ne travaille pas avec l'idée "ici, nous allons prendre des cors, parce que les cors ne seront pas couverts". Mais plutôt : si la situation dans l'orchestre en est venue à ce que des cors *s'imposent* maintenant, cela doit résulter de la composition. Je ne peux pas décider "maintenant, je prends des cors" ! – Mais pour garantir à ses compositions l'attention nécessaire, il faut mener une autre vie, commencer à temps, lutter comme Stravinski ; écrire pragmatiquement aussi pour petit orchestre. Je n'ai pas besoin de cela, et je ne trouve pas qu'il soit juste de penser au monde quand on écrit. Et je me permets de penser à des exemples si grands que celui-ci : Bach n'a jamais su qu'il allait un jour avoir une telle importance pour nous. C'est pourquoi il était si libre et c'est pourquoi *son* choix n'était *pas* un choix ; cet homme unique aussi n'a pu écrire autrement qu'il l'a fait. Cette élucubration qui cherche à faire quelque chose que personne n'avait encore jamais fait… Rien n'est moins original que la recherche de l'originalité. Mais c'est, hélas, ce qui se passe aujourd'hui. On va encore découvrir la musique avec des tiers de tons, avec des cinquièmes de tons – et alors ? Les possibilités d'expression s'accroîtront indéfiniment par la division, mais non la substance !

Comment résumez-vous votre existence musicale ? On entend souvent dire que vous êtes amer… Comment voyez-vous votre propre évolution, à présent, avec une certaine distance ?

Il ne s'agit pas d'évolution. Il s'agit du temps *avant* qu'on ait appris quelque chose de la transcendance, où l'on transmettait, comme les autres, des sensations sonores – et il s'agit du temps *après*. Il ne saurait absolument pas être question d'amertume. Si vous saviez avec quel enthousiasme je vois en chaque homme un Celibidache, c'est-à-dire la puissance non déployée d'un être humain qui peut dépasser le son physique ! En ce qui concerne le quotidien musical d'aujourd'hui, je ne suis pas amer, je suis réaliste. Et Dieu et la lumière éternelle me puniraient de façon effroyable si je ne voyais pas les choses comme je les vois. Si je savais qu'il y a la possibilité d'une certaine ouverture, je parlerais avec tout le monde comme je le fais avec vous. Et le fait que je ne dirige pas n'importe où tient à ce qu'on ne me donne nulle part les conditions de travail dont j'ai besoin. De plus, cela ne présente plus pour moi d'intérêt aujourd'hui de recommencer de zéro. A Munich, j'ai du moins convaincu 80 % de l'orchestre ; il est désormais facile de travailler, nous économisons du temps. Et je n'ai plus beaucoup de temps. – Non, pas amer, réaliste : je sais ce qu'est le monde aujourd'hui. Nous sommes passés à côté de la musique. La plupart sont amarrés à la matière. Et moi, je ne le suis pas, parce que la matière est éternellement autre : hier la flûte a phrasé comme ça, demain elle phrasera autrement, quelle est la réaction ? Il ne saurait y avoir de “voilà comment nous jouons cela, et que ça saute !”, jamais on ne peut dire mécaniquement “cela restera ainsi”. La flûte aussi est telle aujourd'hui, autre demain, encore autre après-demain… et s'en tenir à ce vivant, c'est cultiver la relation à la vie.

5

IL N'Y A PAS D'ALTERNATIVE À LA MUSIQUE

Maestro Celibidache, quel est le sens et le but de votre travail avec les Münchner Philharmoniker ?

Rien d'autre que de pouvoir faire de la bonne musique. Je voudrais qu'on parle d'un "style allemand" dans l'orchestre, et que ce style perdure même quand je ne serai plus là. Il est question de "vibrato israélien", de "virtuosité américaine", de "bois français", mais on n'entend jamais parler de "style allemand", parce qu'il n'y a plus personne qui en sache quoi que ce soit. Faire de la musique à l'allemande, jouer du violon à l'allemande, voilà quelque chose dont on pouvait faire l'expérience, par exemple, avec le jeu de Georg Kulenkampff – en quoi il faut prendre garde à bien distinguer ce qui relève de l'époque et ce qui relève de l'individu. Entre-temps, nous en sommes parvenus à exécuter, disons, une symphonie de Brahms avec un caractère allemand, avec une conduite d'archet allemande, avec une structuration allemande du processus. La musique allemande a vu le jour dans certaines conditions matérielles et spirituelles. Celles-ci ne peuvent pas disparaître, et puisqu'une telle symphonie est un document, on peut à nouveau faire l'expérience, dans une exécution de ce genre, des mobiles qui ont jadis contribué à la matérialisation de cet objet. Il ne s'agit donc pas de chercher une quelconque “germanité” dans le style allemand de faire de la musique, mais de ne pas ignorer ce style spécifiquement allemand, comme c’est malheureusement devenu l’usage général. On vibre aussi violemment que les plus violents, on joue aussi vite que les plus rapides, aussi fort que les plus forts.

Pour tout cela, il y a en français le merveilleux concept d’*aliénation*[1], *Entfremdung*, ce qui signifie qu’on s’éloigne du véritable cœur de l’affaire. Bien entendu, il y a aussi des gens qui ne savent rien de l’allemand et de ces caractéristiques qui furent à l’œuvre lorsqu’une telle symphonie a été composée, et qui ont néanmoins du succès. Le succès peut avoir mille raisons, mais qu’il ait affaire à la musique au sens précédemment mentionné, c’est hautement sujet à caution.

Nous, en tout cas, nous souhaitons nous défaire du vibrato mécanique, de la vitesse inconditionnelle ou du volume sonore dénué de pensée. Le vibrato n’est rien d’autre qu’une possibilité d’intensification. Mais on ne saurait tout intensifier de la même manière, il faut bien plutôt adapter les différents modes d’expression possible à la teneur de chaque situation.

L’un de vos concepts clés est la “réduction”, que faut-il entendre par là ?

Dans une mélodie, il y a de nombreuses étapes. Elles doivent s’agréger dans une forme, constituer une structure. Lorsqu’elles vont ensemble, le tout se laisse réduire à une “monade”. Par réduire, il ne faut pas entendre “rendre plus petit”. Si vous détruisez un œuf en chocolat d’un mètre de diamètre

1. En français dans le texte.

en mille petits morceaux et qu'ensuite vous les recombinez, ce n'est pas pour obtenir quelque chose de plus petit, mais pour rétablir le grand œuf en chocolat. Nous percevons donc un tout afin d'être en adéquation avec notre conscience, car celle-ci ne peut appréhender que des moments individuels ponctuels en sautant avec une incroyable vitesse de l'un à l'autre. C'est-à-dire qu'elle transcende. La condition pour pouvoir transcender s'appelle l'appropriation. Que puis-je m'approprier ? Pas la multiplicité !

Prenons par exemple une masse d'instruments de la famille des bois, avec laquelle une flûte ne peut pas s'agréger parce qu'elle est trop basse ; nous avons alors devant nous une dualité, ici la flûte, là les autres. Si elle joue à présent un peu plus haut, elle s'intègre à l'harmonie des autres et contribue ainsi à la formation d'une nouvelle "monade", d'un nouveau UN, d'une nouvelle unité, et la dualité disparaît.

Qu'est-ce qu'un morceau ? Une multiplicité de phénomènes qui en fin de compte se laissent réduire à une seule articulation. La fin et le commencement ne sont pas deux phénomènes séparés, ils vivent en même temps. Exactement comme le commencement et la fin dans l'acte de pensée humain. Mais pour que la simultanéité du commencement et de la fin puisse se manifester, le temps est nécessaire. La fin est donc contenue dans le commencement ! Le commencement recèle tout ce qui va suivre. Si vous prélevez maintenant la mesure 53, cette mesure ne se tient pas en elle-même, mais elle est la conséquence de cinquante-deux mesures qui la précèdent. Par ailleurs, il y a dans la mesure 53 tout ce qu'elle deviendra par la suite, entre autres aussi la fin.

Votre travail avec l'orchestre vise-t-il donc à faire émerger de l'identité ?

Qu'est le travail dans l'orchestre, sinon une élimination permanente de toute dualité ? Lorsqu'une ligne mélodique est d'abord jouée par les violons et ensuite poursuivie par les altos, il faut prendre garde à ce que l'identité de la ligne soit préservée, bien qu'elle soit constituée de deux segments. Par conséquent, les altos doivent reprendre comme les violons ont terminé.

Un autre exemple : ce qui se passe dans l'exposition d'un mouvement[1] est divergent, et se voit équilibrer dans la reprise, car ce qui se passe dans cette dernière est convergent. Comment peut-on à présent éprouver la divergence et la convergence autrement qu'en réduisant à une unité ? Cela doit diverger autant que cela pourra converger.

Quel rôle joue donc le tempo ?

Lorsque la multiplicité des phénomènes est grande, j'ai besoin de plus de temps pour tout réduire à l'unité ; si la multiplicité est petite, d'autant moins de temps. C'est pourquoi Haydn disait qu'il faut maintenir dans une grande simplicité les harmonies d'un presto, pour que ce soit compréhensible. Des harmonies chromatiques, en revanche, peuvent être déployées dans un largo, car il y a là le temps pour la maturation et la conduite conséquente des voix moyennes. Mais si je n'entends pas tout ce qui se

1. Sous-entendu : en forme sonate. Comme tous les Allemands, Celibidache appelle *Reprise* (le terme français ayant été assimilé) ce qui, dans la musicologie francophone, est couramment désigné sous le nom de "réexposition". L'explication même qu'il donne dans ces lignes met en lumière l'inadéquation de cette dénomination.

passe là, la multiplicité est évidemment plus petite pour moi, c'est-à-dire que je n'entends que la matière brute, et le tempo paraît trop lent. Si, au contraire, on est conscient des nombreuses valeurs qui sont en jeu, on a à peine assez de temps pour réduire cette multiplicité à une unité crédible. C'est une idée radicalement inhumaine de croire que la musique devrait se dérouler selon des indications métronomiques, indépendamment de la limite de charge *[Tragfähigkeit]* des instruments, de la capacité d'expression des hommes, de l'acoustique, du nombre et du registre des octaves, du rôle du contrepoint dans la dialectique de ce qu'il y a à jouer ! Peut-on alors greffer de l'extérieur un tempo provenant du temps matériel de la physique sur le processus musical qui présuppose une conscience humaine, sans devoir renoncer à presque tout ?! Non, il est donc absurde de vouloir approcher la musique avec la mesure physique du temps, d'après le schéma : celui-ci a mis soixante minutes, celui-là, quatre-vingts, et ainsi de suite. C'est un procédé totalement amusical.

Si vous entendez vraiment l'octave astrale, vous avez besoin de temps pour que votre esprit entre en vibration. Plus complexes sont les processus musicaux et plus nombreuses sont les strates impliquées, plus lent sera donc le tempo nécessaire pour réduire la multiplicité à l'unité, et alors il sera possible de transcender. Transcender veut dire : réduire la multiplicité, se l'approprier, pour que vous soyez à nouveau libre pour la multiplicité suivante.

Tout cela se produit à l'intérieur de l'espace musical, qui sera différent en chaque cas.

Chaque espace musical a, bien entendu, des caractéristiques, tous n'amplifient pas de la même manière les neuf octaves audibles. Il n'y a pas non plus de tempo qui aille avec n'importe quel espace. Seul le temps physique est toujours identique.

Vous ne pensez certainement pas seulement au cadre architectural ?

Je ne peux pas décrire l'espace musical. Je peux faire l'expérience de certaines de ses particularités et chercher à adapter en conséquence la combinaison de l'expression et du contenu. L'espace est quelque chose qu'on peut vivre, il ne peut être fixé intellectuellement par concepts. Par ailleurs, chaque espace comporte des séparations acoustiques, dont il faut venir à bout dès le placement de l'orchestre, *a fortiori* quand on fait de la musique.

Est-ce que le tempo, la dynamique, l'espace, etc. sont alors fonctions l'un de l'autre ?

Ils ne sont pas des fonctions, mais ils créent des fonctions. L'espace devient une fonction, il ne l'est pas de soi-même. Lors de la composition définitive de tous les "ingrédients", l'espace en fera partie, il a sa fonction à remplir. La qualité, la densité de la réflexion[1] et de la sonorité sont également des fonctions et ne sont pas indépendantes.

Est-ce que tous ces aspects relèvent de ce que Mahler voulait dire avec sa phrase célèbre : "Qu'est-ce qui est écrit dans la partition ? Tout, sauf l'essentiel !"

Naturellement, la musique est la formule la plus brève pour exprimer combien la musique a peu

1. Au sens acoustique : réflexion des ondes sonores sur les parois.

affaire avec les notes[1]. Les notes sont des phénomènes physiques, relevant de la matière brute. Mais une telle note peut, dans la relation avec une autre, devenir quelque chose qui trouve une correspondance dans le champ émotionnel de l'être humain. On peut en connaître les raisons, et les exposer admirablement, dans la phénoménologie. Si cette correspondance entre le phénomène physique "son" et la réaction émotionnelle n'existait pas, personne ne voudrait faire de musique, on ne s'y intéresserait pas. Mais elle éveille précisément quelque chose en nous, et nous chantons et jouons pour nous libérer à nouveau de cette sollicitation *[Angesprochensein]*.

Est-ce là ce que vous appelez "humaniser" ?

Tout à fait, il n'y a pas d'art sans l'humain. Nous savons que la musique présente une expansion, nous savons à chaque instant combien nous nous sommes éloignés du commencement. Si cela n'était pas possible, on ne pourrait jamais rien dire au sujet de la fin. Cette stimulation reçue *[Angeregtsein]* par le son dure jusqu'à ce que les oppositions musicales se soient jouées en l'homme, et ensuite la paix règne.

Maestro Celibidache, vous parlez du "son" et de la "musique". Il s'agit par conséquent de deux choses différentes, mais pourtant interdépendantes.

Il ne peut y avoir de musique sans le son. Mais il n'y a pas, pour la musique elle-même, une forme

1. Jeu de mots : pour dire avec le moins de mots possible combien la musique a peu affaire aux notes, le mieux est encore de faire de la musique.

d'existence statique, et par conséquent il n'y a pas non plus de possibilité de définir ce qu'est la musique. Cette question ne peut recevoir aucune réponse. Mais le son peut devenir musique, sans qu'on puisse dire ce qu'est la musique. Donc : à certaines conditions, le son peut devenir musique ; et ce devenir reste toujours un devenir. La musique devient et devient et finit par disparaître sans jamais pouvoir parvenir à une forme d'existence. Car où existe la *Cinquième Symphonie* de Beethoven ? Serait-ce sur le disque ou dans la partition ? La partition est un document qui, dans l'apparition brumeuse du son, vous donne un moyen d'orientation que vous suivez et grâce auquel vous pouvez parvenir à vivre de la musique. Mais pour atteindre cet accès à la musique, il faut être totalement libre de tout savoir, de toute tradition, de tout ce qui se réfère au passé. L'acte créateur est libre du langage de la tradition, de connaissances, d'expériences, parce que tout cela se réfère au passé. Or, là où le son devient musique, il y a présence vivante.

C'est pourquoi, au fond, une exécution n'a rien à voir avec la partition, parce qu'il y a là quelque chose qui surgit pour la première fois, même si vous avez déjà joué cela trois cents fois. Si cela ne se produit pas, cette première fois, alors l'acte de création n'est pas authentique, on ne fait alors de la musique qu'à partir de la mémoire. Le seul souci en faisant de la musique doit donc être celui de tout oublier : comment va ce morceau ? Aucune idée. Voyons comment cela va[1]. Si l'on n'a pas encore dépassé le stade de la beauté de la musique, on ne sait encore rien de la musique. La musique n'est pas belle. Elle est belle aussi, mais la beauté n'est que l'appât. La musique est vraie.

1. Il faut comprendre : écoutons comment cela sonne.

Dans cette mesure il devient clair pourquoi le concept d'"interprétation" vous déplaît tant.

L'exemple qui va suivre est malheureusement statique, mais je ne peux pas le montrer autrement : chaque morceau de musique a une topographie propre, comme un paysage. Ici il y a une montagne, là, une vallée, une colline, une rivière, etc. Personne d'entre nous ne peut modifier cela ; mais il est certes possible de l'ignorer. Si vous ne voulez pas l'ignorer, il vous faut prendre garde à toutes les relations. En cela, vous pénétrerez dans ce paysage selon votre échelle, avec votre irritation, votre enthousiasme. Moi je marcherai autrement, mais la différence entre nous deux n'est pas constituée par une interprétation ; cette différence ne s'exprime que dans la matière brute : vous avez mis quarante minutes, moi vingt-cinq. Mais notre itinéraire à tous deux, à travers ce paysage, si imparfaitement qu'il soit dessiné par la partition, est une présentation du paysage, si toutefois nous suivons l'esquisse du compositeur. Qu'y a-t-il là à interpréter ? Puis-je faire un *ritenuto* là où est écrit un *accelerando*, comme le font certains ? Ou encore : ah ! cela ne me plaît pas du tout de devoir monter si longtemps, je veux descendre tout de suite. Je le fais et me rends compte à présent qu'à la fin je ne réussis pas à m'immobiliser, alors je fais vite un *accelerando*. Mais c'est de l'arbitraire pur ! Ce qu'on appelle communément "interprétation", c'est la coquette somme de l'ignorance de celui qui joue et de celui qui écoute.

Derrière ce concept d'"interprétation", il y a probablement l'idée que la musique est disponible comme un objet.

Comme si elle était quelque chose qu'on peut sortir du réfrigérateur et servir ensuite avec ou sans sauce, selon l'humeur. Rien n'est plus faux et plus éloigné de la musique que de telles idées. J'ai dirigé en création mondiale environ quatre cents œuvres, sans qu'aucun compositeur n'ait jamais fait d'objection, au motif qu'il en allait autrement que ce que je faisais. Il faut être dépourvu d'ego au point de pouvoir s'identifier totalement à la topographie du paysage qui a été chaque fois déterminant pour le compositeur. Chez Husserl, cela se dit ainsi : "Je dois me trouver en toi ; si tu parviens aussi à te trouver en moi, c'est l'identité ou l'objectivité." Il n'y a rien d'autre qui intervienne.

La musique serait donc aussi une puissance transformatrice ?

C'est ce qu'elle est ! La musique, c'est l'homme, et l'homme est la musique – en n'oubliant jamais que la musique ne peut jamais être. C'est pourquoi il n'y a aucune alternative à la musique.

Que faut-il penser de ce qu'on appelle des exécutions sur instruments d'époque ? On est facilement sujet à l'erreur de raisonnement selon laquelle on pourrait effectivement jouer de la musique comme au temps où elle a vu le jour, bien que tout ait changé, non seulement les instruments, mais tout ce qu'il est impossible de reconstituer : les habitudes d'écoute, les normes et les rapports sociaux, les salles, etc.

Lorsqu'on joue sur instruments anciens, il y a certes plus de chances qu'on ne sorte pas du cadre de ce qui était possible à l'époque. On peut atteindre par là à une certaine authenticité du dialogue contrapuntique. J'insiste : on *peut* y atteindre, mais on peut aussi jouer d'une façon bête sur des instruments anciens ! A quoi sert-il de vibrer sur un tel instrument comme sur un orgue Hammond ? Il est impossible, avec les conceptions du son d'aujourd'hui, de s'approcher de la musique ancienne, disons de Roland de Lassus ou de Schütz. Les relations entre un *do* majeur et un *sol* mineur étaient alors structurées et corrélables. Avec une expression d'aujourd'hui, elles resteront séparées. Il faut par conséquent les jouer de telle sorte qu'elles aillent de nouveau ensemble. Et cet "ensemble", que signifie-t-il, sinon identité ? Il faut que cela soit continu, me donne tout le temps la possibilité de passer d'instant en instant et ainsi de transcender.

Maestro Celibidache, avec les Münchner Philharmoniker, vous souhaitez former un orchestre de rang mondial. Est-ce là aussi – pour le dire d'une façon dramatique – une sorte de testament ?

J'ai reçu en Allemagne quelque chose que je dois transmettre, parce que je pense que chacun peut et doit trouver en soi ce merveilleux jardin. Que nous créions un orchestre de rang mondial, c'est là seulement une conséquence de cette attitude ; que ce soit inéluctable, cela repose sur la grande confiance dans ce que j'ai vécu.

6

LA RÉALITÉ DERRIÈRE LA PENSÉE

Qu'apprennent de vous les étudiants ici, au Schleswig-Holstein[1] *?*

Beaucoup d'entre eux entendent pour la première fois des relations entre les phénomènes sonores. Et cela, ils ne l'apprennent pas de moi, ils le vivent. Pour moi, tout est dans le vécu. Si le jeune homme peut vivre que ce que je raconte là revêt de l'importance, et qu'il ne me croit pas seulement parce que c'est Celibidache qui le dit – alors il y a de l'espoir qu'il puisse vraiment parvenir à la musique.

Il s'agit d'étudiants qui n'ont encore que très peu d'expérience pratique, qui sortent des conservatoires supérieurs – est-ce que vous ressentez les effets du fonctionnement académique ?

Ce que je ressens, c'est que la concentration de toute l'activité pédagogique consiste dans le souci de maîtriser l'instrument. Et cela ne suffit pas, loin s'en faut. On soigne la prononciation, mais on néglige ce à quoi elle est destinée. Et en ce sens,

1. Cet entretien a eu lieu le 13 août 1988 pendant le Festival du Schleswig-Holstein, où Celibidache travaillait un mois durant avec l'Académie d'Orchestre du Schleswig-Holstein Musik Festival, ensemble international de jeunes professionnels.

le travail [que je fais ici] repart vraiment de zéro. Je recommence toujours au début : "Pourquoi pensez-vous que ça va avec ça ?" Ce n'est pas moi qui dis que ça va, c'est *lui* qui doit l'entendre. Est-ce que ça va ensemble, ou est-ce que ça ne va pas ? Est-ce qu'il y a là une relation qui soit en dehors de l'interprétation, ou non ? Une relation qui correspond à des lois *[gesetzmäßig]* ou bien est-ce que tout cela est fonction de la volonté et de l'entendement du soi-disant interprète ?

Vous savez, bien sûr, que cette idée est très peu répandue et que, en gros, on voit les choses tout autrement…

<*Rire.*> Cette idée, oui, "peu répandue" – elle est totalement absente ! Nous pensons toujours qu'il y a une interprétation. Interprétation de quoi ? Comment peux-tu interpréter un paysage ? Si tu dois aller de Plön à Eutin[1], y a-t-il là des interprétations ou est-ce que tu dois faire *advenir* les lacs, les forêts et les chemins ? Ainsi, il y a là aussi des faits inaltérables, ancrés dans ta conscience – on ne peut pas les interpréter. Tu peux les vivre, et c'est cela la différence. Mais si vous voulez prétendre aujourd'hui qu'il n'y a pas d'interprétation, on vous tiendra pour fou.

Toute la théorie musicale courante s'appuie sur cette idée d'interprétation.

Justement ! Sans que l'on connaisse le son, et sans que l'on étudie de plus près la façon dont le son agit sur la conscience humaine. Nous sommes contraints, aujourd'hui encore, de nous servir des

1. Localités du Schleswig-Holstein.

énoncés essentiels des grands maîtres, nous n'avons accompli aucun progrès. Bach dit : "Celui qui ne sait pas reconnaître le tempo à partir de l'écriture ferait bien de laisser la musique !" A quel point la structure d'un mouvement correspond donc à des lois, à quel point elle est en dehors de toute forme d'interprétation, pour que je puisse dire immédiatement si c'est rapide ou si c'est lent ! Ce n'est pas comme ça qu'on procède couramment. Et plus les hommes font de la musique à partir de fausses prémisses, plus ils s'éloignent de la possibilité de faire advenir le son à la musique. Aujourd'hui, on a des indications métronomiques comme béquilles. Mais même les indications métronomiques sont interprétables de façon incroyablement élastique, parce que le métronome est une affaire de physique, mais dans la musique il n'y a rien qui soit de nature physique.

Comment pensez-vous qu'on en soit arrivé à cette aberration ?

Par des idées fausses.

Mais les gens qui s'occupent si passionnément de tout cela doivent bien vivre quelque chose.

Oui, quelque chose, sans doute. Aucun idiot ne peut tout détruire. Un *do* majeur est un vécu. Mais comment ce *do* majeur *est en relation* avec un autre accord, cela pourrait aussi devenir un vécu, mais ça ne l'est pas encore. Cela, il faut le montrer, il faut un signe de crescendo qui dise : de cette fonction à celle-là, la tension augmente. Ensuite elle diminue : encore un signe ! L'homme n'est plus capable de s'y retrouver sans ces béquilles. Où y a-t-il un tel crescendo chez Mozart, chez Bach ? Ou peut-être que les gens de l'époque n'associaient pas, ne pensaient pas dans la continuité ? Mais bien sûr que si, de façon incroyablement exhaustive et contraignante. Unique ! Nous n'avons plus cela, ça s'est perdu. Nous avons commencé à penser, et nous avons aidé beaucoup de semi-talents avec la pensée, avec le savoir. Bien sûr, le savoir est quelque chose de merveilleux, mais lorsque vous êtes parvenu à la musique, il n'y a plus de savoir, plus de pensée, il n'y a plus que du vécu.

Ce qui m'a beaucoup aidé, c'est ma rencontre avec un maître zen qui m'a raconté ce que l'élève demanda au patriarche : "Qu'y a-t-il derrière la pensée ?" Et le patriarche répond : "La réalité." Donc, qu'appelle-t-on réalité ? Ce que *c'est* – et non pas que ce qui est aujourd'hui disparaît demain. Si la musique peut quelque chose, c'est cela : elle peut fixer le lien entre ce qui est [maintenant] et ce qui est toujours. C'est cela qui a été essentiel pour moi, et j'ai eu la chance de ne pas interpréter cela de telle ou telle manière, mais de le comprendre directement, comme on me l'avait donné ; et ça m'a toujours beaucoup aidé.

Et puis vous avez ressenti, je crois, le fort besoin de clarifier cela du point de vue théorique : quelles sont ces relations, etc.

Je ne pouvais rien faire avec ma pensée, et pourtant j'ai énormément pensé au cours de ma vie. Pendant longtemps j'avais étudié les mathématiques – pour en faire quoi ? Puis j'ai compris que l'homme peut faire beaucoup de choses qui n'ont rien à voir avec la réalité, et j'ai commencé à m'intéresser à la réalité, pour ce que l'on pourrait éventuellement appeler "réalité" – et "appeler", c'est encore penser… Qu'est-elle, cette réalité ? Et comme tout intellectuel, j'ai voulu chosifier cela, parvenir à un objet quelconque ; faire de la réalité un objet et dire ensuite : la réalité est *cela*.

Je n'y réussis pas plus que pour la musique. Qu'est-ce que la musique ? "La musique est *ça*." Il n'y a pas de définition pour la musique, elle est en dehors de la pensée. Ce qui éventuellement surgit surgit absolument en dehors de la pensée. Qu'elle [la musique] doive être constituée par la voie de la pensée : les répétitions, toute cette affaire que nous appelons "mettre de l'ordre dans le matériau" – tout cela est incontournable. Vous n'y arriverez pas [à la musique], tant qu'il n'y aura pas d'ordre. Et l'ordre, c'est la pensée. Mais lorsque ça vient, tout cela est dépassé.

Et assez tôt, je me suis éloigné de l'idée de beauté. "L'art est beau." Oui, sans la beauté, personne ne ferait de l'art, mais la beauté n'est pas la station ultime. Elle est l'appât. Sans la beauté, nous ne pourrions pas aller au-delà d'elle. Mais comme disait déjà Schiller : "Tous les hommes qui sont venus à la beauté feront l'expérience que la vérité se cache derrière[1]." Qu'est-ce qui est vrai ? Là encore, ce n'est pas davantage définissable par la pensée, mais c'est vivable.

Je suis tout à fait contre cette idée suivant laquelle l'art est une jouissance. Il est aussi une jouissance, sinon les hommes ne feraient pas ça. Mais l'essence de l'art n'est pas la jouissance ; c'est le vécu. Le simple concept de "rouge", quelle est son explication ? Qu'est-ce que la spécificité du rouge ? La définition physique ? Impossible. L'une des couleurs vibre 500 000 ou 520 000 fois par seconde, l'autre 600 000 fois. Quelle est la différence ? Et quelle différence il y a pour nous entre le bleu et le rouge ! Où y a-t-il pour nous un doute sur ce qui est rouge ? Cela n'est pas communicable. Mais

1. Voir note 1, p. 9.

vous pouvez le vivre comme moi, et à ce moment se produit ce que Husserl appelle "l'intersubjectivité transcendantale". C'est la valeur qui me lie à toi. Tant que je suis seul à trouver cela beau, cela reste une affaire personnelle. Mais si je me trouve en toi et si j'entends que tu me dis : "C'est beau aussi pour moi", cela prend le vêtement d'une vérité, parce que c'est advenu aussi chez toi. Pourtant, je ne pourrais pas dire que "la même chose" est advenue chez toi. Mais quand, après une symphonie, tu viens me voir et que tu me dis – pas avec le langage des agents "je n'ai jamais entendu ça aussi magnifiquement, vous êtes merveilleux, personne ne pourra vous égaler..." – mais tout simplement "c'est comme ça" – alors je sais que tu as dépassé la beauté. Et qu'est-ce que tu as vécu ? Cela qui reste indéfinissable : la réalité. *C'est comme ça.*

C'est d'ailleurs le plus beau compliment de ma vie, venant d'une princesse de Hanovre. J'étais très jeune, ma carrière avait deux ans. Et après le concert, elle vient me voir, merveilleusement paisible, concentrée, et me dit : "C'est comme ça." Dans cette personne doivent avoir eu lieu les mêmes corrélations [qu'en moi-même], car elle pensait ce que je pense. Non pas : "C'est beau, c'est merveilleux" – ce sont mille expressions qui ne touchent pas la réalité – mais : "C'est comme ça." Je ne l'aurais pas mieux formulé, et jusqu'aujourd'hui je pense que c'est ce que j'ai entendu de plus beau de la part d'une autre personne qui a fait de la musique avec moi.

Vous avez fait allusion au fait que pendant longtemps, sans disposer encore de ces intuitions, vous avez pourtant déjà dirigé.

Ces intuitions, je les avais déjà reçues de mon professeur, à qui je dois tout : Heinz Tiessen[1]. Mais pas les vécus. Je savais qu'il peut y avoir quelque chose de ce genre, que cela peut apparaître, mais cela me restait étranger. Pendant dix-huit ans la musique n'a été, pour moi aussi, que jouissance. Puis à quarante-deux ans, j'ai vécu lors d'un concert à Venise ce que je t'ai déjà si souvent raconté : la fin dans le commencement. Cette intemporalité. Et après, j'ai essayé – et pas seulement essayé : je ne pouvais pas faire autrement – de poursuivre dans cette voie.

Pour l'avoir vécu, vous pouviez vous rendre compte avec précision quand cela n'avait pas lieu...

Cela n'a jamais lieu, tant que vous pensez. C'est en dehors de la pensée. Et il y a encore autre chose de totalement indéfinissable : vous ne pouvez pas faire autrement que de laisser les choses se faire. Vous laissez advenir. On ne fait rien soi-même. Mais on veille à ce que rien ne s'interpose, qui puisse entraver ce surgissement, cette advenue merveilleuse. Donc, on est incroyablement actif, et en même temps incroyablement passif. On ne veut rien, on laisse advenir.

Vous venez de créer deux compositions[2]. Une création se distingue-t-elle d'un concert ordinaire ?

Non, seulement qu'avant je ne connais pas encore la partition. Si demain tu me donnes une symphonie inconnue de Haydn, je ferai la même

1. Voir note 1, p. 67.
2. La symphonie *Die Lichtung* de Peter Michael Hamel avec l'Orchestre philharmonique de Munich et la *Marschfantasie* de Günter Bialas avec l'Académie d'Orchestre du Schleswig-Holstein Musik Festival.

chose qu'avec Bialas. Je dois la lire, n'y rien comprendre la première fois, la lire une seconde fois, une troisième fois, puis ça commence : ici je reconnais un thème, là et là il se trouve encore... Des *relations* – jusqu'à ce que je perçoive, ou plutôt, jusqu'à ce que je *vive* la fin en fonction du commencement ; alors le morceau est devenu mien. Et il est mien en un sens beaucoup plus profond que le compositeur ne peut dire cela. Une fois, Hamel disait : "Celibidache connaît la partition mieux que moi." Mais ce n'est pas grave : je n'ai pas son talent, je dois m'en tenir à des rapports vivables déjà établis. S'il n'y en a pas, je ne peux rien faire avec. S'il me dit : "Oui, ça, c'est beau, mais Dallapiccola a découvert quelque chose avec le nouveau chromatisme, eh bien, je fais la même chose ici", moi je réponds : "Qu'est-ce que c'est que ces bêtises, là ? – Eh bien, c'est la représentation du chaos. Nous vivons dans un chaos..." Mon Dieu, s'il y a quelque chose que la musique ne saurait faire, c'est *représenter [darstellen].* C'est un amusement de gosses : des jeux d'eau sur les trilles du piano. La musique peut tout autre chose : elle peut te faire parvenir à ton unicité – et il n'y a rien de plus beau que cela !

Y a-t-il une différence pour l'auditeur, suivant qu'il assiste à une création ou à la Septième *de Beethoven ?*

Pour lui, c'est autre chose que pour moi, car moi, je suis en contact direct avec le matériau ; pour moi il est facile de transcender le matériau. Si quelqu'un entend ces rapports pour la première fois, il sera forcé de faire usage de la mémoire, alors que moi, je ne vis pas cela en fonction de la mémoire. La mémoire est ce qui mène à la routine. Lorsque je dirige une symphonie que j'ai peut-être jouée deux mille fois dans ma vie, la veille du concert, je prends – aujourd'hui encore – la partition et je la lis comme si je ne l'avais jamais entendue : "Ah, comme c'est beau. Oh, ici c'est comme ça, ah oui !" Et j'essaie de me débarrasser de tout ce qui pourrait naître à partir de la mémoire. Car rien ne s'oppose davantage à l'attitude spontanée de la conscience pure que les habitudes, la symbolique, le souvenir, le savoir, etc.

Est-ce à dire que l'auditeur a une meilleure chance d'accéder à la musique dans une création ?

Au contraire, cette chance est inexistante. C'est pour cela que, depuis que je vis, toutes mes répétitions sont publiques pour que l'auditeur puisse grandir avec moi. Personne ne peut tirer aucun profit d'une seule audition. Mieux encore : cela vaut aussi pour le compositeur lui-même. Il a plus ou moins calibré les rapports, très abstraitement, sans la matière vivante – et c'est pourtant ça le plus important ! Il peut écrire : deux octaves entre les violons et les altos. Comment cela se répercute en réalité sur la résistance du groupe [dans un contrepoint entre les deux voix], jamais de la vie il ne pourra l'estimer. C'est pourquoi toutes les indications de tempo sont toutes relatives. La plupart disent déjà : "Entre 62 et 74" – oui, c'est cette marge à l'intérieur de laquelle la fonction subsiste.

Si vous dites que c'est bien pour le public de venir à vos répétitions, cela serait aussi une espèce d'élimination d'un usage involontaire de la mémoire ?

Qu'est-ce qu'une répétition ? Naturellement, elle n'est que l'œuvre de la mémoire, des connaissances. Une répétition n'est pas musique. Elle est une somme d'innombrables "non". "Pas si vite ! Ne couvrez pas le basson ! Pas si fort ! Pas si mou ! Non, pas comme ça ! Non, non !" Combien de "non" y a-t-il ? Des billions. Et combien de "oui" ? Un seul ! Et c'est ce rapport qui ne permet pas que la pratique musicale soit jugée à partir de la routine ou de la mémoire. Et le disque abîme justement cela : cette écoute spontanée – dans le maintenant – de phénomènes qui apparaissent pour la première fois. Et ce "vivre pour la première fois", je le cultive moi-même par cette lecture enfantine de la *Cinquième* de Beethoven, comme si je ne l'avais encore jamais entendue, pour obtenir, ou rafraîchir, cette relation absolument vierge. "Rafraîchir", c'est encore un mot – tu vois, le langage ne peut y accéder…

Revenons à cette question de la mémoire. Il semble y avoir un paradoxe : c'est comme si cette prise de connaissance pendant les répétitions vous aidait, vous et l'auditeur, à aller au-delà pendant le concert.

Mais certainement. Si tu dis "aller au-delà" – au-delà de quoi ? Il doit y avoir quelque chose : ce savoir spatiotemporellement conditionné, l'expérience, qui sont très liés au passé. Cela est nécessaire. Tu ne pourrais d'ailleurs pas répéter sans connaissances. Et si tu as une idée de certaines structures, il faut l'expliquer aux autres : "Trop de cela, pas assez de cela, trop vite…" Connaissances, connaissances, connaissances – et lorsque tu le fais, lorsque ça réussit – où sont alors les connaissances ? [Tu es] depuis longtemps passé dans une réalité supérieure, pour ainsi dire, où ta pensée est éliminée.

Donc, la pensée pour le travail négatif…

Pas négatif : *exclusif.* Le mensonge n'est pas le contraire de la vérité – le mensonge exclut la vérité. Chaque acte de pensée consiste en de tels phénomènes de sens complémentaires : long-court. Long n'est pas le contraire de court. Court, c'est quelque chose d'absolu, cela n'a pas de contraire. La lumière n'est pas le contraire de l'obscurité, elle exclut l'obscurité. Le "oui" dans la musique, dont nous avons parlé tout à l'heure, exclut tous les "non" qui ont contribué à ce que nous puissions le vivre. "Non, pas comme ça ! Attends, non, la tête comme ça ! non, non – ah, oui !" Ce n'est pas un contraire. Le son n'est pas le contraire de la musique, ou la musique le contraire du son. Mais la musique n'est pas le son. Mais sans le son, la musique ne peut pas se matérialiser. Sans savoir, sans connaissances, les sons ne peuvent pas être transcendés, on ne peut pas aller au-delà du son.

Le son est formé par la rencontre de trois éléments : vibration extérieure, organe récepteur et conscience. S'il manque un des trois éléments, il n'y a pas de son. Mais le son n'est pas seulement physique : en tant que la conscience y participe, il est également autre chose. S'il n'était que physique, la musique serait une série d'impressions, ce en quoi consiste justement l'essence des créations nouvelles d'aujourd'hui. Par quoi en est-on venu à cette énorme confusion, à cette confusion de la musique avec une série de sensations, d'impressions sonores ? La musique n'a rien à faire avec les impressions sonores. Tant qu'elles apparaissent comme impressions, il ne peut pas y avoir de musique. La musique, d'ailleurs, n'*apparaît* pas, car elle n'est rien. Elle n'est pas une chose qui apparaît et qui disparaît ensuite. C'est cela que l'entendement ne peut pas saisir.

Ce pas "au-delà du son" est, je pense, valable pour tous les arts.

Absolument. Dans la poésie pure, le langage peut parvenir à une certaine abstraction, où la spatiotemporalité disparaît totalement : *"Über allen Gipfeln ist Ruh*[1]*."* Est-ce que tu penses à des sommets, lorsque tu as vécu ça ? Si tu penses à des sommets, tu ne pourras pas ressentir le calme. Le tout transmet quelque chose qui n'a plus rien à faire avec l'énoncé direct.

C'est qu'un poème n'est pas une information.

Oui, ce n'est pas de la communication, mais il y a là des éléments qui te font passer à un état que nous ne sommes pas capables de constituer par voie analytique. Chez Rimbaud, le poète français – mon Dieu, de temps en temps : chcht ! tout à coup c'est là ! Et lorsqu'un enfant chante *Petit Jean*[2], il transcende. Il y a des enfants qui phrasent immédiatement juste. Qu'est-ce que cela ? Transcendance. La distribution de l'énergie mélodique n'a plus rien à faire avec les valeurs individuelles de la mélodie, elle est quelque chose qui réunit toutes les parties en autre chose. Et deux mélodies ? Encore un tel processus, qui unit les deux parties pour en faire autre chose. Et qu'est-ce que c'est finalement ? Le mouvement entier, mais pas le mouvement en tant qu'apparition physique. "Trente-cinq minutes chez Celibidache." Si quelqu'un a le temps de regarder sa montre, sa conscience ne peut pas être présente. Que peut-il expérimenter de cette multiplicité qui m'anime ?

1. "Sur tous les sommets est le calme", début du *Wanderers Nachtlied [Chant nocturne du voyageur]* de Goethe.
2. Equivalent allemand d'*Au clair de la lune.*

LA MUSIQUE NE DURE PAS

Je voudrais vous interroger aujourd'hui sur la tension entre liberté et discipline[1]. *Quel rôle joue pour vous la discipline ?*

Elle est le chemin le plus court pour ne pas perdre de temps. On peut, sans discipline, accomplir des choses d'une certaine manière, mais la discipline est le chemin le plus court. On doit avoir une conception de ce qu'on veut faire, puis procéder selon ce plan. Sans discipline, on n'aboutit à rien. Cet ainsi-et-non-autrement, cette unicité absolue du phrasé – et non pas l'individuel, comme les gens l'appellent –, cela n'est pas même concevable sans discipline.

Il est certainement difficile de faire ce chemin : par un travail discipliné, parvenir à la liberté qui – selon vous – est la seule possibilité de faire de la musique.

Ce n'est pas difficile – mais impossible. L'idée d'être discipliné afin de parvenir à quelque chose,

1. Entretien du 15 août 1988, pendant le Festival du Schleswig-Holstein. Cet entretien se déroula après un conflit avec un violoniste de l'Académie d'Orchestre du Schleswig-Holstein Musik Festival à qui Celibidache avait reproché l'indiscipline.

c'est un chemin tout à fait erroné. Mais s'il n'y a pas de discipline, il n'est pas difficile, il est impossible de parvenir à quoi que ce soit.

Si un musicien, par exemple, apprend de vous que ce n'est pas en improvisant à sa guise et en se défoulant sur son instrument qu'il fait preuve de liberté, mais plutôt en s'intégrant – c'est là un pas qui doit d'abord être appris.

Appris, non : *vécu* ! Il doit vivre ce qui se passe lorsqu'il va avec les autres, et ce qui se passe lorsqu'il va contre eux. Apprendre n'est pas la notion appropriée. On n'apprend pas à jouer dans l'orchestre : on trouve le seul chemin possible, en se disciplinant soi-même. Et alors il saura exactement où est sa place, quel est son rôle. "Je ne suis que second violon" – et alors ? C'est aussi immense que d'être chef d'orchestre – ou aussi ridicule.

Vous efforcez-vous de clarifier cela pour les gens, de les faire vivre cela ?

Je ne m'efforce pas de clarifier : je ne peux pas faire autrement. Si cette clarté à laquelle j'aspire n'est pas transmissible, si je ne parviens pas à faire regarder tout le monde dans une seule direction, rien n'apparaît.

Mais sur ce chemin vers le libre jeu, le respect excessif, par exemple pour vous, peut sans doute constituer un obstacle…

Oui, mais c'est très difficile de définir ce que tu appellerais "jouer librement" – libre de quoi ?

C'est ce que je vous demande.

Libre de tout. Libre de l'image optique de la partition, libre des valeurs qui, chez nous, sur le plan purement théorique, sont déjà classées en catégories, etc. Libre oui, que veut dire être libre ? Libre de quoi ? Cela n'a pas de fin. Mais on arrive à quelque chose. Et tout à coup on peut constater : maintenant je ressens comme lui, et lui ressent comme moi, sinon je ne pourrais pas approuver ce qu'il est en train de faire, et lui ne pourrait rien recevoir de mon explication. C'est cela l'intersubjectivité transcendantale de Husserl : se trouver en l'autre, pendant que l'autre se trouve en toi.

Si un musicien a peur de vous, comme je crois le voir parfois, il ne pourra probablement pas franchir ce pas.

Oui, bien sûr, la peur n'est rien. Si je vois ça, j'essaie de le décontracter – et s'il en reste à la peur, c'est tragique, il n'y a rien à faire. Si j'en suis arrivé à la peur, c'est la fin. De la peur ne peut naître que la peur. Il doit faire de la musique librement, il doit disposer de cette mélodie avec ses moyens propres – alors il est libre.

Vous attendez du musicien qu'il découvre, par son propre vécu dans le travail, qu'il pourra franchir ce pas et que c'est seulement par ce chemin qu'il peut arriver à la liberté ?

Qu'il découvre ce qu'est la liberté, oui. Tant qu'il est sous l'emprise de la pensée – "maintenant je dois accentuer le *fa* dièse, maintenant je dois enlever ça et ça..." –, il ne pourra pas.

Oui, et surtout : "Maintenant je dois accentuer le fa *dièse parce que sinon j'aurai des ennuis avec Celibidache."*

Oui, dans ce cas ce n'est pas de la musique. Recevoir et exécuter des ordres. Il n'est pas exécutant, "organe d'exécution" – il est lui-même créateur *[Gestalter]*. Seulement que, au début, la pensée intervient à tel point qu'on ne peut même pas s'appréhender comme libre. Au début, tout est pensée, il y a de moins en moins de pensée, jusqu'à ce que la pleine transcendance apparaisse et que la pensée soit totalement éliminée, et de même la peur.

Qu'est-ce que vous avez appris de Furtwängler ?

Appris, rien. Mais cette seule pensée, qui m'a ouvert toutes les portes pour toute mon existence et pour toutes mes recherches – cette seule phrase, quand je lui ai demandé : "Maître, comment va cette transition, dans cette symphonie de Bruckner, d'ici à là, comment fait-on cela ? A quelle vitesse *[wie schnell]*, et qu'est-ce que vous battez à cet endroit ?" Il me dit : "Pourquoi *wie schnell* ? Tout dépend comment ça sonne." Donc : tempo non pas comme une affaire de physique, mais tempo comme condition pour que la multiplicité soit réduite à une unité qui puisse être assimilée par l'esprit humain, qui est lui-même une unité. Rien d'autre ! "Tout dépend comment ça sonne. Si ça sonne riche et profond partout, je deviens plus large, si ça sonne sec et évanescent, je dois accélérer." C'est qu'il est orienté sur l'écoute, sur ce qui sort effectivement *[tatsächlich]*, ce qui entre réellement en jeu – et non pas sur une théorie. Le métronome dit "92". Qu'est-ce que 92 ? Qu'est-ce que 92 dans la Philharmonie de Berlin, qu'est-ce que 92 dans la Philharmonie de Munich, et qu'est-ce que 92 dans le Musikverein de Vienne ? Une idiotie ! Car chaque salle, chaque morceau, chaque mouvement a un tempo propre, absolu, qui reflète cette situation et aucune autre.

Ce sont des multiplicités différentes qui apparaissent ?

Oui, et c'est la multiplicité qu'il entend qui donne la mesure *[maßgebend]* pour le tempo. "Tout dépend comment ça sonne" – que fait-il avec cette multiplicité ? Si la sonorité est incroyablement opulente et riche et profonde, il élargit. Et c'est le seul chef d'orchestre qui pouvait rendre plausible n'importe quel tempo, même le plus faux. Faux en quel sens ? Faux si on le prend d'un point de vue local, seulement ces quarante mesures, et si on ne vient pas de ce commencement qui est contenu dans la fin. Eh bien, le monde sait peu de chose là-dessus, et le monde actuel...

Alors, qu'ai-je appris de Furtwängler ? Si tu me dis : vous avez tout appris de lui, c'est vrai, car pour moi, tout est là. A part quelques affirmations de Haydn, de Bach, de Brahms – je n'en connais aucune de Mozart – qui sont chez eux dans ce domaine, c'est-à-dire dans la musique vécue et non pensée, c'est là ce que j'ai entendu de plus profond. Pas de plus profond : d'*unique* ! "Tout dépend comment ça sonne." Mon Dieu ! Comment peut-on apporter un tempo de chez soi et l'implanter ici ? "Mon tempo est 82, monsieur Bartók." Oui, et si ça ne sonne pas ? Il reste à 82. Et si ça sonne trop opulent et que les sonorités se superposent les unes les autres – là aussi c'est 82 ? Juste ciel !

Comment doit-on imaginer cela, quand vous êtes debout là-haut et que vous réagissez à cette multiplicité ?

Tu peux être sûr que j'essaie – non, pas que j'essaie, je n'ai pas le choix : je ne peux pas faire autrement que de convertir en mouvement ce que j'entends. Et déjà à ce niveau apparaissent d'énormes différences, car, dans la salle, tout le monde ne peut pas entendre comme moi là-devant. C'est ce qui caractérise une mauvaise acoustique : à chaque endroit on entend des choses différentes. Mais je ne peux pas faire autrement que de matérialiser *ce* tempo pour *cette* masse sonore.

Vous devez commencer par mettre la machine en route, c'est-à-dire que vous devez monter sur le podium, et, à ce moment, il n'y a encore rien à quoi vous puissiez réagir. Il doit bien y avoir là un court moment de calcul ou de réflexion.

Avant le commencement ? On est orienté sur la technique, simplement. La levée : je me représente *ainsi* le commencement, ce commencement que j'ai entendu antérieurement. Mais dès que la masse sonore est en mouvement, on n'a plus de choix, on suit. Mais pas comme tu croyais – car nous sommes partis de la discipline : là non plus, tu ne peux pas être indiscipliné. Tout t'échappe. Et tu te rends compte que ce n'est pas ça. Tu n'as pas entendu ceci et tu n'as pas entendu cela et tu n'as pas entendu ça non plus... Et pourtant, *tout* est décisif *[es kommt auf alles an]*, car la multiplicité doit être pleinement réduite. C'est la multiplicité agissant sur ma conscience qui détermine le tempo. Mais elle ne détermine pas comme si je sélectionnais : "Oui, pour cette multiplicité je crois que ça devrait aller comme ça." Pas du tout ! *Je ne peux pas faire autrement* qu'avec ce tempo.

Revenons-en encore une fois à ce commencement. C'est donc vous qui faites rouler la pierre, et toute la suite n'est que réaction ?

"Rouler la pierre" – oui, c'est une très belle image... Ce n'est pas une pierre comme ça. Quelque chose commence à se mouvoir d'une certaine manière, mais tu ne te rends pas compte qu'il s'agit d'un mouvement, du point de vue temporel. Si quelqu'un a le sentiment que c'est trop long ou trop court, il est déjà dehors. En ce sens, la musique ne *dure* pas. Il n'y a pas de mouvements longs ou courts, c'est seulement pour un point de vue extérieur [à la musique] qu'il y a des mouvements longs, courts, forts, doux, etc. Mais si ça coule vraiment – ça m'est arrivé une fois, avec de la musique pour chœur, à Saint-Marc à Venise –, est-ce que ça a duré, est-ce que ça n'a pas duré ?

Mais quelque chose peut naturellement aller de travers en cours de route, quelqu'un peut rater son entrée...

Eh bien, tu sors immédiatement, et alors tout est beaucoup trop long. Oui, dans un concert normal, tu sors tout le temps. Sur cent concerts par an – s'il y en a trois où on est à peu près resté présent, c'est beaucoup.

Et dans les autres cas, ce ne sont que des moments ?

Oui. Si tu perds le fil *[rauskommst]*, il y a une froideur terrible, et tu recommences à penser : "Mon Dieu, comment vais-je faire pour que ça ne se produise plus ?" Et tu penses, tu penses, jusqu'à ce que tu ne penses plus, parce que le son s'est d'une certaine manière calibré tout seul et que tout va de nouveau ensemble. Et tu n'es plus porté à penser : "Qu'est-ce qui est faux, qu'est-ce qui est trop rapide, qu'est-ce qui est trop fort, qu'est-ce qui est trop haut ?" Cela n'est pas aisément représentable par des moyens intellectuels. Lorsque les yogis méditent, ils ne peuvent pas non plus relater ce qui se passe. Et s'il se passe quelque chose qui soit racontable – fini. C'est que ça ne s'est pas passé. Et si quelque chose est allé merveilleusement, on a le sentiment : ça ne pouvait être que comme ça. Rien n'y faisait entrave.

Est-ce que c'était le cas aujourd'hui dans la répétition de Bruckner ?

Dans le choral, j'étais complètement ailleurs. Mais "être ailleurs *[Wegsein]*", c'est une de ces formules pour Mme Durand ; car "ailleurs" est le philosophe, le grand esprit est ailleurs, et, que sais-je, méditer ce serait arriver ailleurs. Non, il ne s'agit pas de cela. Mais rien ne m'a dérangé. Seulement, à un moment, lorsque quelque chose a mal tourné et que j'ai dû sortir, je me suis rendu compte : quel dommage ! Et j'ai tout de suite dit aux jeunes – je ne sais pas si vous l'avez vu : avec des larmes aux yeux –, on fera encore de la musique après moi. Bien que je ne voie pas où. Où donc, et qui le peut encore ? Et quand je dis de telles choses, on dit : "Ha ! il croit qu'il est le seul !" Mon Dieu, que je serais heureux si Furtwängler était parmi nous aujourd'hui et montrait au monde ce qu'est un tempo large ! Toute sa vie ils l'ont harcelé : "Des tempi beaucoup trop larges !" Qui disait cela ? Ces crétins, qui n'entendent que le tiers de ce qui se passe sur la scène ! Que sait-il de la troisième flûte ? Non, pour lui c'est de la maculature. "La grande ligne" – voilà ce qu'il veut. La grande ligne ! Comment doit être la ligne pour qu'elle puisse aussi rentrer dans votre tête ?! Grande ligne – quels imbéciles impudents !

Donc, tu me forces à vouloir quand même, de quelque façon, pénétrer dans ce mystère par l'intellect. Et je ne suis pas assez fort pour te dire : Non, nous ne pouvons pas nous entretenir sur ce qui se passe là. Je ne peux rien te dire, et tu ne peux rien me demander.

Je crois qu'il n'y a aucun risque à tenter cette approche. Le mystère restera bien mystère.

Ce n'est pas un mystère, car c'est à la portée de chacun. Et les gens qui ont réellement une idée de la musique ont absolument l'attitude appropriée. Pas les experts, eux moins que tous. Et si on discute avec des musiciens normaux – ils sont tout à fait dehors. Ils n'ont aucun accès à cela. Et quand ils le font eux-mêmes, ils sont en plein milieu ! Mais ils ne le savent pas. Ils parleront toujours de beauté : "Ah que c'était beau, maître ! Que c'était merveilleux !" Ils ne voient pas que le son est le véhicule vers la vérité. Le son mène la beauté à la vérité.

LA FIN DANS LE COMMENCEMENT – LE COMMENCEMENT DANS LA FIN

Vous venez de travailler trois jours durant avec l'orchestre italien[1]. *Avez-vous pu voir à leurs réactions qu'ils ont appris quelque chose de vous ?*

Pas à leurs réactions, mais aux résultats. Ils ont commencé par jouer de manière très amorphe : des notes, des impressions sonores – et à la fin il y avait une certaine ligne dans chaque morceau. C'est le but de l'affaire. Mais cela devrait arriver plus souvent, pas seulement de temps à autre. Jusqu'à ce que cela ne soit plus un objet de pensée, mais une seconde nature, une nature propre.

Il ne suffit manifestement pas de savoir ce qui doit sortir pour qu'on soit dès lors aussi capable de le réaliser…

C'est une fausse question. Il ne doit rien sortir non plus. Si quelqu'un parvient à aller au-delà du son *[über den Klang kommt]*, il n'y a rien qui sorte, mais il entre dans un autre monde. Et s'il est arrivé par-delà le son, c'est une condition préalable pour

1. Au cours des vacances d'été, Celibidache avait invité son élève Leonardo Gasparini et l'orchestre de celui-ci, la Sinfonietta Veneta, dans son moulin, sa résidence de campagne au sud de Paris, pour travailler avec eux. L'entretien a été réalisé le 19 août 1989.

les autres. Les conditions de la transcendance, du mouvement d'aller au-delà, sont réunies – alors de nombreux autres peuvent venir avec, peuvent faire la même chose.

Que signifie aller au-delà du son ?

Oui, qu'est-ce que cela signifie ? C'est indéfinissable. Ici le langage échoue complètement. Qu'est-ce que cela, "au-delà du son" ? Tu vas au-delà, sans parvenir à quelque chose d'autre. C'est absolument indéfinissable. La définition de la transcendance, qu'est-ce que c'est ? Absolument pas saisissable par la pensée. Elle ne peut être que vécue.

Ici, nous avons bien vécu quelques exemples où cela fut réussi pendant de courtes périodes.

Mais si cela fut réussi, personne ne peut dire de l'extérieur : pour toi aussi c'était réussi – mais c'est toi qui peux me dire : j'ai commencé et je savais exactement ce qui allait venir. Ainsi le savoir n'a plus la moindre fonction[1]. Celui qui a vécu cela est parvenu au-delà du son.

Pour que nous comprenions ce que vous voulez dire par là, pourriez-vous peut-être décrire votre propre vécu ?

On ne peut pas du tout le décrire, les mots ne s'en approchent pas !

Ou tenter de le viser ?

1. Ce "savoir ce qui doit sortir" dont il était question. *(Note de J. Schmidt-Garré.)*

Non plus. Cela, vois-tu, c'est ce que tentent les intellectuels. Notre monde occidental – avec cette effrayante philosophie – veut, à partir de chaque événement indescriptible, faire quelque *chose* : en faire un objet de pensée, de sorte que l'intellect, la faculté de penser de l'être humain s'applique à quelque chose. Mais ce n'est pas la pensée qui peut accomplir ici quelque chose. Dans la phase noétique[1], quand on met de l'ordre dans l'orchestre, quand on établit les priorités : "Comment est-ce articulé, comment sont articulées les octaves ? Quelle est la voix principale ou l'événement principal ?" – tout cela, oui, c'est de la pensée. Mais quand vous le faites, il n'y a plus la moindre pensée. A moins qu'après trois mesures, un incident ne se produise dans le cor, et il vous faut alors à nouveau penser : comment vous réparez cela. On ne peut rien décrire ici. Pour nous autres Européens, la question zen est évidemment très difficile à comprendre, celle où l'élève demande : "Qu'y a-t-il derrière la pensée ?" Et la réponse du patriarche : "La réalité." Est réel ce qui est toujours là. Moi en tant qu'homme, je suis passager, mais tout en moi n'est pas passager, sinon "réalité" n'aurait aucun sens. Ainsi, avec notre attitude jésuite, nous ne pouvons pas avancer.

Mais vous parlez et pensez pourtant bien aussi. Naturellement, un vécu est autre chose qu'une phrase sur le papier…

Sans penser, je ne pourrais même pas sortir de cette pièce, je ne saurais pas où se trouve le moulin, je ne pourrais pas parler avec toi, sans penser. Ce que nous faisons en ce moment, c'est penser. Mais

1. Dans le cas présent : pendant la répétition (terminologie husserlienne). *(Note de J. Schmidt-Garré.)*

si parler ainsi ensemble doit aboutir à quelque chose de positif, il faut alors éliminer par la pensée ce qui n'a pas de sens afin que seul reste ce qui est plein de sens. Comment définissons-nous ce qui est plein de sens et ce qui n'a pas de sens ? Qu'est-ce que le sens en général ? Là, le langage flanche. Dans un contexte musical le sens est donné. On le vit, on ne pense pas : "Ces éléments sont en relation mutuelle." On peut admirablement penser deux et quatre de manière successive. Mais on peut aussi laisser le quatre *surgir* du deux. Oui, et quelle est la différence ?

Par la négative, on peut peut-être pourtant approcher de ce dont il s'agit...

Je ne sache pas que de quelque chose de négatif puisse surgir quelque chose qui présente pour nous un intérêt.

Certes, dans la mesure où vous excluez le faux.

Je ne l'exclus pas – plus tu t'approches du vécu, moins il y a dedans de choses qui ne lui appartiennent pas. Exclure, cela peut être le résultat d'un acte de la volonté : "Cela je l'exclus et cela je l'exclus également." Mais il n'en va pas ainsi. Qu'est-ce qu'on exclut, lorsque, à partir de la multiplicité, on cherche à faire une unité ? Automatiquement tout ce qui est là pour empêcher la formation de l'unité. Mais je ne l'exclus pas au sens où je dirais : "Maintenant je ne veux pas entendre ce que font les cors." Mais il peut arriver que je ne puisse pas faire entrer ce que font les cors dans l'image cohérente que j'ai formée.

Alors, en tant que chef vous interrompriez et diriez : "Ecoute-le et..."

Oui, là je dirai : "Vous ne vous intégrez pas à cela, pourquoi soufflez-vous si fort ?" Ou : "Où êtes-vous donc ? Vous n'étiez pas là, ceci requiert un soutien, cela ne peut pas vibrer si librement dans l'air." Tout est possible. Mais comme toute phase noétique, c'est tributaire de la pensée. Sans elle, on ne peut passer au-delà, il n'y a pas de transcendance.

Lorsque vous étudiez quelque chose avec un orchestre, au premier abord, il ne sera donc pas possible d'arriver d'emblée à cette unité et au début c'est donc le désordre...

Oui, et pourquoi cela ne sera-t-il pas possible ? C'est quelque chose à quoi on ne s'applique pas du tout dans la pratique musicale normale. Nous parlons d'un *"syn-"*, d'un "ensemble", mais au mieux, c'est pensé de manière métrique ou rythmique. Mais il y a tellement d'aspects du *"syn-"* si tous les composants d'un accord doivent concorder. Pas seulement temporellement, mais ils doivent fonctionner en se complétant mutuellement. Combien de possibilités y a-t-il ? Si cela doit arriver à une unité, il n'y en a qu'une ! Et pourquoi doivent-ils former ensemble une unité ? Pour que moi, [qui suis] l'autre unité, je puisse la travailler, au sens de : m'approprier ce qui a lieu. Sans cela, c'est un face-à-face continuel, une confrontation entre un fait physique et le moi : ça saute d'impression en impression. La musique n'est pas une impression. La musique n'est pas non plus une satisfaction. Certes, le beau est attirant, parce qu'il a quelque chose à voir avec la liberté et il y a en nous quelque chose qui veut toujours retourner à la liberté. C'est ce qu'on appelle la provenance divine de l'être humain.

Lorsque, en tant qu'unité, ou en tant qu'un, vous êtes face à l'unité de la musique…

Pas l'unité de la musique, mais d'abord celle du son ; il n'y a pas encore de musique.

L'unité du son. Quand vous êtes face à elle ou lorsque cela se produit, arrivez-vous alors à ce que vous nommiez tout à l'heure la réalité avec la phrase zen ?

Je ne peux pas dire "j'arrive à la réalité". Je ne peux rien faire d'autre que d'amener cela à une unité, de fondre ensemble trois cents détails jusqu'à une unité. Mais tout cela ce sont de fausses images, "fondre ensemble", "rassembler". *Réduire.* Non pas la réduction au sens husserlien de la mise-entre-parenthèses, mais plutôt : à partir du multiple, faire une unité ; réduire en ce sens. Mais non pas réduire au sens physique, où c'est moins par rapport à ce que c'était, mais plutôt : c'est *autre* par rapport à ce que c'était. Et si quelque chose fait défaut, ce n'est qu'à moitié réduit et c'est la raison pour laquelle les gens n'ont pas la moindre idée du tempo, parce qu'ils ne réduisent dans le maintenant qu'une partie des phénomènes et non pas tous. Qu'a-t-on dit sur Furtwängler, le seul homme qui avait un sens réel de la réduction : "Ah, pour l'amour de Dieu, ces tempi éternellement larges !" Un tempo ne peut pas être large, un tempo ne peut pas non plus être faux, c'est la *vitesse* qui peut être fausse.

Vous ne parlez du tempo qu'à partir du moment où advient cette unité ?

Oui. Le tempo est la condition pour que cette unité réduise entièrement tous les composants, de sorte qu'elle contienne tous les composants. S'il en reste un de côté, ce n'est pas le tempo juste. Si beaucoup d'entre eux ne participent plus, c'est uniquement parce que le tempo est trop rapide. Et il y a une relation organique entre la multiplicité et la vitesse. Si la diversité que j'ai à réduire est grande, il me faut plus de temps. C'est conditionné par mes réactions : il leur faut du temps, elles ne sont pas intemporelles.

Qu'en est-il par exemple avec un morceau de Schönberg qui est très chromatique et où la multiplicité est très grande ?

Cela reste multiplicité.

Ce n'est pas réductible ?

Ah, beaucoup de choses sont réductibles. Je ne suis qu'un homme, je n'ai pas été capable de réduire deux variations de l'opus 31. Je soutiens que lui non plus. Le thème est admirable, de très nombreuses variations sont réellement dérivées du thème. Mais ce seul fait que dans le morceau il s'interdise même l'emploi de l'octave… Que sait cet homme ? Dans chaque son, il y a des millions d'octaves ! Et l'instrumentation réussie est l'instrumentation qui attend quelque chose de cet état de fait. L'octave est le double, elle est absolument inhérente à chaque être humain. "Eviter les octaves !" Qu'est-ce que c'est que ça ? Une règle de salon ou une règle de jeu – comme au hockey ! "Il n'est pas permis de faire ça !" Que n'est-il pas permis de faire, quand l'octave détermine en tant que telle l'espace et la sphère de ce qui est perceptible ?

Une telle idée arbitraire, comme celle de Schönberg, d'éviter les octaves, peut être la porte d'entrée – il se peut bien aussi qu'il réussisse à écrire un morceau cohérent.

Vous auriez probablement pu attacher une jambe de Nijinski à sa main gauche – il aurait toujours exécuté de magnifiques figures. Il avait le sens de cela. Schönberg est un homme tout à fait génial. Sa thématique ! C'est un homme très dramatique, mais tout à fait génial. Et justement dans l'opus 31, cette série au début, c'est complètement unique ! Mais je ne suis pas parvenu à réduire ces deux variations que j'ai *apprises* comme un mathématicien. "Ça c'est ça, ensuite il y a 16, et alors vient ça, et après, ça, et puis... ah, qu'est-ce qui vient maintenant ? Aïe aïe aïe !"

Comment l'apprenez-vous quand il s'agit d'un morceau que vous pouvez vous approprier ?

Par la réduction. Quand je l'ai réduit et que je l'ai amené au point où la fin est audible dans le commencement, alors le morceau est mien, c'est-à-dire que je suis dedans. Je ne reçois plus le morceau de l'extérieur. Quelle est l'incompatibilité entre savoir et exister ? Savoir est lié au passé, et par conséquent privé de toute forme de spontanéité. Le savoir n'a vraiment aucune spontanéité ! Et la réalité est la plus pure spontanéité. S'attendre tout le temps à tout – pour le dire bêtement avec des mots. S'attendre à tout : présent, en éveil. Je ne suis pas plus présent quand je perçois ce chien que quand je perçois les idées de Schopenhauer. C'est la même conscience qui est à l'œuvre.

Jusqu'à ce que le musicien soit capable de cette spontanéité, vous lui direz : "Joue ainsi, car cela continue de telle et telle façon..."

Je n'ai rien à dire !

Ou vous l'inciterez à l'entendre lui-même.

Non, je l'amène à sortir de toutes les fausses possibilités, à supposer que j'aie la bonne – ce qui n'est pas dit non plus. "Encore une fois !" – et ainsi je vois que ce qu'il fait entre en conflit avec ce qui vient. Puis : "Pas comme ça, car là vient ça ! Et faites attention à ce que ça continue sans transition." Je ne lui enseigne pas comment il a à jouer, mais je l'amène au contraire à transcender par lui-même, c'est-à-dire à aller au-delà des données physiques. Il était en dehors. A présent, il *sait* qu'il était en dehors. A présent, il a une chance. Non pas de comprendre, mais de vivre comment ces vecteurs sont en mutuelle connexion *(zusammenhängen)*. Je ne peux donc pas lui transmettre le moindre vécu. Je ne peux jamais que créer les conditions pour qu'il passe au-delà du son. Ça ne réussit pas non plus toujours. Vous pouvez avoir cent répétitions et rester éventuellement toujours en dehors. Et il est possible qu'avec un morceau très moderne le sens du phrasé se révèle tout de suite. Mais que veut dire le sens ? Au fond rien d'autre que la coïncidence du commencement et de la fin. "J'étais hier au cinéma et puis Hitler est mort." Qu'est-ce que vous racontez là ? "J'étais hier au cinéma et j'ai retrouvé Mirella." Quand tu as commencé, la fin – "retrouver Mirella" – était présente.

Donc contemporanéité ! Cohabitation, en dehors du temps.

Il y a aussi le fameux développement des pensées dans la parole.

Oui, certes. Il n'y a pas beaucoup d'hommes qui commencent là où ils devraient s'arrêter, et inversement. Il n'y a pas beaucoup d'hommes qui savent où ils ont commencé. <*Rire.*>

Ce seraient alors des pensées quasiment impossibles à réduire…

La parole est prolixe. Un homme politique peut parler trois heures durant et ne rien dire. Ou bien raconter ce qu'il a toujours raconté et qui n'est toujours rien. Cela est impossible dans la musique. Dans le langage, bien sûr, parce que le langage a besoin de petits cailloux qui sont conventionnels, symboliques et polyvalents. En musique nous n'avons pas cela. Une tierce est une tierce. "Pourquoi une tierce est-elle pour tous les hommes une tierce ? Comment peut-on soutenir cela ? Au contraire : pour moi une tierce, c'est un peigne, pour un autre, c'est un verre d'eau…" C'est possible, mais c'est là le brouillard, les vapeurs, les nuages qui sont entre la conscience pure et la conscience perceptible. Puis-je affirmer que j'ai une conscience pure ? Mais comment – il n'y a pas de preuve pour cela. Peux-tu l'affirmer ? – Non plus. Mais si, à propos d'une phrase [musicale], tu me dis – non pas "c'était beau" ; "beau" est une expression très subjective, personnelle –, mais plutôt : "C'est ainsi" – alors je sais que tu l'as aussi réduit. Maintenant, que veut dire le "est" dans ton énoncé ? Eh bien ? C'est la réalité.

Tout à l'heure, j'ai cité Schönberg, parce que vous disiez qu'une plus grande multiplicité a besoin d'une vitesse plus lente. Pour une oreille non exercée, il y a bien chez Schönberg une très grande multiplicité en raison du fort chromatisme.

Oui, mais pas toujours réductible.

Prenons par exemple le cas d'un morceau réductible. Une entente un peu grossière vous comprendrait ainsi : Ah, il faut par principe jouer Schönberg plus lentement qu'un Bach ou un Mozart.

Tout dépend chaque fois du mouvement dont il s'agit. Quelle est ton erreur ? Tu compares à partir du monde matériel. "Il faut jouer Schönberg plus lentement que" – *que* joues-tu, pourquoi plus lentement ? Ça peut être beaucoup plus rapide ! Tu sors complètement de la réduction quand tu dis "il faut…". Comment peut-on parler de *lent* sans réduction ? Cela voudrait dire que nous restons dans la physique. Là il y a "lent" sans réduction, là il y a "vite" sans réduction. Comment est-il donc possible de séparer de la réduction ce qui est censé devenir musique ? Il n'y a de "plus lent" que pour ceux qui n'ont aucun sens de la réduction. Tout aussi bien que de "plus rapide". Un morceau n'est ni lent ni rapide, si tu le vis. Au contraire : il est *ainsi et pas autrement.* Quand est-ce que l'observation "c'est un mouvement rapide" est à sa place ? Quand on écoute de l'extérieur. Quand la fin est au commencement – où est donc le temps ? Pour avoir "lent" et "rapide", il faut parcourir des unités temporelles. Mais il n'y en a pas ! D'où cet énoncé magnifique, qui n'a naturellement aucun sens pour le grand public : *la musique ne dure pas.* Ce qui dure, ce sont les manifestations matérielles de la musique. Mais c'est très difficile. Pour commencer, je ne suis pas capable de définir ce qu'est la musique, et encore moins les manifestations de cette inexprimable réalité. Mais, pour l'amour de Dieu, n'allons surtout pas penser : Pour Schönberg, puisqu'il est chromatique, la formule s'énonce : lent par principe.

Peut-être pourriez-vous alors à nouveau expliquer la phrase de tout à l'heure, selon laquelle une plus grande multiplicité a besoin d'une vitesse plus lente.

Cela ne s'explique pas. Ma conscience fait une corrélation, met les faits ensemble. Plus les faits à mettre ensemble sont nombreux, plus on a besoin de temps. Mais cela ne se fait pas de telle manière que celui qui corrèle est conscient : en ce moment c'est lent. Plus les faits à réduire, à mettre ensemble sont nombreux, plus j'ai besoin de temps matériel. Mais celui qui fait cela ne peut absolument pas le ressentir. Pour lui, il n'y a ni vite ni lent. Une flûte fait une ligne admirable et un grand orchestre avec des octaves fabuleuses fait aussi une ligne admirable – alors, qu'est-ce qui va le plus vite ? Comment peut-on comparer un litre d'eau avec deux mètres de rouge ? Ils n'ont rien de commun. Ce qui est commun, c'est la conscience. Qui n'est pas liée au passé par le savoir et pas non plus à l'avenir par l'espoir et la volonté, mais au contraire : libre. C'est la condition première entre toutes de la réduction. S'il est libre, il est aussi spontané. Peu importe ce que c'est, il réagirait à tout.

Libre au sens où il n'est pas détourné ?

Mon cher, nous avons lu tant de livres de philosophie sur la liberté. Comment voulez-vous définir la liberté ? Ni comme ça, ni comme ça, ni comme ça, ni comme ça – qu'est-elle ? Et pourtant, combien elle nous est familière par le vécu ! Nous avons tous éprouvé la liberté. Elle est de ce fait un bien que nous possédons tous. Mais la définir, la saisir intellectuellement, il ne saurait en être question du tout. Combien de fois dites-vous "toujours" ! Bien, comment voulez-vous expliquer cela ? Qu'est-ce donc que cela ? "Jamais" – voilà des absolutismes auxquels nous ne pouvons nullement prétendre ! Mais [c'est là] le poivre qui en vient à constituer la vie quotidienne pour ceux qui n'arrivent pas à passer outre. Pour un homme qui pratique le zen, il n'y a rien de tel. Il ne rumine pas, il ne réfléchit pas. Et celui qui réalise la réduction dans la musique ne pense pas du tout, mais se tient au contraire loin de la pensée pour que la réduction puisse advenir. Notre action a toujours un point central : "Je fais cela, parce que..." Il n'y a pas de parce que, pas de causalité au sens matérialiste.

Une des conditions de la réduction est la liberté ?

Ce serait alors une définition pour la liberté ? *<Rire.>*

A Mayence, vous avez naguère développé ce qu'est le mètre à partir d'une battue simple qui se répète – pourriez-vous réexpliquer cela ?

Chaque forme musicale présente un processus d'expansion. Et quand il y a un processus d'expansion, il y a quelque chose qui porte tout. Il n'y aurait pas de processus d'expansion s'il n'y avait pas une énergie qui met les faits en mouvement.

Et cette énergie, quand elle est présente, m'est assez peu utile. Ce qui m'est utile, c'est quand je suis capable de percevoir quelque chose de sa présence. Comment puis-je en percevoir quelque chose ? Je ne suis ni ne serai l'énergie elle-même. Mais je peux percevoir les traces de sa manifestation. La pulsation est la continuité de ces traces.

Ces traces représentent une forme d'énergie : ça c'est une énergie *<Celibidache frappe des noires lentes dans ses mains>*, ça c'en est une autre *<il frappe des noires plus rapides>* et ça c'en est encore une autre *<il frappe des blanches>*. Si je ne perçois les traces qu'en elles-mêmes, je ne peux rien commencer, car les traces sont de nature physique. Je peux les compter, mais je ne peux pas m'approprier cette énergie. Cela n'est pas encore passé de la situation amorphe de la trace à la situation constituée de la perception. Il faut que la perception se constitue, ce qui veut dire qu'elle doit s'articuler.

Au moyen de quoi cette forme d'énergie qui coule de manière si uniforme va-t-elle devenir humaine ? En ceci qu'elle s'articule et que tous les battements ne sont pas identiques. Dans ce cas, articulation veut dire : grouper, ce qui derechef veut dire : réduire. Non pas une infinité de battements identiques, mais plutôt : un coup, puis une résolution. Battement – résolution, battement – résolution. Les battements ne sont pas articulés en leur essence. *C'est l'homme qui les articule* pour s'approprier tout cela.

Combien y a-t-il de formes d'articulation ? Trois grandes familles : accentué – non accentué, c'est-à-dire un impact et une résolution ; accentué – deux fois non accentué, c'est-à-dire un impact et deux résolutions ; et enfin un impact – une résolution – un impact plus faible – et à nouveau une résolution. *"Alla breve"*, "triangle" et "croix". Ce sont les possibilités au sein de notre manière de sentir. Il n'y en a pas plus. Toute autre forme dérive de l'une de ces trois figures. On rencontre aussi ces trois figures dans la nature : c'est ainsi que croît une cellule. Elle se divise en deux – le rapport d'octave : à partir de un, il y a deux. A partir de deux, quatre – à nouveau des rapports d'octave. A partir de quatre, huit, et ainsi de suite. C'est ainsi que se multiplie la cellule, le tissu de la plante. Qu'est-ce que c'est ? Articulation, de nature harmonique. Deux est le double de un, quatre le double de deux. Deux, quatre, huit, seize, trente-deux. La série harmonique. C'est articulé dans la forme de l'octave : impact-résolution. *Alla breve.*

Mais il n'y a pas que celle-ci. Une feuille montre la combinaison la plus éloignée par rapport à l'octave, c'est la quinte : rapport de deux à trois. A partir de un, il y a deux, à partir de deux seulement trois, de trois, cinq, etc. Les processus d'expansion ne sont pas différents. Ils sont issus de cette famille fondamentale.

Il y a trois figures et pas plus ?

Oui.

Pourquoi la croix n'est-elle pas un Alla breve *subdivisé ?*

Oui, c'est vrai que de manière conventionnelle tu peux aussi voir cela ainsi. Comme ça tu fondes une nouvelle école et tu gagneras peut-être beaucoup d'argent. Pourquoi une croix n'est-elle pas un tigre de salon ?

Vous avez sûrement une explication.

Parce qu'elle n'en est pas un ! La différence entre deux *Alla breve* et une croix est le rapport entre le un et le trois. Deux *Alla breve* ont deux un identiques, alors qu'un trois dans la croix est différent du un.

Vous pourriez peut-être redire ce que sont les trois mètres, comment se comportent ici l'impulsion et la résolution.

La forme la plus normale est que, après quelque chose qui demande de l'énergie, vienne une détente. Le déroulement d'une énergie qui n'est pas divisée et qui s'écoule de manière indifférenciée est de nature mécanique – absolument impossible à humaniser. Je peux le percevoir, mais que puis-je entreprendre avec ça ? Cela ne peut en aucun cas me toucher. A l'instant où l'énergie s'articule, c'est-à-dire à l'instant où, après l'impact, vient la manifestation naturelle, la résolution de l'impact – à cet instant, cela peut devenir mien.

Combien y a-t-il donc de possibilités ? Impact-résolution, la plus naturelle. A présent, un nouvel impact et une nouvelle résolution seraient une répétition de la même chose. Peut-on avoir deux impacts l'un à côté de l'autre ? Non, car comment puis-je savoir que le premier est parvenu à sa fin ? S'il y a quelque chose qui me montre que le premier se termine ici, ce ne peut être que la détente. Il n'y a donc pas deux impacts l'un à côté de l'autre. Qu'y a-t-il en revanche ? Deux résolutions l'une à côté de l'autre, et voilà d'où provient le triangle. Quelle est la figure suivante ? Impact et trois résolutions. Et comme toute masse – selon la loi de la masse inerte de Planck – ce trois ne vibre pas dans sa totalité, mais se subdivise. Toute masse qui est mise en mouvement se subdivise en sous-articulations. Comment se divise cette masse-ci ?

Impact-résolution – résolution-résolution. Deux et deux. De la subdivision provient un léger accent sur le trois, un souvenir du premier impact. Ainsi le trois est accentué. Cette figure à quatre s'appelle la croix.

Et pourquoi alors ne pas continuer ? Je peux bien avoir un impact et quatre résolutions. Certes, mais les quatre résolutions se diviseraient également, elles sont aussi une masse qui est mise en vibration. Comment se divisent-elles ? Soit en deux et trois, soit en trois et deux. Cela ferait-il une autre figure ? Non, c'est une croix, dont les côtés ne sont pas identiques *<il montre en exécutant la figure avec les bras>* : un, deux, trois-trois, quatre. Cela fait donc cinq. Et qu'ai-je subdivisé ? Le trois. Je peux subdiviser le un : un-un, deux, trois, quatre. Tout peut être reconduit au quatre. Qu'en est-il du trois ? Un, deux, trois. Que se passe-t-il si un côté est subdivisé ? D'un point de vue numérique, un quatre apparaît, mais du point de vue de l'essence, le triangle reste pourtant le même. Mais on peut subdiviser le premier côté du triangle, le second côté ou le troisième. Si c'est le premier qui est subdivisé, cela donne : un-un, deux, trois. Si c'est le deuxième qui est subdivisé : un, deux-deux, trois. Si c'est le troisième : un, deux, trois-trois. J'en ai donc quatre. Un quatre qui vient du triangle et non pas de la croix ! Cela existe-t-il en musique ? Oui, bien sûr. Est-ce que les chefs d'orchestre savent cela ? Ce serait beau ! Ils battent comme les poulets, un-deux-trois-quatre-cinq-six. Et sur quoi s'appuient-ils ? Sur la *pulsation* comme moyen de s'orienter et non pas sur cette figuration qui représente l'*homme*, parce que seul l'homme peut articuler de cette manière – et non pas la matière.

Comment cela se réalise-t-il dans le geste ?

Dans le geste, c'est naturellement l'impact qui a la plus grande force et l'association avec la pesanteur fait aller l'impact vers le bas. Tous les "un" vont vers le bas. Un ! Quant aux autres : vers l'intérieur, je ne peux pas bien battre ; je peux admirablement tirer vers l'intérieur, mais à peine battre. C'est pourquoi le trois que je veux avoir dans la croix avec un peu d'accentuation va vers l'extérieur : un/en bas – deux/*à l'intérieur* – trois/*à l'extérieur* – quatre/retour. Comment puis-je m'en tirer au mieux avec le triangle ? Pourquoi pas ainsi : un – [deux] à l'intérieur – [trois] à l'extérieur ? Parce que sur le coup le plus faible, sur le trois, il y aurait plus de tension que sur le deux. C'est la raison pour laquelle dans le triangle le deux va vers l'extérieur. Un – un peu moins – encore moins, un – un peu moins – encore moins. La physiologie de la figure est univoque du point de vue de l'homme. On ne peut pas battre autrement si on veut représenter les forces organisées du mètre. Personne n'a idée de cela. La chose la plus simple, ce qui est en chacun, ils ne la connaissent pas.

Mais alors qu'est-ce que les gens battent ? Ces figures, on les voit pourtant bien.

Ils battent la pulsation primitive !

Mais ils ne battent pourtant pas toujours uniquement le un vers le bas.

Oui, cela a probablement l'air très mécanique. Alors ils font aussi comme ça… *<Il montre une suite absurde de coups.>*

Où le coup tombe-t-il, où est le point d'attaque ?

Tous les coups tombent sur des points situés sur la même ligne[1]. Car s'ils sont sur la même ligne, ils ont *une* dimension de l'expression. A présent, vous changez la ligne, vous allez vers le haut. Tout le monde remarque qu'il y a là quelque chose de plus. Sans que l'intensité soit devenue plus forte. C'est un plus qui reçoit chaque fois une expression en fonction du morceau et de la situation. Ou un moins. Mais le chef d'orchestre n'a pas seulement cette dimension comme possibilité d'expression. Il peut aussi aller vers l'avant, il peut aller vers l'arrière – c'est une autre dimension. Que peut-il faire d'autre ? Il peut aller vers l'extérieur, il peut s'ouvrir – c'est la troisième dimension. Pourquoi à nouveau trois seulement ? Parce que l'espace, tout ce qui est pour nous déterminant, est tridimensionnel. C'est trois ici aussi, ici aussi les trois figures.

Comment se distinguent les deux mains ?

Elles ne se distinguent pas. Ce qu'on bat avec la main droite, on doit pouvoir le battre également avec la gauche. C'est ainsi seulement qu'elles sont indépendantes. Je commence : les deux mains sont pareilles. Maintenant, je veux obtenir quelque chose des premiers violons. Si je ne suis pas capable de manier la main gauche de manière autonome, l'expression ne viendra pas.

Que faites-vous par exemple avec la main qui ne bat pas ?

Tout dépend chaque fois de ce que je veux. Je veux faire ressortir une voix, je veux la réprimer, je veux que cela soit plus dense, je veux que cela

1. Sous-entendu : horizontale.

soit léger – tout dépend chaque fois de ce qui est nécessaire. Tu cherches une situation matérielle : "Si je fais comme cela, ça sera trois degrés plus fort" – non ! Cela n'a pas de sens ! Ce qui a du sens, c'est le fait établi que tout ce que tu fais doit avoir une expression. Mais si tu donnes dans la confusion et qu'à chaque endroit tu t'exprimes exactement de la mauvaise manière, que fait alors l'orchestre ? Il ne prend de toi que la pulsation, c'est-à-dire ce qu'il y a de plus primitif.

Est-ce que l'expression du visage joue aussi chez vous un rôle ?

Pas consciemment. Si je suis irrité, il joue un rôle énorme, car tout est paralysé. Probablement un rôle négatif. Ils se laissent tous fortement influencer par une expression négative ; la positive, elle, quand je rayonne de bonheur et de joie absolue – elle passe inaperçue.

Est-ce que dans le "un" que vous battez se trouve déjà la figure tout entière ? Est-ce que vous battez le "un" d'un 6/8 différemment de celui d'un 3/4 presto *?*

Tu commets à nouveau l'erreur de vouloir sortir de la réduction. 6/8 – où cela ? Une tarentelle est quelque chose de tout autre qu'un largo de Bach ! Et plus encore : chaque morceau a sa propre loi, chaque morceau a sa propre conduite d'archet, chaque morceau a sa propre manière de progresser d'une fonction à une autre. Ce n'est qu'avec la routine que tout cela disparaît, dans la musique qu'on fait pour de l'argent ! Je n'ai musicalement qu'un seul ennemi : la routine. Quand un morceau est trop joué et que je constate que je ne réagis plus de manière spontanée, je m'attelle à la partition avant d'aller me coucher, la partition que je serais capable d'écrire moi-même par cœur, et je la lis comme si je n'avais encore jamais entendu cela. Si je n'y réussis pas, je m'y remets le soir suivant. Mais si je réussis à me comporter comme un enfant, cela peut alors donner une exécution magnifique.

7

DE BERLIN À STUTTGART

Professeur Celibidache, vous avez étudié les mathématiques, la philosophie et la musicologie dans votre pays natal, la Roumanie, et à Berlin. Ces formes de pensée constituent-elles aujourd'hui encore un élément essentiel de votre interprétation musicale ?

Certainement pas. Lorsqu'à l'époque j'ai étudié tout cela, je ne savais pas du tout ce que je ferais dans la vie. Ce n'était pour ainsi dire qu'un besoin de savoir qui fut satisfait à l'époque. Mais indirectement, tout cela reste d'une grande utilité, car en musique, on doit procéder de manière très logique et mathématique aussi longtemps qu'il s'agit d'examiner de près le matériau. Ce sont des rapports tout à fait scientifiques. Si l'on n'y est pas entraîné de cette façon, on ne peut justement pas y arriver.

A Berlin, vous avez travaillé sur Josquin des Prés et les mathématiques ont en effet joué chez lui un rôle extrêmement important.

Pas dans le domaine musical. Certainement pas.

Mais la symbolique des nombres, par exemple, était pourtant tout à fait essentielle au XVe siècle.

Oui, mais cela n'a pas eu d'incidence sur la forme. Les gens se sont occupés de la pensée cabalistique tout comme nous pouvons aujourd'hui nous en occuper. Et aujourd'hui, les grands philosophes en France réfléchissent aussi sur les nombres, les rapports de nombres et la symbolique des nombres. Mais dès qu'il s'agit du son, il n'y a naturellement plus de nombre.

Mais pour vous l'analyse musicale est pourtant une condition préalable évidente pour toute interprétation ?

Mais pas l'analyse dont vous parlez. Il s'agit de quelque chose que vous ignorez complètement : l'analyse phénoménologique. D'un côté, il y a ce qui est dans le matériau, ce que je ne peux pas du tout ni ne dois interpréter. Puis, quelle est la relation entre ce qui met en mouvement le matériau et la conscience humaine ? Car qu'est-ce que la musique en définitive ? Un mouvement. Qu'est-ce qui se meut ? Rien d'autre que notre conscience. Même sans entendre de sons, on peut éprouver *[empfinden]* de la musique. C'est donc bien la conscience.

Simplement en voyant la partition ?

Bien sûr. Mais le paysan, qui n'a pas d'autre intention que d'exprimer son bonheur ou son humeur matinale, il chante. Et il n'y a là aucune note, aucune partition, rien. C'est une forme de dynamique qui s'exprime.

En ce moment, vous dirigez par exemple la Quatrième Symphonie *de Brahms. C'est un morceau que vous avez sûrement dirigé des centaines de fois dans votre vie. Puis-je vous demander comment vous vous préparez à un tel concert ?*

Je ne me prépare pas du tout. C'est-à-dire que c'est pendant les années d'études que j'ai appris cela ; là j'ai établi des rapports. Au fil du temps, j'ai tout approfondi et j'ai ainsi élargi ma capacité de corrélation entre les différents moments. A présent, je suis capable de très bien sentir à chaque instant où je me trouve, d'où je viens et vers où je veux aller.

Même pendant la répétition, vous n'avez pas besoin de la partition ?

Je n'en ai encore jamais eu besoin, du moins plus dans les vingt dernières années.

Cela veut dire que vous n'avez plus non plus la moindre représentation optique précise de la partition ?

Pourquoi donc optique ?

C'est ma question.

Parce que vous ne pouvez pas sentir ce qui constitue en soi la musique, la mémoire musicale, le fait de recevoir et d'accueillir en soi *[das In-sich-Aufnehmen]*, ce qui constitue les rapports justes du son *[Klang]*. Voilà tout ce qui est musical.

Une répétition signifie donc pour vous une réalisation de votre représentation très précise de la partition ?

… de la représentation du compositeur, de la mienne en aucun cas. Je ne peux en aucun cas me permettre d'avoir des représentations. A supposer que j'aie bien une qualité propre, ou qu'un interprète ait sa qualité propre, alors cela ne peut être que celle qui consiste à s'identifier autant que possible avec ces moments qui ont mis en mouvement l'imagination du créateur.

Mais lors d'une répétition, il faut cependant bien que vous transmettiez à l'orchestre vos représentations ou – comme vous dites – les représentations du compositeur.

Oui, c'est pour cela qu'il existe une technique, mais elle est presque inconnue dans le monde, car chacun fait quelque chose de différent. Nous nageons dans un bain d'ignorance comme le monde n'en a encore jamais connu auparavant. Nous n'avons plus le moindre technicien aujourd'hui. Technique veut dire ici transmission d'un geste qui doit en lui-même rendre sensible une proportion qui est ajustée à la dynamique du passage joué.

N'y a-t-il ici aucune différence entre les divers orchestres ? Est-il indifférent que vous transmettiez cette représentation à un orchestre de première ou de troisième classe ?

Certainement, un orchestre de première classe le comprendra plus tôt et le réalisera immédiatement. Mais ce que vous qualifiez d'orchestre médiocre peut devenir un orchestre fantastique si quelqu'un s'entend à travailler avec lui.

La tradition d'un orchestre joue-t-elle à votre avis un grand rôle ?

Oui, dans un sens négatif. Car la musique, c'est du moins ce que j'affirme, n'a pas encore été du tout comprise. Je ne veux pas dire par là que je la comprends. Nous sommes passés à côté d'elle, nous avons trouvé refuge dans les notes – mais l'essence, la véritable essence de la musique, nous ne l'avons pas vraiment réalisée.

Nous savons que vous tenez beaucoup à un très grand nombre de répétitions. Lorsque vous avez fait par exemple huit répétitions avec l'Orchestre symphonique du Südfunk, arrive-t-il alors que les proportions pour le concert, c'est-à-dire pour l'exécution, soient réellement établies ?

Non, là aussi votre manière conventionnelle de penser est encore un obstacle. Voyez-vous, le nombre de répétitions dépend de la qualité de l'orchestre. Meilleur est un orchestre, plus de possibilités me sont offertes par chaque individu pour faire quelque chose ensemble. Si cela n'est pas le cas avec un orchestre médiocre – disons par exemple que le flûtiste ne peut jouer que de trois manières au lieu de trois cents –, je n'ai alors pas beaucoup le choix et je ne peux pas perdre beaucoup de temps. Là j'insiste sur le jeu d'ensemble, un peu de *piano*, un peu de *forte* et c'est terminé. Mais s'il peut m'offrir cinq cents possibilités pour rendre ce son – eh bien, laquelle est alors la meilleure parmi ces cinq cents et celle qui s'accorde le mieux avec le basson ? –, c'est alors une question de temps.

C'est cela que vous cherchez pendant les répétitions ?

Non, *moi* je le sais très précisément. Si les gens sont capables de quelque chose, on passera beaucoup de temps. Si les gens ont une limite naturelle, alors la répétition sera très courte. Mais je n'aime justement pas ces répétitions courtes. J'ai choisi à présent les orchestres qui sont susceptibles de jouer d'après mes critères et qui sont aussi susceptibles de se développer sur ce chemin phénoménologique.

Je voudrais vous redemander à nouveau si la répétition se distingue de l'exécution.

Non. En fait, la première répétition se distingue de la deuxième, et ainsi la douzième de la onzième – certes. C'est une approche qui se poursuit vers un point défini. Mais c'est une gradation continue. C'est-à-dire que nous nous approprions tout ce que nous entendons lors de la répétition jusqu'à ce que chacun puisse lui donner forme. Si ce n'est pas le cas, il faut alors continuer à répéter…

… *de sorte qu'un changement ultérieur de votre interprétation pourrait ainsi n'être conditionné que par des acoustiques différentes quand vous faites une tournée de concerts ?*

C'est très juste ce que vous dites. Parce que l'acoustique est un élément constitutif de la forme. C'est pourquoi le disque est l'anéantissement de la musique. Car il ne sera pas écouté dans la même acoustique que celle dans laquelle il a été enregistré. Pour nous est décisif le type d'acoustique qui se trouve là présent. Ainsi le tempo est ce qui découle le plus directement de l'acoustique et dès lors une fonction vivante. Il n'y a pas un seul tempo que vous puissiez emporter avec vous de Berlin à Londres. Si la résonance est courte, vous devez accélérer un peu les tempi, afin que les valeurs ne soient pas séparées les unes des autres et qu'elles entrent encore en contact. Si la résonance est à l'inverse trop longue, alors les valeurs se chevauchent ; elles se font de l'ombre. La queue de l'une percute le début de la suivante et il en résulte une horrible confusion. Vous devez alors un peu ralentir le tempo pour que les valeurs puissent encore être perçues dans leur individualité.

Il y a désormais une chose que je ne comprends plus du tout : que vous continuiez à travailler pour des stations de radio.

Entièrement faux, je ne fais aucun travail de radio. Je fais des concerts.

Mais vous faites…

… que la radio vienne se mettre dans le circuit, je ne peux quand même pas dire non. Car sans cela je devrais mourir ou choisir un autre métier.

Mais vous diriez volontiers non ?

Mais bien entendu, si j'avais de l'argent et si je pouvais payer l'orchestre. Sans radio, bien sûr que cela fonctionnerait sans la radio. Mais de nos jours, on ne peut travailler qu'à la radio, car ce sont les sociétés les plus riches, ce sont elles qui peuvent donner les répétitions. Pour un concert, nous n'avons pas huit répétitions, comme vous dites, mais plutôt douze, voire quatorze en France avec un des meilleurs orchestres, l'Orchestre national de l'ORTF.

Comme vous venez à nouveau de le confirmer, vous êtes un adversaire du disque. Vous-même, ne possédez-vous pas le moindre disque ?

Vous aussi vous en êtes un adversaire, seulement vous ne le savez pas. Vous êtes sourd ! Je ne le suis pas. Vous croyez que vous n'êtes pas sourd, parce que vous pouvez parler avec moi. Vous n'entendez pas du tout de quoi il s'agit. Le microphone renforce certains harmoniques et en annule d'autres. Et d'un point de vue entièrement non musical, cela peut même sonner de façon plus intéressante sur le disque. Que reste-t-il d'authentique sur le disque ?

Mais dans une salle de concert, il y a aussi le fait que chaque place a une acoustique différente, de sorte qu'à des endroits différents on entend de manière entièrement autre.

Insuffisances cubitales de cette manière de faire de la musique !

Oui, mais quel est alors à votre avis la place idéale dans une salle de concert ?

Dans la salle de bains, le matin, chanter d'une joie pure ou, comme la dame n'est pas venue, pleurer en musique. Voilà qui est direct et authentique ! Mais plus personne ne fait ça. Pour cela, il prend un disque et un autre pleure pour lui.

Est-ce que la manière dont Arthur Nikisch[1]*, par exemple, a dirigé ne vous intéresse pas du tout ?*

Bien sûr que cela m'intéresse beaucoup. J'ai même entendu à Londres un enregistrement.

Un enregistrement ! Donc pas un concert.

1. Arthur Nikisch (1855-1922), chef d'orchestre hongrois. Il fut chef permanent de l'Orchestre philharmonique de Berlin de 1895 à sa mort ; Wilhelm Furtwängler lui succéda à son poste.

Je suis trop jeune pour avoir entendu cela.

Vous voyez, c'est toute la question. Comment des jeunes gens doivent-ils aujourd'hui s'informer au sujet de Furtwängler et de Toscanini ?

Pourquoi donc ? Pourquoi dois-je être rassasié par une soif de Furtwängler ? J'ai un besoin de musique en moi et il va de soi qu'il est à satisfaire dans certaines circonstances. Pourquoi donc devriez-vous aujourd'hui tendre vers Nikisch et éprouver de la nostalgie ? Si vous n'avez jamais fumé de cigarette, vous ne pouvez quand même pas dire : je ne peux pas me passer de cigarette. En quoi vous manque Nikisch ? Vous ne vous êtes vous-mêmes pas encore trouvés. Vous êtes en dehors de la musique, que vous soyez le monsieur qui est assis devant moi ou une centaine d'autres journalistes. Vous êtes en dehors de la musique, à commencer par Stuckenschmidt[1], et tous les autres…

A moi, vous ne pouvez pas me le reprocher, parce que je joue aussi très volontiers seul du violon, tout seul, pour moi.

Cela n'y change rien. Vous êtes un symbole.

Bien.

Eh oui, s'il n'en avait pas été ainsi, la musique ne serait pas là où elle en est justement aujourd'hui : dans une médiocrité absolue. Il n'y en a pas un parmi les nouveaux chefs d'orchestre qui ait encore une entente de la musique, ou qui soit capable

1. Hans Heinz Stuckenschmidt (1901-1988), compositeur, historien de la musique et critique musical allemand.

de saisir la différence entre les notes et la musique. Vous êtes tous des chasseurs de notes, or la musique n'a rien à voir avec des notes ! Les notes sont un véhicule qui transporte une substance. Cette substance, c'est la musique. Bien sûr, elle ne peut arriver à rien sans ce véhicule, elle se matérialise à travers ce véhicule. Mais elle n'est pas dans les notes.

Vous vous êtes très souvent expliqué avec des étudiants et vous avez donné de très nombreux cours pour les apprentis chefs d'orchestre. Comment travaillez-vous avec ces jeunes gens ?

Pour commencer, de la manière dont on a aussi travaillé avec moi. Je leur apprends un peu la technique de la battue et ainsi le mouvement qui peut exprimer une phrase. Puis j'étudie avec eux la phénoménologie, l'objectivation du matériau : comment se comportent toutes ces valeurs dans la conscience humaine, sans que celui qui écoute ne veuille rien par rapport à ces valeurs ? Maintenant je veux faire ça, ou là j'aimerais faire quelque chose d'autre. Non – être libre de tout cela ! Comment se comportent-ils, deux sons dans l'espace, qu'est-ce donc que tout cela ? Comment ma conscience peut-elle percevoir cela et l'élaborer au sens musical ? Telles sont les deux branches sur lesquelles je me concentre. C'est ainsi que je travaille avec les étudiants.

Comment pouvez-vous en général établir qu'un jeune musicien a les qualités pour être chef d'orchestre ?

Oui, c'est naturellement difficile et presque impossible à dire aussi vite. Je ne peux au demeurant même pas l'établir, et c'est pourquoi je n'ai jamais dit non à un étudiant. J'ai fait une quantité d'examens d'admission, tout comme on les faisait autrefois, et on établissait si la personne manifeste un intérêt pour la partie scientifique de la musique, donc pour la musicologie. Est-il capable de bien dominer l'harmonie, la fugue, l'analyse formelle, etc., et a-t-il aussi l'instrument pour penser abstraitement ? Certes, ce sont déjà deux angles de vue. Finalement : peut-il corréler deux, trois, cinq ou quinze sons, c'est-à-dire les percevoir dans leur relation les uns avec les autres ? Et cela, on le vérifie quand il joue d'un instrument ou quand il dirige une petite répétition, etc. Et à partir de cette répétition, dans un cours, douze personnes sont alors sélectionnées, qui vont aussi travailler de manière pratique avec l'orchestre une demi-heure par jour.

C'est donc la première fois qu'ils se tiennent devant un orchestre ?

Non. Le plus souvent ce sont des gens qui ont déjà dirigé. Mais il y en a aussi qui n'ont encore jamais dirigé, tout comme moi en 1945.

Que pensez-vous des concours de direction d'orchestre ?

Ils ne valent rien. Absolument rien. C'est la plus grande absurdité. D'abord : les jurés sont absolument incompétents. Car les chefs d'orchestre sont tous des êtes humains qui viennent de l'empirisme. L'un fait comme ceci, l'autre fait comme cela. Avant tout, il n'y a pas de technique de battue, parce que les hommes n'ont pas compris la physiologie du corps et son rapport à la physiologie de la musique. Car le mouvement en musique est physiologiquement conditionné. La musique est une mise en rapport de sons, de masses sonores. Comment peuvent-ils bien juger cela ? J'ai été une seule fois membre d'un jury, et j'ai entendu les idioties qui étaient proférées là. Et finalement, celui qui l'emporte, c'est celui qui dirige avec tempérament, car le tempérament, tout le monde le voit. Mais si le geste a contribué à la musique, pour l'amour de Dieu, qui peut en juger ? Furtwängler n'en aurait pas été capable, car il n'a pas eu de geste du tout. Nikisch n'en aurait pas été capable, car il n'a pas eu non plus de geste. Mais ils avaient une magnifique autorité, d'une tout autre manière…

… mais n'est-ce pas la personnalité qui est finalement décisive, et cela on peut bien l'établir !

Mais que peut bien décider la personnalité ? La compréhension du texte ?

Non, je dirais plutôt que l'autorité est une condition fondamentale pour transmettre une idée à un orchestre.

C'est juste. Mais que transmettent-ils ? Cela, personne ne se l'est demandé. Le caractère ordinaire, trivial, spirituel, etc. Que veulent-ils transmettre ?

Autant que possible, l'idée du compositeur…

… d'où savez-vous quelque chose d'elle ? Le monde a prouvé en cent cinquante ans qu'il ne l'a pas comprise. Le *Siegfried-Idyll* a duré trente minutes sous la baguette de Wagner, sous celle de Bernard Haitink cela dure douze minutes. Ils parlent de la même chose. Tous ont transmis. Même Wagner. Je suppose qu'il en savait plus à ce sujet. Qu'est-ce que c'est que ça ? Un scandale ! Quel scandale était Knappertsbusch ! On a dit de lui qu'il prenait des tempi larges. Ce n'étaient pas des tempi larges, c'était de la non-musique jusqu'à l'extrême. Mais il avait aussi des moments de musique. C'est vrai. Prenez pourtant une symphonie de Haydn. C'est un scandale. Il n'a pas eu la moindre sensibilité pour ce rapport : pression verticale – flux horizontal. C'est cela finalement qui constitue la musique. Furtwängler avait une personnalité extraordinaire, mais quelle part de musique nous a-t-il donc léguée ? Il n'y a pas une seule mesure à reprendre. Mais la musique peut-elle être appréhendée de manière si personnelle ? N'y a-t-il rien ici qui dépasse les hommes ? Ne va-t-elle pas au-delà de ce que vous êtes, de ce que je suis et même de ce qu'est le compositeur ? C'est bien ce que je crois. Car la tristesse dans un andante de Mozart n'est ni la vôtre ni la mienne. Ce n'est même pas non plus la douleur du monde. C'est au-delà.

Mais qui peut alors aujourd'hui réaliser cela ?

Certainement pas les gens sur qui vous avez misé, certainement pas. Ni Mehta ni Maazel, ni comme ils s'appellent tous. Ce qu'ils font est extérieur à toute forme de musique. C'est de la virtuosité avec des notes.

Il ne peut donc plus y avoir que Celibidache.

Pour l'amour de Dieu – je ne parle pas de moi, c'est déjà ainsi que j'ai commencé. Je ne dis pas que j'en suis capable. Je dis seulement que ce que j'entends n'est pas de la musique. C'est vous qui devez me dire si ce que je fais est pour vous de la musique. Quand ce sera le moment. Mais vous n'êtes pas en mesure de le faire, car pour cela, il faudrait que nous vivions ensemble deux ou trois ans, jusqu'à ce que nous passions par-delà les notes. Si c'est faisable, le temps nous l'apprendra. J'ai eu plus de six mille élèves dans cette courte vie, je n'en ai pas eu un qui avait la patience, la simplicité et le fanatisme pour aller vraiment regarder de manière approfondie ce que c'est que tout cela. C'est donc un bilan qui est plutôt négatif.

Vous êtes donc véritablement en train de désespérer en permanence.

Non, pour l'amour de Dieu. Je suis très réaliste ; je ne désespère pas. C'est le monde qui est désormais ainsi. Si c'était moi qui l'avais fait, je serais certainement désespéré. Mais je ne suis pas du tout responsable. Même mon petit monde, je n'arrive pas à mieux l'organiser, que ferais-je donc du grand ?

Quand vous lancez un regard rétrospectif sur votre carrière de chef d'orchestre et si vous deviez à présent recommencer, y a-t-il quelque chose que vous feriez tout autrement ?

Oui, le tout début. Par exemple l'époque berlinoise. Naturellement, à ce moment-là, je savais bien d'une certaine manière, intellectuellement et théoriquement, que la musique n'est pas seulement intensité et feu. Et je savais très bien que tous ces moments qui apportent quelque chose à l'homme sont à transcender. Mais je n'en ai pas été capable. Jusqu'à ce qu'une fois un professeur soit venu à moi et dise : "Tu es un idiot."

Qui était-ce ?

Je ne vous le dirai pas… "Tu es un idiot. J'ai perdu mon temps avec toi." Et qu'est-ce que j'ai fait ? Je suis parti en voyage pour l'Amérique et le monde entier parlait des succès extraordinaires du jeune Celibidache. Je flairais en un sens que c'était lui qui avait raison et non les autres. Car on m'a pour ainsi dire offert la couronne de Toscanini quand j'étais à Berlin en 1949. J'ai dit non. A l'époque ce choc n'était pas encore arrivé, il se produisit seulement en 1952. Et en raison de cet homme, j'ai perdu tout ce que j'avais et je ne me considérais pourtant pas comme pauvre. Il m'a dit : "Recommence avec de toutes petites formes." Que voulait-il dire ? C'est un sentiment qu'en philosophie on nomme le "devenir conscient", à la différence de la "conscience" : non pas saisir, mais plutôt devenir constamment conscient et à chaque instant savoir où l'on se trouve. Le *do* dièse, il faut que je le perçoive en relation avec la succession et la combinaison des intervalles qui ont conduit au *do* dièse, car ils sont contenus dans ce *do* dièse. Et ainsi, même le futur de ce *do* dièse est compris en lui. Je dois donc percevoir dans le passé et dans le futur. Mais où ? Dans la simultanéité ! C'est ce qui s'appelle devenir conscient et non pas chercher à saisir la conscience.

A cette époque, pendant cette crise, pouviez-vous encore vraiment diriger ?

Oui, bien sûr – diriger j'en étais parfaitement capable. Mais naturellement pas en ce sens. A ce moment-là, je me suis occupé de toutes petites formes, notamment la *Tafelmusik* de Telemann. Toute mon attention était dirigée sur le fait de ressentir la forme en général à partir de l'individuel. Après deux années, j'ai alors réinvité mon professeur et il a dit : "Oui, maintenant je vois déjà que tu y es attentif. Ça finira bien par venir." Plus tard, j'ai dirigé à l'Opéra national. Il y était à nouveau et a dit : "Oui, je savais que tu y parviendrais." Voilà ce qui s'est passé.

Je crois que c'était Heinz Tiessen. Nous n'avons pas besoin de faire de mystère là-dessus. C'est un homme qui vous tient vraiment très à cœur. Entre autres choses, vous avez dirigé un concert pour son soixante-dixième anniversaire au Titania-Palast *le 7 octobre 1957 avec l'Orchestre symphonique de la Radio de Berlin.*

Oui, c'est vrai.

Pouvez-vous dire encore quelque chose de votre travail avec Heinz Tiessen ? Avez-vous également admiré chez lui ses compositions ?

Oui, bien entendu. C'était un tel cavalier seul et un homme très modeste, mais d'une spiritualité très élevée. De lui, il y a plusieurs choses dont – j'aimerais le dire très directement – j'ai hérité. Ainsi, d'abord tout-garder-pour-soi, bien que cela n'aille pas du tout avec ma manière et mon esprit combatif. De lui, j'ai appris à renoncer à tout ce qui n'est pas à ma portée.

Vous aviez des cours de composition avec lui ?

Oui.

Et la direction vous l'avez à l'époque également apprise de lui ?

Non, pas du tout. Cela, je l'ai appris de Walter Gmeindl, mais uniquement la théorie. Pendant la guerre nous n'avions pas d'orchestre, nous devions analyser des partitions et pourtant en savoir beaucoup sur la technique de l'époque : la manière dont l'attitude technique de notre époque juge ces œuvres et les démonte – ce qui pour le sens musical, pour le sens phénoménologique n'a pas la moindre signification. Nous avons tous étudié l'harmonie, le contrepoint, mais personne ne nous a dit comment la masse sonore se développe ni ce que fait la tension quand je passe d'un *sol* majeur à un *ré* majeur.

En 1945 vous êtes devenu chef principal de l'Orchestre philharmonique de Berlin. Comment cela est-il arrivé ?

Eh bien, voilà comment cela s'est passé : Leo Borchard est mort et je fus invité par l'Orchestre à diriger un concert à l'extérieur, à Zehlendorf.

Vous n'aviez jamais dirigé auparavant ?

Non, mais – en fait si. J'avais un peu dirigé comme ça à l'école, mais pas un orchestre. Les Philharmoniker m'ont donné un concert à Zehlendorf et après ce concert est restée une bonne impression. Je crois aussi que le principal était que les Allemands qui avaient un nom et qui étaient probablement bien plus qualifiés que moi étaient à l'époque compromis politiquement. Or moi politiquement j'étais vierge. C'est donc ainsi qu'ils m'ont choisi et fait confirmer par les Américains. Ensuite je suis resté à Berlin jusqu'en 1952.

Après vous vouliez sans aucun doute devenir le successeur de Wilhelm Furtwängler. Vous ne l'avez pas été…

… il n'est absolument pas vrai que je voulais cela. Je ne voulais pas devenir le successeur de Furtwängler. Personne ne peut être le successeur de Furtwängler. Puis quand survint ce problème, on m'a alors fait tellement de mal à Berlin que je ne serais vraiment pas resté. C'est aussi ce qui m'a sauvé. Car les Berlinois se sont battus contre moi pour des raisons très diverses. Et je n'ai pas non plus encaissé tranquillement, mais j'ai frappé en retour. Il n'aurait pas non plus été bon que je reste.

Ayant eu accès à la presse de l'époque, je ne peux pas confirmer ce que vous dites. On a critiqué certaines choses précises chez vous...

Laissez..., laissez cela... Ils n'ont vraiment rien compris à moi.

C'est possible, mais on vous a aussi beaucoup aimé à Berlin et plus tard encore vraiment...

... mais pas la presse ni le Sénat, ni je ne sais quelles autorités. D'une certaine façon ils ont vu [en moi] quelqu'un qui voulait se donner de grands airs, mais ce n'était pas du tout le cas. Car j'ai lutté comme un fou pour que Furtwängler soit dénazifié. C'était pour moi une fierté de lui dire : "*Herr Doktor*, voilà, c'est votre orchestre." Jamais je n'ai eu l'intention d'entrer en concurrence avec lui, jamais de la vie. S'il avait été un homme honnête, les choses en seraient aujourd'hui encore là. Je lui ai dit : "*Herr Doktor*, que voulez-vous faire ?" Mais à moi il disait une chose et au Sénat tout autre chose. Il y eut ainsi des frictions, ce qui m'arrivait le contrariait et il a commencé à dire du mal de moi. En 1952, je me suis résolu à vraiment laisser tout cela en plan et à aller voir ailleurs comment avancer. Je suis alors parti pour Londres et pour l'Italie. Mais vous dites que les Berlinois m'ont aimé – c'est juste. Et vous n'êtes peut-être pas au courant : je ne suis pas un Allemand, mais un Berlinois. Aujourd'hui encore, je lutte misérablement pour mon visa. Pour chaque nouvelle visite en Europe ou dans un autre Etat, je dois faire une demande quatre semaines à l'avance, parce que j'ai un passeport berlinois. Et je continue de lutter avec ce passeport berlinois. C'est pourtant un jeu d'enfant de devenir français en vingt-quatre heures, américain en une heure, ou allemand. Non – je reste berlinois ! Même si c'est si difficile pour moi de demander tous les deux ans auprès de l'administration berlinoise si j'ai encore le droit d'avoir un passeport berlinois. Et j'ai de la chance d'y être autorisé. Je suis très proche de Berlin. J'aime les Berlinois. Je les ai vus dans la détresse et je ne peux pas me représenter de meilleur type d'hommes. Pendant la guerre, ils ont partagé leur dernier morceau de pain avec moi. C'est vraiment exceptionnel. Car qu'étais-je en 1944 ? Un sale Roumain, et cependant, à un moment où il s'agissait de vie et de mort, ils m'ont abrité, nourri et lavé. Bien sûr, il n'y a pas que des hommes de cette espèce à Berlin, il y en a aussi d'autres. Il y a aussi ceux qui sont nouvellement devenus berlinois et qui, lorsque fut inaugurée la Philharmonie, m'ont envoyé une invitation imprimée avec un mandat-carte pour obtenir une place à l'ouverture de la Philharmonie. Ce sont aussi des Berlinois, voyez-vous. Mais je ne veux rien savoir de ceux-ci. Et si aujourd'hui je ne dirige pas à Berlin, c'est tout simplement pour cette unique raison. Je n'ai plus le temps de diriger des concerts libres. J'ai même dirigé le Philharmonique de Vienne. Un orchestre médiocre ; je ne peux rien faire avec eux. Ils sont un *mezzoforte*. Ils ne comprennent rien à ce qu'est la structure, ce qu'est l'ordre naturel des instruments, comment est le son. Et ils ne s'y intéressent d'ailleurs même pas. Imaginez ceci : c'est un orchestre où, dans une symphonie de Mozart, des coupures sont légalisées pour tous les temps – chez Mozart ! Vous imaginez ! Et un orchestre de ce genre fait vingt symphonies de Mozart avec un grand chef, sans que celui-ci ait une seule fois ouvert la bouche. Voilà ce qu'est aujourd'hui de la musique pour vous – pas pour moi. Je n'ai pas le temps de m'occuper d'un orchestre de cette façon. Là où je vais, je fais deux périodes dans l'année, sans être directeur général de la musique : trois semaines à l'automne, trois semaines au printemps. Ainsi je peux d'une certaine manière être au courant de l'évolution de l'orchestre et faire beaucoup pour cela. De concerts uniques, je n'en donne également nulle part.

En dehors de l'Orchestre symphonique du Südfunk, êtes-vous lié avec d'autres orchestres ?

Oui, je travaille surtout avec l'Orchestre national de l'ORTF à Paris et avec celui de Stuttgart. Et je dois dire que, dans les deux cas, on observe une évolution tellement prodigieuse. Cela fait franchement peur.

Pourquoi cela fait-il peur ?

Parce que j'avais déjà pris mon parti de cette indifférence de l'époque, de cette médiocrité et de l'ignorance dans tous les domaines. Comment peut-on encore faire de la si belle musique à Stuttgart ? Là, je dois revoir à nouveau tout mon credo. Donc à soixante-deux ans, cela fait effectivement peur.

Cela tient-il seulement à l'orchestre ou également au public ?

Non, le public n'a absolument rien à dire à ce sujet. Cela tient à un type d'hommes qui s'est maintenu,

Dieu sait comment, en bonne santé. Pourquoi – cela n'est pour moi pas très clair. La capacité d'enthousiasme, le respect, le ton dans le travail – pourtant je ne leur fais pas de cadeau ! Nous avons lu – je crois –, dans [les journaux de] quatre villes, qu'ils n'avaient jamais entendu la *Quatrième Symphonie* de Brahms ainsi. Et je dois dire que je pense aussi cela : non pas parce que je l'ai dirigée, mais parce que c'est ainsi qu'elle fut réalisée par l'orchestre.

Il est vraiment intéressant que vous ayez fait autrefois beaucoup de musique contemporaine…

… aujourd'hui encore !…

… *mais vos trois programmes à Stuttgart comprennent…*

… c'est un orchestre tout nouveau. Il faut d'abord que vous leur fassiez prendre connaissance de différents problèmes de style : quelle est la différence entre Brahms et Schumann, entre Tchaïkovski et Moussorgski ? Il nous faut absorber tout cela. Si nous assimilons tout cela et que tout est acquis, nous deviendrons bien entendu modernes aussi. Mais réfléchissez un peu : je fais beaucoup de musique moderne en France, parce qu'il y a là-bas un peu plus de répétitions qu'ici. Comment pourrions-nous faire dès maintenant un morceau très compliqué – disons un morceau du très bon compositeur danois Per Nørgård ? Pour un tel "intrus", avec la technique que nous avons pour le moment, nous ne sommes pas encore au point. La musique moderne est beaucoup plus difficile. Schönberg, par exemple, un orchestre traditionnel peut à peine le jouer. Il y a dans cette musique une tout autre technique, une tout autre planéité et d'autres proportions dans le relief. Assimiler cela est une question de temps. Nous avons un rôle culturel à jouer à Stuttgart et à être également au service de la province. C'est un orchestre de radio. S'il donne un concert public, il faut que ce soit également joué dans d'autres villes. Il ne reste ainsi guère de temps pour étudier une symphonie de Dutilleux par exemple. C'est une question de temps, d'argent et de maturité de l'orchestre.

Lorsque vous regardez une partition contemporaine, est-ce qu'elle se convertit pour vous aussitôt en son – ou comment travaillez-vous cela ?

Au début, je comprends tout autant que vous, c'est-à-dire : rien. Je la lis une fois entièrement et n'en retiens aucune impression. Alors je laisse la partition reposer un jour, je la relis, peut-être avec le même résultat : aucune impression. A la troisième fois, quelque chose commence peut-être à se distinguer. Ah, oui ! Ce thème, je l'ai déjà vu une fois. Le chemin pour identifier une partition va du général vers le particulier et non inversement : du détail vers le général. D'abord, donc : comment se font les grandes articulations ? La première se constitue d'autres – sept petites – articulations. Bien. Maintenant, comment se font les rapports entre ces articulations, etc., etc. Cela continue ainsi jusqu'aux notes individuelles.

Ainsi, lorsque vous commencez à travailler avec l'orchestre, vous n'avez plus besoin de la partition ?

Non, plus du tout ; seulement s'il y a des solistes. Les solistes peuvent sauter, et on nage alors dans l'air. Cela m'est déjà arrivé plusieurs fois.

8

SUR LA MUSIQUE
ET LA VIE MUSICALE AUJOURD'HUI

Comment estimez-vous, professeur Celibidache, la situation actuelle de la musique dans le monde et en Allemagne ?

Avant de monter à bord, j'aimerais savoir si vous, mes humains qui êtes proches de moi, des amateurs jusqu'aux musicologues, vous voulez prendre le même train de nuit et si vous voulez emporter pour ce voyage la même conception dynamique de la musique que moi ; car le nouvel éclairage des vieux paysages et l'obscurcissement des nouvelles forêts en matière plastique en dépendent partiellement.

Qu'entendez-vous par une conception dynamique de la musique ?

Oui, comment peut-on commencer par la fin ? Pour aller à Munich, on ne passe pas par Munich ! Je pourrais plus facilement vous montrer ce qui *n'est pas* une conception dynamique de la musique – donc, une conception statique –, ce que la musique *n'est pas.*

Qu'est-ce que la musique ?

Est-ce qu'un morceau de musique pop est de la musique ? Ce qui se passe à l'opéra et ce qui se joue au cabaret, est-ce de la musique ? Est-ce aussi de la musique, le fredonnement de Grodeck le matin au rasage, les lamentations d'une pleureuse, et *Lili Marleen* aussi ? Est-ce qu'une symphonie de Mozart est de la musique ? Même quand elle est dirigée par Frühbeck[1] ? Pour mes vieux compagnons de voyage Handschin[2] et Pfrogner[3], qui ont toujours pris une autre route, c'est le cas : puisque le siège vital de la musique se trouve, paraît-il, dans l'homme, c'est apparemment d'abord aux hommes que nous avons affaire. Est-ce l'ordre des sons *[Tonordnung]* prédisposé en l'homme, rencontrant *[erfährt]* des correspondances dans le corps propre animé *[Seelenleib]*, qui nous conduit à la différence décisive ? Y a-t-il une différence ? Y a-t-il un besoin d'exprimer ce qui cause des résonances dans le corps propre animé ? Peu importe qu'est-ce qui exprime quoi, comment, et où – déjà de la musique ? Ou bien la musique devient-elle seulement lorsque les impulsions *[Regungen]* venant d'en bas où d'ailleurs – fussent-elles dans des interrelations aussi sphérico-harmoniques qu'on voudra – sont ordonnées, réfléchies et formées en un devenir unique *[einmaligen Werdegang]* par l'esprit ?

Oui, qu'est-ce que la musique ? D'abord la musique n'est rien – il n'y a pas la musique comme forme directe, durable, existante, étant dans le monde – comme il y a des humains, des partitions ou des violons : elle devient. Elle doit être amenée à surgir, sans jamais pouvoir prendre une

1. Rafael Frühbeck de Burgos (né en 1933), chef d'orchestre espagnol.
2. Jacques Samuel Handschin (1886-1955), musicologue suisse.
3. Hermann Pfrogner (1911-1988), juriste et musicologue autrichien.

forme statique, existante en tant que disponible *[vorhanden]* dans le monde matériel.

Mais il existe la Cinquième *de Beethoven !*

Non, elle n'existe pas ! Elle n'existe nulle part. Elle surgit ou elle ne surgit pas. Chaque fois de nouveau, à neuf, chaque fois une nouvelle fois. A la Bibliothèque nationale ou dans la brochure de programme, elle ne sonne pas encore. Mais il est tout aussi faux d'affirmer que la musique devient quelque chose. Quelque chose devient musique ! Et ce quelque chose est le mouvement, mis en forme et conduit par l'esprit, d'une masse sonore, mouvement qui a des possibilités propres, ancrées dans l'homme, et des exigences spécifiques.

Pfrogner le modéré pense après une recherche approfondie que sa supposition – selon laquelle c'est à partir de la musique que surgissent les sons et ce n'est pas à partir des sons que surgit la musique – allait provoquer de l'étonnement. De l'étonnement ? Non : de la consternation ! Ce penseur de haut niveau déplace la différence si bas au-dessous de l'horizon qu'il ne la voit plus.

Il y a tel phénomène qui exprime les mouvements des sentiments ; qui utilise des sons appartenant à un système de sons ; qui a toujours comme origine des impulsions de l'âme relatives au moi – et qui pourtant s'active tout à fait en dehors de la fertilisation donatrice de sens de l'esprit. De ce quelque chose surgissent des sons, des lignes, des harmonies en mouvement, des formes, des surfaces, des volumes, etc., qui sont réfléchis en l'homme et qui touchent l'homme – mais pas de la musique. Certes, pour pouvoir surgir, la musique a d'abord besoin de toutes ces expressions sensibles. Mais la présence, l'entrée dans la manifestation

[In-Erscheinung-Treten] de tous ces éléments n'est pas encore une garantie pour la musique : pour que la musique puisse surgir, les éléments matériels *[stofflich]* sont [seulement] une condition inexorable *[sic]*. Dans les deux cas ce sont des humains, des corps propres d'une sorte plus ou moins éthérée. Des systèmes de sons de modèles sphérico-harmoniques vivant à l'intérieur de l'homme, de mouvements vifs des sentiments, etc. Ce qui reste déterminant, c'est le spirituel *[das Geistige]*. C'est par l'esprit que le mouvement physique, physiologique, psychique devient musique. Par l'esprit et sa capacité étendue de coordination et de potentialisation, les matériaux audibles, dans leurs formes directes ou projetées, sont sublimés en un vécu supérieur. Et comment cela ?

Par le fait que l'on transcende toutes les impressions qu'on a perçues et qu'on s'est appropriées. Et c'est ce que font les humains, et quelques-uns même le savent. Que veut dire Ernst Kurth[1] lorsqu'il parle, à propos du vécu d'une mélodie, de l'audition vers l'arrière et vers l'avant *[Zurück- und Vorwärtshören]*, comme si les sons évanouis et à venir étaient d'un seul coup présents avec celui qui sonne à l'instant ? La forme la plus simple du transcender ! Mais il n'y a pas que cela que nous n'ayons pas compris. Kant pense que la musique est *le jeu des sensations*[2]. Et cette pilule somnifère, enceinte d'autorité, a mis fin à bon nombre de longues nuits.

Le mouvement du son *[Klang]*, s'il est une liaison entre des successions de sons *[Tonfolgen]*, déploiement de la cinétique sonore et intériorité humaine, peut avoir et a comme conséquence un jeu des sensations : il s'en faut de loin que ce soit de la

1. Ernst Kurth (1886-1946), musicologue suisse.
2. Cf. Kant, *Critique de la faculté de juger*, § 51.

musique. Gilbert Bécaud[1] procure des sensations et aussi Karl Böhm[2], celles-ci fussent-elles moins fines. Pourquoi la *Quatrième* de Brahms à New York sous Boulez était-elle un scandale ? Est-ce que la musique peut être cela également ? Et si ce n'était pas de la musique, qu'est-ce donc qui manquait ? Ce moi, qui pénètre dans le temps en se créant à chaque instant de nouveau *[was sich in die Zeit, in jedem Augenblick neu hineinschafft]*, ne pouvait-il rendre aucun compte sur trop vite, trop lent, trop fin, trop fort, trop stupide, trop vide ou au contraire, et disposer autrement ? Car du reste, tout ce qui pour vous, professeur Handschin, constitue l'essence de la musique, à commencer par le moi, tous les corps propres invisibles et tous les autres, jusqu'à l'intercorrespondance entre l'harmonie des sphères micro- et macrocosmiques, tout y était.

Et encore une fois : bien que la musique ne puisse surgir sans les impulsions vibrant en l'homme, qui vivent dans le sonore, elle n'a affaire qu'indirectement aux sensations et aux événements sonores. L'apparition, le phénomène, n'est pas ce qui apparaît. Les sensations sonores, qui ont une fonction manifestante *[kundgebende]*, sont des expressions *[Äußerungen]* qui signifient quelque chose, qui attestent de quelque chose, qui transmettent quelque chose – qui n'a rien à voir avec leur forme d'apparition dans le monde, comme objet. Ce sont d'abord des porteurs, ce sont des véhicules, ce ne sont pas encore des unités donatrices de sens. Ce n'est que par l'acte donateur de sens de la transcendance spirituelle qu'ils deviennent noèmes, [c'est-à-dire] unités de sens constituées au sein des perceptions.

1. Gilbert Bécaud (1927-2001), chanteur-compositeur, pianiste et acteur français.
2. Karl Böhm (1894-1981), chef d'orchestre autrichien.

La musique n'a pas davantage affaire au signe "son" (pris comme expression ou comme indice *[Anzeichen]*) que le vécu spirituel n'a affaire aux concepts médiateurs ou indicateurs de la pensée ou symboles matérialisants du langage. L'essence de cette révélation : *"Über allen Gipfeln ist Ruh"* ["Sur tous les sommets est le calme"][1] n'a rien à faire avec *calme*, *sur*, *être* ou *sommet* en tant qu'entités isolées, non orientées *[ungerichtete]*, ni même avec leur mise en ordre évolutive sémantique grâce à laquelle elles assurent un acheminement univoque. On ne parvient au vécu proprement dit que si l'on reconnaît tous les composants agissant ensemble dans leur entrelacement interne singulier et qu'on les transcende.

A la pensée appartiennent les symboles, les concepts polyvalents. Représentations, comme le sait peut-être Chomsky[2], de séries différentes, dont chacune obéit à une légalité élastique propre, auxquelles il est permis de prendre des directions divergentes et qui peuvent en diverses circonstances rencontrer des points d'intersection communs avec d'autres séries. – Dans le langage musical, les mots, les phonèmes *[Laute]* appartiennent pour commencer à un système de son unifié, qui n'est rien d'autre qu'un faisceau d'épiphénomènes qui se présentent *[eintretenden]*, un gabarit *[Schablone]* de rapports de masses orientés, qui se forment sur le chemin de la disparition, de l'évanouissement *[Ausklingen]* du phénomène principal, du son à vibration égale. Dans les deux cas, il y a une coappartenance *[Zusammengehörigkeit]* primaire du matériau ; mais de surcroît une fonction

1. Voir note 1, p. 158.
2. Noam Chomsky (né en 1928), linguiste et philosophe américain.

corrélatrice décisive de la conscience qui perçoit. Ceux parmi nous qui ont expérimenté qu'en Autriche aussi il y a des sacs à patates sonores n'ont pas fait cette expérience, chers professeurs, dans le corps éthéré. Et si la musique est en l'homme, pourquoi Böhm avec toute sa patience ne l'a-t-il pas encore trouvée ? Cherche-t-il au mauvais endroit ? Ou est-ce qu'après tout, peut-être, chercher est l'affaire de l'intellect, alors que trouver est le monopole de l'esprit ? Non ! La musique est aussi peu contenue en l'homme que l'esprit dans les mouvements invisibles de la physiologie corporelle, à l'intérieur du yogi qui médite. Les mouvements sont là : sans eux il ne pourrait, il ne parviendrait pas à la méditation. En méditant *[beim Meditieren]* il les transcende. En faisant de la musique *[beim Musizieren]* on transcende la table d'harmonie[1], le corps éthéré et toutes ses correspondances.

Que veut dire Steiner[2] dans sa définition, qualifiée par lui-même de négative : … *ce qu'on entend n'est jamais musical…* (donc, la musique, ce n'est pas les sons que vous entendez), *ce que, sans l'entendre, vous vivez entre les sons, c'est cela en réalité la musique !* Donc, elle n'est ni les sons, ni dans les sons ! *"Elle est entre les sons."* Où cela, entre ? Car "entre" est une autre *ubication*, localisation ! Non, elle n'est pas non plus entre, car *"entre"*, tout comme *au-dessus*, *à côté* ou *dans*, appartient à l'audible, à l'expression sensible. Et si la musique – toujours selon Steiner – doit être ce qu'il y a de spirituel dans l'affaire, et si le spirituel doit se produire hors temps, alors la définition n'est pas négative, elle est seulement, quoique vécue et

1. Socle résonnant du violon en lutherie.
2. Rudolf Steiner (1861-1925), philosophe et auteur ésotérique autrichien, fondateur de l'anthroposophie.

entendue avec justesse, formulée de façon malheureuse. La musique n'est pas dans les sons, elle n'est pas entre les sons : elle n'est nulle part ! Hors temps. Elle devient dans la transcendance. Elle devient si l'on transcende les expressions sensibles, ses indispensables porteurs.

En quel sens entendez-vous "transcender" ?

Oui, je sais, transcender, cela sonne si exigeant, si ésotérique, et c'est pour la plupart des hommes un mot abstrait, pour lequel ils ne savent se créer aucune intuition directe. Alors que l'homme transcende sans cesse. A commencer par l'exposé cohérent lors de l'exégèse et de la démonstration, et jusqu'au fait de se vider soi-même lors des exercices de concentration de celui qui cherche la liberté. On transcende les détails d'un livre trop long, après qu'on les a tous connus et assimilés, lorsqu'on en est venu au constat – qu'il est trop long. On s'éloigne de la richesse envoûtante des particularités d'un temple grec, pour transcender, si l'on veut expérimenter quelque chose du sens du tout.

Comment transcende-t-on des sensations sonores ?

En ne restant pas à l'appréhension *[Aufnahme]* des sensations sonores singulières, en écoutant de manière éveillée au-delà de la sensation sonore singulière, en cultivant la perception dans la simultanéité, en ne ressentant pas le "maintenant" comme une limite morte entre ce qui était et ce qui sera, mais en le vivant comme un devenir unifiant, dans lequel le passé devient sans cesse avenir.

Peut-être les adeptes de Steiner comprennent-ils maintenant autrement ce qu'il voulait dire lorsqu'il disait si radicalement : "Au moment où le son est terminé, le musical a cessé." Car sinon, si l'on prenait le son comme un phénomène sans passé et sans avenir, agissant en soi et pour soi, la musique, qui a besoin de tant de sons, devrait cesser si souvent et si souvent recommencer qu'il n'y aurait plus de temps pour écouter, à moins que quelque chose de tel ne soit même pas nécessaire…

Nous disions que les sons sont des véhicules qui indiquent et amènent à quelque chose. Ils peuvent promouvoir, ils peuvent aider au surgissement de quelque chose, qui n'est pas saisissable en une formule conceptuelle présentifiante. Pour le voyant qui opère des corrélations : l'essence d'un tel moyen de transport n'est pas le mouvement, qui est aussi un assujettissement de la statique, mais la fonction qui produit de la continuité dans la simultanéité. Mais il fait tant de phases intermédiaires, qui sont nécessaires et indispensables, et de tant de façons il transforme Cologne en Hambourg. On continue à faire à Hambourg ce qu'on ne pouvait pas continuer à faire à Cologne. Qu'est-ce qui a changé ? Un aspect extérieur ! Qu'est-ce qui est resté identique ? La possibilité prolongatrice de l'idée agissante de continuer à faire quelque chose. Mais maintenant voici une différence essentielle : dans la musique on ne transcende pas le son pour arriver à quelque chose d'autre, de différent, à une beauté sonore supérieure. Musicalement, je ne quitte *pas* Hambourg pour arriver à Cologne, *ré* majeur pour arriver à *mi* mineur. Si je perçois le commencement, le chemin vers le point culminant et la fin à chaque instant de la progression évolutive, alors seulement je puis parvenir au vécu du devenir *[Werdegang]* entier. Et cela n'est possible que dans la totalité. Dans chaque son musical est contenu potentiellement ce qui le précède, ainsi que ce qu'il va devenir. Dans chaque son est présente l'essence du tout, que ce soit avant ou après la réduction phénoménologique. Ce n'est qu'en transcendant le son, en le quittant d'une certaine manière (après l'avoir perçu et se l'être approprié), qu'on peut vivre sa fonction formatrice *[gestaltende]*, et sa fonction est : d'agir maintenant, ici, et à cette distance du commencement, maintenant, ici et si tôt ou si tard, avant ou après le point d'expansion maximale, maintenant, ici et si proche de la fin. A chaque instant de l'évolution musicale, l'esprit appréhendant dans la corrélation est là tout en étant partout sur la ligne qui devient. C'est cela la simultanéité. Cela n'est possible que si l'on rend sans cesse présent un passé qui devient continuellement avenir. La linéarité propre à l'essence de la conscience, en tant qu'elle est toujours conscience de quelque chose, ne peut pas le saisir : c'est le monopole exclusif du pur devenir-conscient, prérogative de l'esprit seul.

Mozart et Bach se sont servis des sensations de leur monde, des sons, du langage sonore, de l'écriture, des conventions, du style, etc., qui étaient assurément conditionnés par le temps et l'espace. Comment se fait-il que quelques-uns d'entre nous les prennent pour intemporels et, en ce sens, les plus modernes ? Si l'on en vient à cela, c'est uniquement parce que ce qui est exprimé transcende l'expression. La musique de Bach – si elle surgit – n'a rien à faire avec l'époque de Bach ; elle surgit hors du temps. Elle est atemporelle. Elle n'a rien à faire avec le temps. Mais elle aura éternellement à faire avec l'homme. Mais les hommes du temps de Bach comme les hommes d'aujourd'hui avaient et ont besoin de sensations afin de pouvoir les transcender.

Est-ce que les maîtres pensaient ainsi à l'époque ?

Non, peut-être pas. Ce qui importe, c'est qu'ils ont fait ainsi.

Et les créateurs d'aujourd'hui ?

Qu'y a-t-il à dire de la création soi-disant créatrice d'aujourd'hui ? (Ou disons plutôt : qu'y a-t-il à en penser, car en dire quelque chose, c'est ce que n'ose assurément pas tout le monde.) Alors que tout, mais absolument tout vit du son *[Klang]*, vers le son, à cause du son, dans le son ? Que peut transmettre un son qui est devenu fin en soi ? Pas même soi-même pendant bien longtemps, car bientôt se fait sentir, même pour le besoin kaléidoscopique, et se renouvelant de soi-même, de l'enfant, le désir de quelque chose d'autre, de nouveau. Le développement d'un événement sonore *[Klanggeschehen]* fondé sur le principe cinétique de la nouveauté, de l'originalité, de la surprise argutieuse de la volonté éternellement proliférante d'*épater le bourgeois*[1], ne peut être qu'une association dans la successivité, une suite d'effleurements des sens aisément abordables.

Si la musique jusqu'à présent n'a surgi que de la dialectique intérieure d'un contraste pluraliste de plusieurs entités *[Gebilde]* humaines, la somme des impressions *[Eindrücke]* juxtaposées n'est rien d'autre qu'une chaîne sans direction d'impressions sonores *[Klangimpressionen]* arbitraires. Pour le dire d'une façon un peu plus imagée : huit est la somme de cette chaîne : 2 + 2 + 2 + 2. Mais le même huit est le résultat du mouvement interne d'une action concentrique, à savoir 2^3. Dans ce cas, huit n'est pas issu de l'addition des parties isolées séparées,

1. En français dans le texte.

mais résulte d'une force unifiée, génétique, tournoyant sur elle-même. A quelle vitesse, combien de temps et de quelle façon ce deux doit-il se mouvoir, tournoyer, pour devenir un huit ? Chaque point de ce développement marque sans cesse et simultanément son origine et sa destination. Il n'en va pas ainsi pour les membres disloqués de la première chaîne. Ceci illustre symboliquement comment surgit la musique : à partir des mouvements internes qui sont temporellement et spatialement articulés dans une incessante continuité, et qui articulent le temps et l'espace dans l'esprit. Et ainsi, en empruntant le chemin des magiciens actuels, qui veulent vivifier par la nouveauté des impressions, l'assoiffé de son d'aujourd'hui en vient à cette idée unique de coller des microphones sur le gong vibrant, sur les roues du tramway et leurs appâts musicaux, et de cette façon est assuré l'enrichissement du capital expressif humain, et ainsi la création contemporaine devient, entre autres, impersonnelle [*ichlos*, litt. "dépourvue de moi"], cosmique, clignotante en bleu et, naturellement, asservie à "jouer un son". Nous devrions être reconnaissants envers ceux qui, par le dévouement social le plus pur et le plus noble, ont également pris soin de ceux qui n'ont rien à dire, et se sont appliqués à compléter un vocabulaire si universel. Comme si l'on ne pouvait pas faire aussi du vent avec les feuilles du *Grand Larousse* !

Comment une telle conception de la musique se situe-t-elle par rapport à la pratique actuelle des concerts ?

Mal ! L'estrade de concert en est restée au jeu des sensations, et le jeu des sensations, à l'estrade de concert. Sauf rares exceptions, on offre ce qui est demandé, parce que ce qui est demandé est offert. Malgré la pleine et hermétique force aspirante de cette loi à double sens de la politique économique, il existe encore des hommes qui sont capables de vivre et de représenter *[darstellen]* une fin en fonction du commencement. Mais ceux-ci ne sont pas la moelle de l'actuel marché des concerts : mesurées à l'aune de leurs effets, ce sont de petites veinules périphériques. Les circuits sanguins importants de l'*hybris* publique actuelle sont remplis d'autres substances qui ont besoin de mouvement, et il n'est pas étonnant, en vertu de la viscosité de ce qui est transporté, que les engorgements et les constipations restent la caractéristique la plus marquante de l'activité publique.

Si ce qui est fait aujourd'hui n'est pas de la musique, qu'est-ce donc ?

Cela peut être tant de choses ! Cela peut être admiration, née des complexes d'infériorité, pour les acrobaties, cela peut être fertilisation à sens unique de la part de la personnalité supérieure. Un viol à distance sur victime consentante, des paysages romantiques pour myopes, des rêves sonores d'aquarelle pour le quotidien sourd-muet, et, n'oublions pas, une opportunité presque spirituelle, bienvenue, pour pouvoir s'affirmer soi-même en fredonnant aussi quelque chose avec les autres et en prenant part ainsi à sa mise en forme. Et enfin, qu'est-ce que tout cela ne pourrait pas être encore, si Mme Sensiblard se laissait aller un peu plus ! Les propriétés magiques de l'estrade de concert face à la salle bariolée font partie intégrante de notre monde. Bien qu'avec l'éloignement le contraire doive se produire, l'étrange perspective manifeste une tendance à l'agrandissement. Cet "être seul" romantique, cet "être sans l'appui de personne" devant les yeux et les ciseaux nombreux, on l'admire, et s'il se présente dans une modestie naturelle, mélange de calvitie et de timidité, on lui témoigne même une pitié complaisante. Le véritable solitaire, qui serait à admirer et à plaindre, est assis de l'autre côté, parmi les nombreux pourvoyeurs d'applaudissements, dont il ne parvient pas à partager l'enthousiasme. Le feu croisé concentrique des toxicomanes des sensations transforme même n'importe quelle poire docile en tête d'artiste. Qu'est-ce qui ne pourrait pas pousser sur le sol fertile de la scène ? Naturellement, celle-ci a aussi sa limite : quand quelqu'un ressemble à un parasol déraciné, elle ne peut y remédier qu'à l'aide de nouveaux ingrédients. Puisque l'amateur de musique, en savourant de la musique, ne peut pas se fier exclusivement à l'écoute, il regarde, il goûte, il prend et touche tout ce qui est encore possible à cette distance. Pour un tel besoin, qui renaît toujours de nouveau de ses propres cendres, les impressions, les sensations ne seront jamais insuffisantes. Dans ce riche bariolage, chacun assurément trouve aussi la couleur propre assortie, longuement désirée. On se demande seulement comment, avec cette étonnante variabilité, la musique peut n'être pas un délice pour tous.

Mais ce jeu de sensations ne mène-t-il pas aussi à son terme naturel ?

C'est le cas pour certains – il y a aussi, comme on sait, des salles vides. Mais ce jeu, combiné à celui des sensations auditives, se procure parfois une véritable immortalité *[Unvergänglichkeit]* à la

IG Farben[1]. Il y a par ailleurs tant d'autres moyens d'intensification : comme par exemple la disposition spirituelle de la naissance des cheveux, l'ébahissante réincarnation de la tête de Beethoven chez une hypothétique dame[2], le pathos brûlant d'une gestique qui embrasse tout, le *vibrato* électrique surhumain, l'irréfutable génialité du tailleur, la mémoire électronique, sans oublier cette énigme, dont on ne saurait préciser la définition, du Je-ne-sais-quoi, qui n'a pas dû chercher longtemps auprès de l'acheteur nécessiteux. Pour les disques, certains de ces rayonnements manquent inévitablement. C'est pourquoi le disque reste aujourd'hui la seule, la plus *propre*, la plus haute délectation musicale. Sur le disque, tout cela n'est *pas possible.* Le son musical non plus. Encore plus immatériel, plus désincarné, plus au-dessus de tout, plus intégral, encore plus prêt à la consommation, ce ne serait pas pensable.

Est-ce que le public compte vraiment si peu pour vous ?

Il y a parmi nous des hommes qui peuvent percevoir la musique lorsqu'elle surgit. Mais ce concept symbolique de public, je puis difficilement le saisir et encore plus difficilement le partager avec vous. Je sais, moi aussi, qu'il y a des auditeurs de concerts qui ne se ressemblent que dans la mesure où ils voudraient tous entendre dans la musique (ou dans ce qu'ils entendent par là) *ce* qu'ils

1. Groupement d'intérêt économique de l'industrie chimique allemande qui, au cours de la Seconde Guerre mondiale, fabriqua le zyklon B, servant dans les chambres à gaz des camps d'extermination nazis.
2. Allusion probable à la pianiste allemande Elly Ney (1882-1968).

veulent entendre, et qu'ils se distinguent seulement par le fait que, peut-être, ils ne veulent pas tous la même chose.

Que pensez-vous de la presse spécialisée ?

Pourquoi "spécialisée" ? Vous visez ceux qui, si littérairement, avant ou après le concert, postcomposent de façon si fleurie, avec une lourdeur persistante, sur le patient papier ? Comment un tel ermite heureux en vient-il à ces grouillants comptes rendus de concerts ? Mais les voies de Dieu, cher Antonin Artaud, sont encore plus infinies ! Le court chemin de Golgotha, qui devait mener les hommes – qui sait où ? – n'a-t-il pas en définitive mené à la lointaine Rome ? Pour le dire très brièvement : tous les chemins musicaux mènent à la rédaction – à la même, à l'oreille sainte qui écrit vrai ! Dans la mesure où on s'entend à marcher, à attendre et à jeûner… Et combien différentes peuvent être les voies du trône ! Certains grands esprits, dans la poursuite de l'idéal musical, ont été mus par un esprit filant si vite que les doigts moins musiciens furent une raison valable, par la grâce de Dieu, pour la décision héroïque et pleine d'abnégation de ne transmettre la musique aux humains plus pauvres que par l'écriture. C'est pourtant bien une grâce. Il y en a aussi de plus doués, qui savent découvrir une quelconque parenté directe, musicale ou autre, avec le propriétaire du journal. Et si cela est difficile, il y a, comme c'est l'usage dans les journaux, au moins un directeur de rubrique artistique ou arpenteur culturel qui coupe beaucoup dans ce qui est proposé. Si l'hypothétique critique voulait couper encore davantage, plus c'est long, plus c'est bon ! L'inverse n'est pas possible dans les usages actuels sur le papier. Un très grand chef d'orchestre authentique allemand m'a demandé un jour : comment se fait-il qu'un tel navet abandonné de Dieu ait pu prendre racine sur le parquet de la salle de concert ? Mes connaissances en botanique sont restées très modestes jusqu'à ce jour : je ne le savais pas et je ne le sais toujours pas. Et si l'autre espèce, l'intellectuel puissant, pense que la musique est saisissable par là, je ne saurais vraiment pas pourquoi Adorno[1] a vécu et où sont restés les nombreux trous qu'il a faits dans l'eau.

Stuckenschmidt[2], malgré sa capacité de corrélation musicale soumise à conditions, a voulu écrire sur la musique une vie durant : mais il n'était doué que pour écrire. Pour lui, la révélation de la transcendance du son serait la première transcendance du son. En attendant, on doit le remercier pour la réhabilitation des démons maniables qui, malgré Lévi-Strauss[3] et Jung[4], ne pouvaient plus, depuis longtemps déjà, trouver une place reconnue et un véritable travail dans notre société. Rien, au nom du ciel, contre des démons obsédés de vengeance, qu'ils soient musicaux ou autres : le simple bienfait qu'ils s'entendent, dans une proximité si aisément saisissable, à meubler d'une façon si bienvenue la désolante pauvreté des tardifs, et qu'ils essaient d'apprendre à maints embarrassés l'art de nager en milieu sec, leur assure une place d'honneur signalée, un écusson armorié dans la mythologie des plébéiens. Malgré la validité indubitable

1. Theodor W. Adorno (1903-1969), philosophe, sociologue, musicologue et compositeur allemand.
2. Cf. note 1, p. 197.
3. Claude Lévi-Strauss (1908-2009), anthropologue, ethnologue et philosophe français.
4. Carl Gustav Jung (1875-1961), psychologue suisse, fondateur de la psychologie analytique.

acquise par cette présentation inspirée de Stuckenschmidt, et avec toute la richesse qui, en vertu de son caractère élémentaire, ne requiert aucune élucidation supplémentaire, une question demeure : que deviendrait cette merveilleuse analyse scientifique, si ésotériquement étayée, au cas où le pèlerin Schönberg aurait eu la malchance, après une si longue recherche, de n'avoir pas trouvé le démon assorti, et ne se serait exposé que soi-même, vraiment seulement soi-même, à un monde musical qui, de son côté, était depuis toujours dévoué aux démons empressés de la sottise ?

Joachim Kaiser[1], pour citer quelqu'un de plus modeste, a déclaré récemment – entre autres opinions privées encore plus monumentales – que personne au monde, dans le monde entier (vous comprenez ? on doit le croire, ne serait-ce qu'en raison de cette formulation unique), ne peut jouer un certain morceau pour piano d'une manière aussi fantastique que la petite Martita. S'il nous prend pour des patients, cet analyste est la seule garantie pour la réussite du transfert. Accessoirement, nous fûmes aussi instruits : pour nous, avant que la grande Martita ne soit devenue quelque chose de tel, [elle][2] n'était rien d'autre qu'un poulain, content des larges prairies, avec deux oreilles magnifiquement musicales, inévitablement capable – il en va parfois ainsi dans la vie – de faire bruire quelque chose pour ceux qui partagent son espace et son temps. Ne croyez pas que M. Kaiser se sente mal compris, voire offensé par moi : avec

1. Joachim Kaiser (né en 1928), critique littéraire et musical allemand.
2. La phrase allemande originale, comportant une anacoluthe, a été complétée d'après son sens le plus probable.

sa culture richement lardée, il sait que quelqu'un de plus grand encore, Gustave Flaubert, lorsqu'il voulut commenter Cézanne et qu'il s'aperçut que le talent manquait à celui-ci, était aveugle à la peinture.

Est-ce que la presse est meilleure à l'étranger ?

Est-ce que la gale est mieux que rien ? Non, elle n'est pas mieux. Elle est seulement moins bien camouflée universitairement. Aux végétariens qui pensent, avec tant de légèreté, qu'on ne peut faire bouillir que dans de l'eau, il manque l'expérience noire des marmites brûlées.

En France on est triste, on est désespéré que personne ne veuille jouer au critique musical. On essaie même de donner à cette vocation prédestinée la forme très attrayante d'un métier, en la présentant comme une activité de l'esprit et, pour renforcer cet aspect et éviter toute fausse impression, en la payant mal. Malgré cela, personne ne veut le faire. Jamais les Français n'ont été aussi collectivement, aussi non individuellement unanimes. Comment sélectionne-t-on dès lors les valeurs ? Qui découvre Rubinstein ? Comment promouvoir les vrais artistes, les autres ? Qui s'occupe de la conservation des salles de concert aux acoustiques fantastiques ? Qui protège le fragile Xenakis du virus de l'ignorance populaire ? Qui explique aux pauvres plébéiens que Varèse, qui exécrait Mozart, était néanmoins ou peut-être par conséquent un génie ? Non, c'est désolant : personne ne fait tout cela ! Il n'est pas étonnant que – bien avant l'Année de la femme – quelques dames aient pris l'initiative, se soient fermement exercées et aient essayé, avec une compétence charmante et fémininement parfumée, d'une plume légère et d'un style fluide, par des vocalises écrites et une gracieuse graphie de canard, de combler cette lacune bâillante dans le menu de l'esprit français.

Et pensez combien tragiquement sont disposés les champs de force magnétique spirituels de l'Europe : quelques centaines de kilomètres plus loin, en Hollande par exemple, les critiques musicaux foisonnent. Mais on y manque du contraire. Certes, on ne peut pas tout avoir, sauf à Salzbourg : là il y a des critiques musicaux et des non-critiques réunis dans la même personne. Ce n'est pas étonnant ! Les pierres y chantent à plusieurs voix sous les roues et les poires sur les arbres. Cela, on le doit à Wolferl[1] ! Quelle localité dans le monde peut se glorifier d'un patronage aussi lumineux et se permettre une attitude aussi démesurément généreuse ? Donner, donner et encore donner ! Qu'est-ce que ce petit village n'a pas donné encore et encore à l'humanité, qu'est-ce qu'il ne continue pas à lui donner toujours ! On reste ébahi devant cette grossesse sans fin et devant cette interminable puissance du génie. Il est vrai qu'on n'a jamais manqué de conceptions mozartiennes, même dans d'autres faubourgs moins musicaux, mais depuis que ce véritable nombril musical a assumé consciemment son rôle de Mecque, nous vivons tous, sans exception, dans la certitude mozartienne. Et lorsque des provinciaux envieux ou des sceptiques professionnels pensent que c'en est fini de la profusion, à ce moment précis la petite chose déjà se fend à nouveau de quelque don ! Et cela à toute période ! (Mois d'août inclus !) A Salzbourg, personne n'hiberne sous contrôle d'experts. En partie, c'est encore trop peu dire, car la tradition

1. Wolferl : sobriquet de Wolfgang Amadeus Mozart, fondé sur le diminutif affectueux, en dialecte autrichien, de son premier prénom.

(musicale, bien sûr !), de toute façon, tient tout le monde éveillé. Depuis Mozart, malgré le paysage vallonné, ce n'est plus le paradis des marmottes. Hélas ! cette nouvelle ne peut pas réjouir tous les festivaliers, tous les mélomanes en quête de calme. Et qu'il y ait de nos jours des penseurs qui continuent de croire en silence à l'irrésistible et percutante force ascendante du "haut" englué dans le "bas", cela fait partie de l'incompréhensible amour que le prudent et patient Créateur voue à la musique. Oui, mais ceux-là ne font pas de critiques mesquines *[messern nicht beck*[1]*]*...

La musique est-elle seulement pour les initiés ?

Si vous entendez *initié* dans un sens exclusif catégoriel, non ! Nous autres, débutants occidentaux, savons seulement depuis Husserl que dans chaque moi est impliqué l'autre – le moi du prochain – et que cette implication constitue le sens du monde objectif[2]. En transcendant mes expériences sonores et les empathies de subjectivités étrangères fondées dans ces expériences, j'atteins le niveau de la validité objective, c'est-à-dire l'intersubjectivité transcendantale *[intersubjektive Betreffbarkeit]*. Donc, la musique serait en principe pour tous ceux qui n'adhèrent pas au son *[Ton]*, à la sonorité *[Klang]* et autres sensations auditives *instantanés*, mais à l'action effective de ceux-ci, vivable dans la simultanéité, expérimentable par

1. Allusion au personnage de Beckmesser dans l'opéra de Wagner, *Die Meistersinger von Nürnberg* (1868) ; son nom est devenu en allemand un nom commun, désignant le critique mesquin et pédant ; d'où le verbe *beckmessern*, approximativement "ergoter".
2. Cf. notamment E. Husserl, *Méditations cartésiennes* (1929), "Cinquième méditation".

transcendance. Et beaucoup l'expérimentent, même si ce n'est pas toujours dans la vie des concerts.

Ce jeu charmant et varié des sensations, tel qu'il est mené, assimilé et légalisé, ne peut conduire à la musique. Qu'est-ce qui peut encore être appelé musical dans les réactions musculaires endurcies par l'effort de plusieurs années, dans les réflexes synchronisés, une chaîne de mouvements articulés, si, précisément par cette mécanisation des impulsions qui se suivent, le générateur de son ne ressent et ne crée plus à partir de cette irréductible réalité qui s'appelle l'espace, s'il ne cède pas à l'espace ce rôle donateur de forme et de sens, mais qu'il suit avec entêtement, seul, sans écouter autour de soi, séparé et indifférent, l'impératif des possibilités d'alternance de ses doigts d'aluminium ? La vitesse engourdie de son mouvement, il ne peut la modifier pour s'adapter aux exigences de l'espace (chaque espace a une topographie et une constitution propres) et en venir ainsi au juste, au fidèle tempo. Le danger que la fine mécanique suisse ne se bloque est énorme. Le tempo, le tempo musical, c'est ce que les doigts, par une longue escrime aveugle menée contre la masse inerte, peuvent donner. Ni Eduard Erdmann[1], ni Michelangeli[2] n'ont pu apprendre quoi que ce soit à cet archet de violon qui s'est réveillé à domicile. On ne peut d'ailleurs s'attendre à ce que tous les bébés surdoués à la Philharmonie apprennent à manier l'archet. Mais peut-être pourrait-on continuer à rêver que la conduite d'archet, d'un espace à l'autre, pourrait être différente, seule

1. Eduard Erdmann (1896-1958), pianiste et compositeur germano-letton. Comme plus tard Celibidache, il étudia entre 1914 et 1918 la composition auprès de Heinz Tiessen (voir note 1, p. 67).
2. Arturo Benedetti Michelangeli (1920-1995), pianiste italien.

sa fonction restant identique – c'est-à-dire le reflet vivant de tous les facteurs concourants. Donc, la musique n'est pas seulement pour les initiés ; mais elle n'est certainement pas non plus pour batteurs de son sourds au vécu et pour auditeurs dociles.

Vous disiez un jour que la jouissance de la musique était possible pour tous.

Oui, c'est possible. Possible est, comme inversement, une forme conditionnelle d'impossible. Si l'art surgit d'une urgence psychique et physique, qui est l'aspiration inconsciente à échapper à tous les conditionnements contingents, alors ce à quoi il aspire est la liberté la plus pure et ne peut être expérimenté que par l'esprit, puisque l'esprit est la pleine conscience dans ou avec l'exercice illimité de sa liberté. L'art est un essai *("une tentative", dit Valéry*[1]*)* d'échapper au conditionnement, donc de se libérer à nouveau. Qui n'essaie pas cela ? Qui ne veut pas cela ? Qui ne cherche pas la liberté (qu'elle apparaisse sous des visages aussi divers qu'on voudra, faux, apparents, vrais, visibles ou secrets) ? Si l'art doit être déliement, dépassement du personnel, de l'individuel, l'*Adagio* de Mozart est plus que l'expression de sa douleur – il est, comme on le disait si mélodieusement il y a cinquante ans, douleur du monde *[Weltschmerz]* ! Or, ce n'est pas pour parvenir à la douleur du monde qu'il transcende sa douleur, mais il transcende également la douleur du monde, pour rendre possible le vécu de l'absence de douleur par un phénomène qui n'est pas durable, qui n'est pas lié à une existence matérielle, qui est unique,

1. Toute la parenthèse est en français dans le texte.

qui surgit toujours de nouveau. Dans le saut de l'éphémère à l'éphémère, il y a pourtant le permanent, la recherche de ce qui subsiste. Qui ne cherche ce qui subsiste ? La musique n'est pas le fruit d'un chercher incessant, mais la réalité d'un trouver continuel. Donc, celui qui cherche ne trouve pas – celui qui trouve ne cherche pas. Dans le surgissement de la musique, ce qui est seul constant (restant toujours identique à soi), c'est la possibilité unique de sa révélation, maintenant, ici, ainsi et non autrement. L'échelle des impressions sensibles, apparût-elle encore infiniment plus raffinée et différenciée, ne prend possession de l'homme que dans une forme limitée. Ceux qui cherchent au-delà le savent ! Le savent ceux qui l'ont trouvé. Donc, bien que toutes les conditions préalables soient potentiellement présentes en chaque homme, aussi bien à l'intérieur que dans le phénomène entendu, qui est organisé selon certaines lois et susceptible d'être transcendé, tout le monde n'accède pas au vécu de la musique.

Qu'y aurait-il à faire ?

Vivre n'est pas une garantie pour bien vivre. Jouer avec les impressions sonores n'est pas une garantie pour le surgissement de la musique. Et pourtant il faut manipuler des impressions sonores pour pouvoir accéder au vécu de la musique. Chantez-vous faux ? Chantez encore. Et de combien de manières chanter peut-il être faux ! Quand on en sait aussi peu sur la musique que le prince du violon Szeryng[1], cela n'a pas de sens de prêter attention au phrasé naturel des enfants. Je préférerais

1. Henryk Szeryng (1918-1988), violoniste mexicain d'origine polonaise.

inviter, non pas tous les enfants, mais ceux qui sont sans protection, ceux qui sont moins doués, à un western, pour entraver sciemment la fréquentation d'un concert de Boulez ; car je crains qu'il n'aille encore et toujours chercher à prouver qu'il ne croit pas vraiment que la quatrième mesure doit surgir de la troisième. C'est une plaisanterie, me direz-vous, et peu réaliste de surcroît. Est-il plus réaliste de dire que j'ai l'intention de déranger notre chancelier Schmidt avec le projet d'un code pénal musical ? Attendez, je sais que l'idée ne serait pas très pratique, car il y a déjà longtemps que le monde ne se trouve plus sous l'influence musicale de l'Allemagne. Lorsque l'Axe fut brisé, ce sont les Japonais qui en ont récupéré la plus longue partie. Alors que faire ? Nous ne pouvons même pas attendre de la fabuleuse générosité des Américains qu'ils nous envoient ce qu'ils n'ont pas eux-mêmes. Ils pourraient nous prêter pour un temps Galamian[1], le Flesch[2] actuel du continent vert, qui est autant un génial pédagogue du violon qu'un ignorant fondamental de tous les problèmes musicaux. Mais… je crois à nouveau qu'il n'est pas trop difficile d'apprendre à jouer des notes – même les Russes savent le faire et presque tous les Français et, en fin de compte, même les nôtres ont pu l'apprendre. Mais à propos de l'autre : savons-nous ce que nous ne savons pas ? A partir de la pléthore des tentatives manquées de chercher la musique dans les sons, il y a déjà longtemps que le monde devrait être au courant de tout ce que la musique ne peut pas

1. Ivan Alexander Galamian (1903-1981), violoniste et pédagogue du violon russo-américain.
2. Carl Flesch (1873-1944), violoniste, pédagogue du violon et musicographe hongrois.

être. La musique n'étant pas un être, mais un devenir, dans le savoir de ce qu'elle ne peut pas être surgit la possibilité de l'intuition de ce qu'elle peut devenir.

Que faut-il savoir au juste ?

Si vous aviez vécu mes réflexions, vous ne poseriez pas cette question. Le savoir qui a une connaissance sûre et certaine de ce que la musique n'est pas est potentiellement le savoir intuitif de ce qu'elle peut devenir. Derrière la condition primaire de l'exclusion se renouvelant continuellement encore et toujours, se loge la supposition pressentante intuitive d'une possible certitude. Il n'est pas possible à la conscience de s'occuper du non-être, c'est la tâche ingénue du devenir-conscient. Mais cela nous mènerait trop loin. Oui, et encore : que doit-on savoir ? Que peut-on savoir ? Puisque, dans le devenir évolutif, sans des connaissances complètes et spécifiques sur les porteurs, sans l'appropriation des expressions sensibles, je ne puis écouter au-delà des expressions sensibles (sans entendre, comme dit Steiner), je ne puis transcender, je dois m'efforcer de gagner un savoir pénétrant, totalement absorbant, de celles-ci. Et non de la manière dont la plupart de nos professeurs se sont occupés de nous, à partir de l'empirique, avec des formules précontrôlées : c'est ainsi qu'on va de *do* majeur à *sol* majeur ! Dans quel traité d'harmonie est écrit ce qui se passe avec la tension lorsque la masse sonore chemine de *do* majeur à *sol* majeur ? La tension n'est-elle pas une ligne de force centrale qu'on peut éprouver, une colonne vertébrale qui maintient tout ensemble, qui appartient à l'expression sensible du vécu ? Dans quel traité d'harmonie est-il écrit que l'évolution de la tension est possible dans les deux directions, et que seule une troisième station – puisque la détermination directionnelle dans l'espace est triple – peut renseigner à ce sujet ?

Qui a expliqué à Gedalge[1], ce cartésien amoureux de l'ordre, que sa louable intention de vouloir instruire l'humanité sur la construction des fugues présuppose des connaissances sur le contrepoint et que le contrepoint a peu à faire avec la disposition statique du thème et du contre-sujet au sein de l'échafaudage tonal, mais que son activité efficiente, au contraire, dépend de la faculté humaine limitée de percevoir, en l'accomplissant en soi, la liaison entre flux horizontal et constellation verticale ? Et cette innocente fugue française, qui depuis toujours cherche à franchir *incognito* le seuil du Parnasse ! Où enseigne-t-on où se trouve le point d'inflexion d'une mélodie en devenir, point essentiel, me semble-t-il, d'une ligne qui ne suive peut-être pas une seule direction mécanique à sens unique ? Serait-ce dans le *Traité de la mélodie* rêvé, mais jamais écrit, par Hindemith[2] ? Dans quelle discipline musicale apprend-on que dans le langage musical il n'y a pas de répétitions, au sens statique du terme, de nature mélodique, rythmique ou harmonique, puisque la prétendue *seconde fois*, constituée apparemment des mêmes éléments, trouve les traces de l'effet sur l'auditeur provenant du premier contact et fertilise par conséquent ce sol, qu'elle trouve déjà prétravaillé, dans le sens d'un accroissement ou d'une diminution de tension ? Par quelle détermination du destin,

1. André Gedalge (1856-1926), compositeur et pédagogue français, illustre professeur au Conservatoire de Paris, auteur (entre autres) d'un *Traité de la fugue* (1904).
2. Paul Hindemith (1895-1963), compositeur, théoricien, chef d'orchestre et altiste allemand.

perverse et contraire à la musique, Ligeti vient-il si tard après tous les médiateurs géniaux de la révélation sérielle ? Car ce que ce phare tardif y a entendu est d'une telle signification ultime qu'on aurait employé tout autrement et plus opportunément, entre autres, des kilomètres carrés d'excellent papier. *Plus la préformation des relations sérielles est intégrale, plus grande est l'entropie de la structure résultante ; car conformément à la relation d'incertitude précitée – plus nombreuses sont les directives promulguées, plus la structure qui s'en dégage est indéterminée – le résultat de l'entrelacement de chaînes relationnelles conçues séparément, avec la mesure de la prédétermination, sera victime de l'automatisme.*

Cela sonne trop beau pour être vrai ! Dans un allemand moins élégant : plus complexe est la règle de jeu, plus certaine est la formation de bruit. *Le totalement déterminé s'identifie au totalement indéterminé.* Et il semble qu'on ait le droit d'ajouter mesquinement que c'est bien fait pour lui. Cela, les non-phénoménologues le savaient aussi, cher maître György, mais ils n'ont pas pu l'énoncer aussi souverainement devant les étudiants, ces auditeurs inspirant la panique, ces terroristes en chasse. Mais, avec la directionnalité du tempo, cela se complique : qu'est-ce que ça signifie ? (Je vous prie de bien vouloir excuser le dérangement, quelque chose de tel existe, et c'est même important.) Qui nous a parlé des vertus constructrices et déconstructrices, des possibilités de mise en forme du thème unifié, récurrent, reconnaissable, en tant que facteur de référence et d'ordre, dans des situations toujours nouvelles, plus éloignées, différemment polarisées par répétition apparente ? Combien de temps laisse-t-on les jeunes débutants continuer à nager dans le fleuve de l'ignorance, jusqu'à ce qu'ils fassent finalement l'expérience qu'on n'aime pas étudier la composition avec un disciple vide de Schönberg, partant de la supposition peu populaire (tenue secrète avec vénération par ceux qui savent) qu'il eût peut-être mieux valu que le grand maître apprît en fait auprès de ses disciples pleins ? Non, nos professeurs s'en vont. Les théories musicales restent ! Elles restent ce qu'elles ont toujours été : des grammaires de circonstance, muettes et dégradées, et telles qu'elles ont toujours été : statiques, se dressant sur plusieurs étages.

Des créateurs se sont servis de ces théories et ont créé des œuvres grandioses !

Oui, c'est juste, mais pas parce que des créateurs se sont tenus à des théories statiques. Les théories sur la musique, telles qu'elles sont transmises de génération en génération, ne sont rien d'autre que des restes abstraits et morts, des projections inanimées d'un processus qui a été actif, créateur, et qui a suivi de tout autres lois. Qu'est-ce qu'Adrien Petit-Coclico[1], ce pacifique mauvais joueur, a appris de Josquin[2] ? Tout, parce qu'il n'y avait rien à apprendre. Malgré des connaissances statiques sur l'écriture *(et bien souvent contre elles)*, les créateurs ont créé du mouvement spirituel vivant, qui à son tour a toutes les chances (voyez le dodécaphonisme) de devenir une doctrine statique et vide. Vous ne pouvez certainement pas vous attendre à ce que le nouveau directeur général de la musique – par *Gradus ad Parnassum* ou, encore plus

1. Adrien Petit-Coclico (1500-1563), compositeur flamand.
2. Josquin des Prés ou Desprez (vers 1450-1521), compositeur français.

radicalement, tout comme Scherchen[1], qui a écrit un livre sur la direction d'orchestre, mais qui ne l'a pas lu, s'est hissé à la force dynamique du contrepoint de Bach – camoufle par une gestique imposante la vacuité déchaînée de son âme appliquée et parvienne ainsi ou d'une manière semblable à la musique. Quelque chose manque à ces nombreuses théories sur la musique qui se complètent si décorativement entre elles, quelque chose qui, aux gens pas très doués mais ayant du discernement, parle un peu d'eux-mêmes, un peu de la musique et beaucoup de l'échec de leurs professeurs, et pourrait par là éviter ce tourment tragique de soi et des autres. Une discipline aussi humaine n'existe-t-elle pas, ou sa mise en place se heurte-t-elle à la difficulté de trouver des compréhensifs peu doués ? Naturellement, là encore, cela dépendra de ceux qui cherchent ! Au cas où le lecteur ne serait pas un bibliciste érudit, je recommande une grande prudence dans la recherche. Même Czerny[2] aux doigts déliés a mal compris l'Ecriture sainte et Ševčík[3] ne l'a même pas lue.

Qu'est donc l'étude de la phénoménologie musicale, que vous enseignez, je crois ?

Oui, à quelqu'un en qui a pu surgir la vision juste du *continuum* musical, même la phénoménologie ne peut montrer que ce que la musique n'est pas. Et pour le dire très simplement : la phénoménologie musicale est une science, au sens des

1. Hermann Scherchen (1891-1966), chef d'orchestre, compositeur et altiste allemand.
2. Carl Czerny (1791-1857), pianiste, pédagogue et compositeur autrichien.
3. Otakar Ševčík (1852-1934), violoniste, pédagogue et compositeur tchèque.

Méditations cartésiennes de Husserl. Elle traite, d'une part, de l'objectivation du matériau et, d'autre part, des capacités et des manières qu'a l'esprit humain de suivre les mouvements d'une masse sonore et d'en saisir, d'en vivre et d'en mettre en forme le devenir.

Mais il y a eu de la musique alors qu'on ne savait rien de la phénoménologie.

Oui, et il y en aura toujours. Mais la phénoménologie est apparue au moment précis où le monde de l'arbitraire s'étendait tellement que les conditions nécessaires pour vivre la musique n'étaient plus données à l'homme. Le *Siegfried-Idyll* sous la direction de Siegfried Wagner durait trente minutes. Siegmund von Hausegger[1], mieux entraîné, l'a réussi en seize minutes, et cette belle, fière réalisation allemande a été récemment reléguée à l'arrière-plan par l'exploit éclatant de douze minutes et demie, accompli par une gazelle nordique pur-sang. Un résultat aussi éminent, à notre époque sceptique et avide de révisions, a été atteint par un unique Hollandais volant, qui dans le privé se nomme aussi Bernard Haitink[2]. Est-ce que ces trois incroyables interprètes parlent de la même idylle, ou est-ce dès aujourd'hui que les chameaux, tous les chameaux, doivent pouvoir passer par le chas d'une aiguille ?

Quelle est la définition phénoménologique du tempo ?

1. Siegmund von Hausegger (1872-1948), compositeur et chef d'orchestre autrichien.
2. Bernard Haitink (né en 1929), chef d'orchestre néerlandais.

En phénoménologie, on enseigne que le tempo n'est pas une réalité existant en soi (aucunement réductible à l'échelle par laquelle le monde mesure le temps), mais qu'il est une conséquence vivante résultant de nombreux facteurs concourants. Que signifie cette cordiale recommandation du compositeur : ♩ = 144 ? Le phénomène 144 n'existe pas en musique ! C'est la tentative désespérée d'un musicien réaliste et malheureux qui connaît la postérité musicale, qui ne peut plus se défendre et qui voudrait éviter les pires dégénérescences – donc, ♩ = 144, et non 208 ni 42. Le vigilant Bartók est allé encore plus loin dans la prévention. Connaissant les besoins quotidiens de l'homme, il a dit peu de chose sur la qualité de la soupe, mais il a par contre, autant que possible, tout prédéterminé mathématiquement, à commencer par la taille des cuillères, leur nombre, la façon de les tenir en main, jusqu'à l'ouverture et la position de la bouche, afin d'éviter qu'on la gobe d'une seule traite, ou qu'on l'aspire interminablement par une paille. Il a quand même raté son coup : aucun chiffre, aucune feuille de papier ne peut fixer cette question temporelle, car tout se joue dans l'esprit humain, qui n'a rien de métronomique. Et si l'on songe que la première chose qu'un lecteur non prévenu rencontre dans une partition (à côté de la spécification conceptuelle, qui est bien souvent une grave erreur de langage – voyez Beethoven : *Presto* 𝅗𝅥 = 112, *Allegro vivace* 𝅗𝅥 = 132) est justement cette détermination de vitesse, statique et non musicale, qui d'après sa fonction réelle, celle d'un catalyseur rendant possible la synthèse, devrait plutôt se trouver à la fin... Celui qui veut se détacher de ce rôle mort, statiquement unificateur, de la vitesse dépourvue de relation et apprendre quelque chose du tempo phénoménologique – seul environnement où le musical devienne possible – doit absolument faire la connaissance consciente et plus rapprochée de deux facteurs musicaux qui vivent à l'arrière-plan.

Dans la phénoménologie appliquée, on distingue : la *pression verticale* (la coïncidence, au même instant, de plusieurs porteurs de tension) et le *flux horizontal* (relations dans l'espace et dans le temps entre facteurs concourants). Les divers éléments, qui sont beaucoup plus que hauteur, durée, intensité et timbre, sur la ligne verticale, agissent simultanément sur notre conscience. *Simultanément* agissent aussi les éléments qui viennent les uns après les autres dans une évolution musicale : dans le deuxième son d'une mélodie (pour prendre l'exemple le plus simple d'un processus horizontal), le premier son avec sa constitution complexe est encore présent, en tant que rétention, dans sa répercussion *[Nachwirkung]* vivante et dans sa relation unique au second. Le deuxième son contient potentiellement aussi le troisième en tant que protention, c'est-à-dire ce qu'il deviendra dans la suite ultérieure du déroulement. Le son n'est pas seul ; il est constamment accompagné, dans l'immanence, par le passé, par ce qui vient d'être, ainsi que par l'attente élevant le regard. Il porte en soi l'héritage de toute l'évolution qui a précédé, et il est en même temps l'exécuteur testamentaire du maintenant évanescent. Cette manière d'être en relation interne et doublement polarisée – d'une part, de façon générale, au système des sons et d'autre part, spécifiquement, à la marche des intervalles propres à une mélodie – constitue l'essence de la simultanéité horizontale mélodique.

Le tempo n'est rien d'autre qu'une condition, un catalyseur, qui rend possible l'identification par relation, dans notre conscience, de la simultanéité verticale avec la simultanéité linéaire. Dans la perception de la simultanéité verticale, outre le degré de tension des rapports entre ses composants, l'intensité de la pression est une caractéristique importante. Avec une pression verticale faible (par exemple trois instruments jouant une consonance à trois voix doucement, légèrement, avec peu d'expression), la conscience a besoin d'un certain temps pour percevoir et assimiler tous les ingrédients (y compris les harmoniques, les sons différentiels et les sons d'interférence). Il s'agit du processus mental subjectif d'entrée en vibration, qui n'intervient aucunement lors de la composition, qui ne peut par conséquent être écrit dans aucune partition, mais qui devient extraordinairement concret et consommateur de temps lors de l'écoute. Si la pression verticale est plus grande (si les trois instruments jouent la même fonction plus fort, d'une façon plus engagée, plus expressive), le spectre des sons harmoniques et interférentiels renforcés s'élargit et se différencie (dans la mesure où l'acoustique le permet), le temps du processus mental d'entrée en vibration s'allonge. (Au fond, le spectre ne s'agrandit pas ; mais par l'augmentation du volume, de nouveaux éléments deviennent audibles dans la zone de perception humaine.) Plus les objets sont complexes et différenciés, plus est long le temps de la mise en ordre des impressions. L'apparente continuité d'un film est une illusion qui se forme parce que notre système nerveux n'a pas suffisamment de temps pour percevoir séparément toutes les images statiques et les maintenir séparées, mais les laisse s'intégrer dans un mouvement apparemment continu. L'oreille comme l'œil ont besoin d'un certain temps pour appréhender les impressions singulières. Donc, une sonorité forte et complexe a besoin de plus de temps pour être identifiée et reconnue dans sa composition effective et ses tendances cinétiques. Dans la simultanéité horizontale, il y a le même phénomène. Une ligne mélodique jouée doucement manifeste quelques-unes, d'autres, mais non la totalité de ses caractéristiques sonores. Elle se meut plus difficilement si elle est accompagnée d'une plus grande intensité et relativement enrichie par de nouveaux éléments surgissant dans la zone de perception humaine. Donc, pour chaque valeur et pour chaque constellation sonore (horizontale ou verticale), il n'y a qu'un rapport temporel optimal, si l'essentiel doit être pleinement appréhendé et assimilé par la conscience humaine. La définition phénoménologique du tempo reste celle de la condition permettant que se forme le rapport vivant entre simultanéité verticale et horizontale. C'est là-dessus que repose la vérité empirique selon laquelle, dans des tempi trop lents, les valeurs se désagrègent, ou, dans des tempi trop rapides, surgit la confusion par écrasement mutuel. C'est ce qu'a mentionné un jour papa Haydn, lorsqu'il recommandait des structures harmoniques simples pour des tempi rapides et inversement. Et voilà qu'un végétarien intellectuel, en plein carême, se demandait de façon tout à fait privée, dans un journal, ce que la musique avait à faire avec la phénoménologie ! Autrement dit, est-ce que toutes les eaux sont mouillées ? Le rapport entre masse, intensité et temps n'est pas interprétable, il est conforme à des lois, cosmiques, agissant au-dessus de l'homme – que nous l'appréhendions ou non. Dans la théorie de la relativité, on a voulu le rapprocher de la pensée linéaire en fixant les nombreuses variables dans une formule avec une constante – l'isotropie de la lumière (qui n'en était pas une, comme l'ont montré les dernières découvertes).

Donc, l'équation magique et inébranlable du tempo n'existe pas ; il ne peut être défini comme entité isolée. Il reste une fonction de nombreux vecteurs variables. Alors, encore une fois, résumé d'une façon simple et pratique, et comme disent les paysans : si la carriole est pleine, il est plus difficile de la tirer, et l'on ira plus lentement. Mais aussi pour les maîtres d'école : Boehmer[1] veut dire la même chose lorsqu'il parle de *réseaux de rapports virtuels* (c'est-à-dire des prétentions non entendues confiées au seul papier) et des réseaux *réels, résonnant de fait.* Et son *indétermination croissante de la structure* n'est rien d'autre que la conséquence du surmenage de la conscience humaine perceptrice limitée, c'est cette grisaille de plus en plus dense que produisent dans l'esprit humain les perceptions singulières tombant les unes sur les autres.

Comment s'explique le tempo continuo *chez les classiques malgré la variation dans l'intensité de l'expression ?*

Si le tempo doit rester identique en vertu de la constitution interne d'un mouvement spécifique (ce qui est une question de style) et ne pas céder à la tendance naturelle de l'expression modifiée ; une tension nouvelle surgira, une force cinétique nouvelle sera introduite dans le processus, de nouvelles raisons vivantes et internes pour *continuer à pouvoir subsister dans le temps* se mettent en œuvre. L'expression, trop intensive, pourra ne pas s'accorder au processus de fait et produire un excès de tension, de sorte que les porteurs encore disponibles, trop pleins, vont déborder et s'effondrer.

1. Konrad Boehmer (né en 1941), compositeur allemand.

La vivification superflue continue, comme le pouls de l'exécutant, à battre absurdement dans le vide après la sonorité terminale. Inversement, l'expression peut être si faible, si insignifiante, qu'elle n'est pas en mesure de remplir, de couvrir les intervalles restant à disposition, ce qui entraîne comme conséquence le calme sourd et articulé de la marche à vide, à peu près comme l'énoncé d'une prothèse dentaire parlant seule. L'exécution musicale vraie, considérée de ce point de vue, n'est donc rien d'autre que le juste rapport optimal entre expression et tempo, entre intensité et qualité du mouvement. Les romantiques ont donné au tempo et aux modifications de tempo un rôle nouveau, élargissant, créateur de contrastes, déterminant pour la forme *[formgebende, gestaltende]*. La dialectique de deux tempi différents au sein d'une évolution continue est devenue une source d'énergie, mais aussi une fatalité, d'où l'invasion du *rubato* chez les interprètes mal colmatés des années 1930. [Chez les romantiques] le rapport expression-tempo mentionné ci-dessus s'incarne directement, devient audible. Chez les classiques, où la première condition stylistique est le *tempo continuo*, il reste à l'arrière-plan. Furtwängler est le seul à avoir consciemment vécu ce rapport. C'est pourquoi il était capable, par une expression respectivement adéquate, de rendre crédible, de conférer une force portante à toute modification du tempo, fût-elle tout à fait étrangère à la structure compositionnelle de l'idée musicale. Même lorsqu'il ne trouvait pas ce qu'il cherchait, sa recherche était musicale. C'était une erreur de vouloir remplir ses larges tempi avec le sang raréfié de Karajan.

Une partition ne peut-elle définir un tempo ?

Qu'est-ce qu'une partition ? Une sténographie insuffisante, symbolique, d'après son aspect ; un mode d'emploi pour un puzzle qui se présente sous un aspect linéaire. La musique, bien qu'elle soit si sensiblement articulée, ne consiste pas en pièces stéréotypées. Elle n'est pas une chaîne de moments, de formes d'être, une addition d'impressions objectales, audibles. Son essence réside dans le *devenir*, comme le savait l'initié Aristoxène[1], qui pour nous tous était un clair-entendant, dès longtemps avant le premier lever du soleil qui ne voulait pas venir. Les sons, les pas entre les sons, ne sont que des traces de pas mortes. Steiner voulait dire la même chose en déclarant : *"Avec chaque note terminée la musique cesse."* Il est absolument normal qu'on se perde sur le chemin qui va de l'écriture au vécu, du symbole à l'essence. Pouvoir suivre et s'en tenir au devenir de la pensée de Bach, cela présuppose quelque chose qui ne figure et qui ne peut figurer dans aucune partition. Que voulait-il dire lorsqu'il déclarait avec bienveillance que ceux qui ne sont pas capables de connaître le tempo d'un mouvement à partir de l'écriture seule feraient mieux de renoncer ? Et même si le créateur sceptique, pour apporter de l'aide, indique le tempo par une spécification langagière, l'identification de la pulsation en est-elle plus facile ? Verdi devait avoir oublié l'italien lorsqu'il fixa pour l'éternité, dans la même œuvre, les indications qui, simplement du point de vue de la langue, paraissent étranges : *Largo* ♩ = 60, *Andante* ♩ = 58. Qu'est donc en fin de compte une indication de tempo ? Une exhortation libre, non avertie de ses possibilités, à être musicien. Peut-être

1. Aristoxène de Tarente (v. 370-v. 300 av. J.-C.), philosophe et théoricien de la musique grec.

à être plus musicien qu'ils ne pouvaient se le permettre. Et cette plaisanterie pas drôle de Schumann, *"So schnell wie möglich*[1]*"*? Aussi vite que pourraient le faire les doigts ou pas plus vite que la vitesse à laquelle mon esprit peut saisir les valeurs dans leur devenir cohérent ? Et ensuite le *"noch schneller*[2]*"*. Dommage que, avide de bons mots, vous ayez ri trop tôt. Oui, rire tout seul est, comme le savent les veufs, plus facile ; cela devient plus difficile à deux. Et dans un concert philharmonique de Vienne joué à guichets fermés, cela n'est pas même possible.

Pardonnez-moi – je reviens en arrière. Comment doit-on comprendre le "noch schneller" *de Schumann, car vous affirmez que, les mêmes faits subsistant, ma conscience ne saurait appréhender encore plus vite ?*

En structurant autrement les porteurs sonores. Cela va nous mener très loin, mais – essayons toujours. Les rapports quantitatifs de masses entre les voix avec une faible expression d'intensité : ils sont autres, ils entraînent d'autres conséquences qualitatives que celles d'une expression plus forte. Lors d'une expression d'intensité accrue, l'équilibre, le "bien-se-trouver-et-s'emboîter" mutuel qui a éventuellement existé avec la pression faible, disparaît, les voix graves étant renforcées de façon inégale, au détriment des autres. Tout (comme on dit si joliment, empiriquement) se déplace vers le grave. Les raisons en sont multiples : le spectre autrement plus grand, plus riche, plus audible des épiphénomènes (sons harmoniques, interférentiels, différentiels, etc.) ; le

1. "Aussi vite que possible."
2. "Encore plus vite." Les deux indications figurent successivement dans la *Sonate pour piano* en *sol* mineur op. 22.

fait que toute voix supérieure, même sans modification d'intensité, appartenant au même système de sons, renforce dans toute consonance la voix inférieure *et non l'inverse* ; le plus grand volume des sons graves, imputable à la facture des instruments ; etc. Pour rétablir l'équilibre, puisque toute fonction musicale a une physionomie obéissant à des lois, conditionnée par la pesanteur (un peu comme tête en haut, pieds en bas), il faut procéder à une correction au sens d'une modification inversement proportionnelle des rapports de force entre les voix. Lors de l'accroissement d'intensité, les graves ne sont pas renforcés comme les aigus, mais dans une moindre proportion. Donc, si ma conscience doit pouvoir percevoir le *"noch schneller"*, en quelque sens que nous le comprenions, je dois structurer autrement. Rien n'est écrit, rien n'a jamais été écrit à ce propos dans une partition. Qu'est-ce qui se trouve donc dans la partition ? *Tout*, disait Gustav Mahler, *sauf l'essentiel !*

Comment sont les conservatoires, les Hochschulen, *les facultés de musicologie*[1] *?*

Mauvais, merci ; mais ils vont très bien depuis que par la pollution de l'environnement musical – pour utiliser cette caractérisation inspirée de Jonas[2] – toute chance de prendre connaissance de l'essence de la musique a disparu de la circulation publique. Ce professeur munichois, hérétique, soit dit en passant, et peu doué sur le plan social, n'a

1. Syntaxe incorrecte, lacune probable dans l'original allemand de la question.
2. Hans Jonas (1903-1993), philosophe américain d'origine allemande, connu pour ses travaux sur l'éthique et le développement durable. A la date de cet entretien, il n'avait pas encore été professeur à Munich.

pas pensé un seul instant au sort réservé à la légion des spécialistes qui, idolâtrant l'impératif de notre époque, ont, avec une grande rapidité et très conscients du but, ramené à l'heure zéro ce qui aurait pu devenir musique. Que va-t-on faire de ceux-là ? Ils sont beaucoup plus nombreux que ne le croit le Munichois, qui ne sait manifestement pas compter. Entre autres heures, il existe aussi, comme on pouvait s'y attendre au vu de la persistance des faits qui agissent aujourd'hui, l'heure zéro de l'interprétation musicale. Et, bien que ces nettoyeurs de voirie, ces poteaux indicateurs métropolitains soient immunisés contre les maladies cérébrales, ils sont pourtant presque tous rétifs aux sortes de musique plus anciennes, éventées, étrangères à notre temps, parce qu'ils sont allergiques à la poussière, et c'en est donc également fini du balayage des rues. Il s'agit bien d'un problème supplémentaire ; et combien plus compliqué ! Qui devrait décider qui doit balayer les rues ? Même M. le ministre ne le peut pas, quand bien même il s'y entendrait autant en matière de musique qu'en balayage des rues : par les temps d'égalisation nivelante qui courent, cela crée des différends d'opinions et de budget, ce qui ne saurait convenir à un bon guide politique, patriotique, non démagogique, soucieux de l'unité nationale : la cérébralité d'aujourd'hui sait mieux que jadis ce que sont le respect de la personne, les droits de l'homme, et connaît mieux les besoins du voisin que les siens propres. Il faudrait peut-être constituer une commission, mais après le précédent créé par la faillite de la commission parlementaire italienne contre la mafia, qui déclarait qu'elle ne pouvait rien faire puisque tout est mafia, la sélection sera encore plus difficile chez nous. La solution la plus dynamique serait de continuer à regarder tout cela, sans répit, avec un étonnement toujours renouvelé.

Et pourtant, malgré toute l'absurdité dans les institutions d'enseignement, il existe quelque chose de directement positif ; même si l'on fait mal de la musique, on ne vient à la musique qu'en continuant à faire de la musique. Dans tout son enseignement de la direction d'orchestre, Swarowsky[1] n'a eu qu'un seul effet pédagogique positif : il a montré exhaustivement par ses explications et par ses exécutions tout ce que la musique n'est pas, tout ce qu'elle ne peut pas être – et chez quelques élèves, c'est précisément par là que s'est formée leur version propre, positive, irrésistible. Les autres ont seulement fait carrière. Que Mehta devine à qui je pense !

Pensez-vous être le seul artiste qui fasse surgir la musique ?

Non ; je pense être peut-être le seul qui sait que ce n'est pas possible avec les déformations d'aujourd'hui.

Si vous étiez l'autorité publique en matière musicale, que changeriez-vous, et comment ?

Que peut changer le pape aux anomalies actuelles ? Elles ne sont pas venues d'en haut, les maladies qui empêchent l'homme d'accéder à la musique. Même le bon Dieu n'a pas pu éviter que la profanation de l'homme ne fût l'œuvre de l'homme lui-même. L'homme spirituel est à son tour conçu, nourri et réalisé d'en bas, par l'homme simple, par ses actions et ses omissions. Voyez donc : les racines sont en bas, elles sont protégées du vent et

1. Hans Swarowsky (1899-1975), chef d'orchestre autrichien, professeur de direction d'orchestre à l'Universität für Musik und darstellende Kunst de Vienne à partir de 1946.

du soleil, elles ne portent pas encore de nom, mais par ailleurs elles ont tout ce qui permet que quelque chose puisse advenir à partir d'elles. Ce n'est pas le pape qui peut calmer les impies – aucune théologie sophistiquée ne peut prouver l'existence du Tout-Puissant pour tous les points de vue humains. Aucun dictateur de la culture, fût-il chinois ou plus asiatique encore, n'est en mesure de faire prendre connaissance à l'homme de sa nature musicale intime. Cela est du ressort exclusif des petites gens eux-mêmes, ou de l'homme dans la petitesse. Il doit seulement savoir qu'il est plus difficile de penser lorsqu'on pense pour lui, plus difficile de chanter lorsqu'on branche pour lui les microphones, plus difficile de vivre lorsqu'on a programmé d'avance pour lui les conditions de vie, et enfin plus difficile de parvenir à la musique lorsqu'on lui montre combien facilement (Dieu nous préserve !) d'autres y ont au fond presque réussi. Non, le chemin est différent ! C'est en moi que je dois trouver les autres.

Je dois trouver en moi, aussi longtemps que cela reste encore le domaine de l'indiciblement possible, ce qui rend possible la mise en communauté des autres subjectivités. Expérimenter ce qui conduit à l'universel objectif, l'intersubjectivité transcendantale. Donc, de moi vers les autres, du singulier vers la pluralité. Lorsque Keyserling[1] a écrit que le chemin le plus court vers soi-même serait un voyage autour du monde, il n'a pas seulement confondu l'ordre décisif des priorités ; le chemin vers soi par un tour du monde est infiniment plus long, car il n'y a rien dans le monde qui ne soit également en nous-mêmes, et il n'est pas possible de connaître

1. Comte Hermann Keyserling (1880-1946), philosophe et écrivain allemand d'origine balte. La référence concerne son *Journal de voyage d'un philosophe* (1918, trad. fr. 1996).

quoi que ce soit dans le monde sans l'avoir également expérimenté en soi-même. Voyez les pauvres résultats humains des voyages sur la Lune ! Le voyage autour du monde est très court pour quelqu'un qui s'est découvert soi-même. Celui qui sait ne se cherche pas dans les autres : il trouve les autres en lui. Trouve les conditions pour que la musique des autres puisse également surgir en toi – ne cherche pas les possibilités que tes jouissances deviennent de la musique pour tous. Seulement après l'avoir trouvé chez soi, on expérimente que cela vaut universellement, que c'est objectif – concernant le sens de l'intersubjectivité. Voilà le chemin, le seul.

D'où vient le sens éminent de la sphère culturelle allemande pour la musique symphonique ? De la tradition répandue pendant des siècles de la pratique de la musique à domicile. Nulle part les hommes ne sont davantage ensemble, davantage *sym*, plus proches d'eux-mêmes, que chez eux. Cela, même ceux qui n'ont pas de domicile le savent, peut-être plus que tous les autres. On ne laisse plus l'homme être à demeure, à même soi[1]. Par bonheur, il trouve tout dehors, préparé pour lui avec prévoyance. Même l'histoire, pour l'individu à mémoire faible, est éclairée, émondée et améliorée par les autres, politiquement, économiquement, socialement, ou même directement, en version abrégée, sans mode d'emploi. Berlin était dans les années 1928 et 1929 le cœur du monde musical de l'époque. Dans ses artères gazouillait depuis longtemps la joyeuse Tonnelle de jardin[2],

1. *Man lässt den Menschen nicht mehr bei sich weilen*. La phrase est à double sens en allemand : "on ne laisse plus demeurer l'homme là où il est chez lui", mais aussi "on ne laisse plus l'homme être présent à soi-même".
2. Allusion probable à la *Musikalische Gartenlaube*, recueil (en plusieurs volumes) de pièces pour chant et piano pour

se bousculaient à la queue leu leu les chœurs de cheminots du tramway, les Moineaux de la cathédrale[1] recrutaient pour le ciel, et tous, à l'image de l'orchestre des médecins, faisaient la fête en musique. A l'époque, les disques plats et les cassettes pleines, avec leurs irremplaçables éternités de bouton-poussoir et leurs révélations de fentes blanches, n'étaient pas encore si directement à l'œuvre. Les autres aussi vivaient alors la musique qui surgissait de la joie musicienne du musicien individuel. Laissez à nouveau les hommes découvrir leur intériorité pour pouvoir l'exprimer en musique. Foutaises ! Vous avez raison.

Facile à dire, mais combien difficile en Italie où la musique, pour des raisons bien compréhensibles, n'a plus à être enseignée dans les écoles. Une nation si musicienne, où même le sermon parlé à la fin de l'office religieux rappelle l'opéra, n'a plus besoin d'instruction musicale. On ne va quand même pas laver le savon ! Et si vous pensez que Bach n'est pas un Italien, c'est votre problème ! Et le concert italien[2] ? Je vous en prie ! Non, cela fait partie du quotidien du musicien italien ; comme son propre dos, qu'il ne touche pas, qu'il ne connaît pas, mais qu'il sent parfois avant d'aller dormir. Laissez donc intacts les conservatoires, pour l'amour du ciel, même les italiens : un garçon doué, une nature créatrice vit le renforcement, l'affirmation de sa propre version, qui n'est pas encore définitivement dépourvue de contours, même par la confrontation incessante avec ce qui n'est pas de l'art. Ce qui devient de

la musique domestique, édité par le chef d'orchestre leipzigois Hermann Langer, très populaire dès les années 1870.
1. Maîtrise (chœur d'enfants).
2. Double sens : allusion au *Concerto italien* BWV 971 de J. S. Bach.

l'art, il peut l'expérimenter seul et l'exprimer lui-même plus tard. Combien les conservatoires sont-ils plus nécessaires à ceux qui ne sont pas doués ! – N'éloignez pas le public des salles de concert : chez lui également, comme chez le jeune, ce qui est présumé vrai *[das vermeintlich Richtige]* surgit à un moment ou à un autre de l'incessante opposition dynamique entre ce qu'il entend et la vérité personnelle. La condition pour pouvoir éprouver la différence de valeur "trop long", "trop rapide", "correct", etc., c'est l'existence d'une échelle propre, individuelle. Par parti pris de l'être humain, qui se meut à l'intérieur de la dialectique des inclinations et des aversions, cette version propre du "Tiers" peut être conditionnée de façon horriblement fausse. C'est le cas le plus fréquent ; mais c'est humain, beaucoup trop humain, et cela ne peut pas devenir encore plus humain. Et les agents de concert, ces philistins idéalistes, comme on les appelle par ignorance, qui – loin de toute intention secrète – rendent possible chaque semaine la rencontre irremplaçable et salutaire, sinon directement avec la musique si difficilement saisissable, du moins assurément de l'homme avec lui-même, s'ils ne sont pas déçus matériellement ou par ailleurs, *il faut* qu'ils restent là, par pitié. Combien d'idiots ont expérimenté quelque chose par la seule écoute répétée de l'idiotie ! Bien qu'on ne l'évalue pas comme telle, il s'agit d'une entreprise sociale. Que Dieu nous les conserve, et nous à eux.

Puisque les chefs d'orchestre ont apparemment aujourd'hui un rôle si centralisateur, si propre à donner une orientation, créez – pour l'amour du ciel – des académies de direction ou une école populaire de chefs d'orchestre, car les chefs aussi sont des hommes. Pourquoi attendez-vous, juges impatients et atroces, un savoir technique étendu et complet, si vous ne leur avez, selon toute vraisemblance accusatrice, rien donné ? Vous avez vous-même remarqué (il ne manquerait plus que ça) que quatre positions et demie sur le violon ne suffisaient pas pour toutes les symphonies, mais vous persistiez à parier là-dessus, simplement parce que vous, auditeurs estimés, ne remarquiez pas le reste. Vous ne pouvez pas laisser estampiller comme parasites de l'ignorance publique ou générale ces derniers nobles bipèdes. Pour l'amour des hommes, outre l'audition prolifique, ils doivent aussi savoir quelque chose. Même si on ne peut pas toujours se fier à l'audition. Ils ont droit, sans restriction, au même titre que les autres citoyens de ces hauts plateaux qu'on appelle si espièglement culture, à une "formation initiale et continue", à une "compétence et insertion professionnelle", et à tout ce qui achèvera de les vider[1]. Simplifiez l'écriture musicale pour ces adultes harassés ! Pourquoi tant de signes secrets et insidieux, pour quelque chose de si simple – qui de toute façon n'est pas juste et qui marche sur n'importe quelle guitare ? Segovia[2] ne joue-t-il pas symphoniquement de la guitare ? Ne laissez pas le recteur embarrassé remplacer Tiessen[3] tout seul par des récitations et des auditions bien intentionnées : les rangs ne doivent pas être remplis à tout prix, c'est un dessein désuet, erroné et patriotique. J'ai du mal à me représenter une cohue d'étudiants devant une chaire vide. Et si vous ne parvenez pas à mettre la main

1. Jeu de mots intraduisible : *ein Recht auf Ausbildung, Auskennen, Ausformung und alles andere, was mit diesem ausleerenden "Aus" zu tun hat.*
2. Andrés Segovia (1893-1987), guitariste espagnol.
3. Voir note 1, p. 67.

sur un rythmicien, puisque même en Suède il y a de mauvaises années pour les orchidées, faut-il à tout prix que vous en bricoliez un à partir des connaissances prosaïques de la presse, des informations fournies par des abstinents peu envieux, et des données brillantes d'un dictionnaire docile ? Les principes de sélection des forces enseignantes ne peuvent assurément pas tous être faux, mais ils sont plus difficiles à distinguer que ceux de la cueillette des champignons, car personne n'est encore mort à ce jour d'avoir consommé de la musique vénéneuse. La formule si souvent entendue, "ça me rend malade", n'est que de la forfanterie de salon. Car c'est à ces malades-là qu'on doit partout le sain épanouissement de la vie des concerts. Et cela devient de plus en plus difficile. S'y ajoutent ces diaboliques mystifications, que les véritables analphabètes ne sont pas ceux qui comptent sur les doigts et espèrent une syntaxe privée ; les vrais, les authentiques, sont ceux qui savent lire et écrire. Et combien d'efforts et d'argent a coûtés la tentative de supprimer les sept années maigres, de ne pas les incorporer au Testament moderne ! Puisqu'on ne peut plus compter sur les vaches grasses que dans la Bible, il faudrait, eu égard à la pénurie générale et chronique, essayer avec la Croix-Rouge ou les autres croix. Chercher de la substance devient, avec le temps, un caprice de luxe, mais trouver de l'argent, cela reste une nécessité moins changeante que la météo. Les partitions, ces enseignants muets, mystérieux, omniscients, patients, toujours disponibles et anonymes, doivent être réimprimées au plus vite, plus simplement et surtout avec plus de couleurs – si l'indigent doit pouvoir échapper à la grisaille quotidienne –, et doivent coûter beaucoup moins cher, voire ne rien coûter du tout, car avec les prix pratiqués aujourd'hui, aucun étudiant chrétien ne peut découvrir par soi-même si les idées coûtent aussi cher.

Si tout cela est déjà en partie derrière eux, laissez donc enfin les enfants vivre à nouveau de la joie musicienne découverte en soi, puis à nouveau dans le monde. Haïr les doigtés et délaisser les heures d'exercices, cela fait partie, au même titre que la manipulation des casseroles et la rébellion contre les notes, du don musical. Quand la musique commence à résonner dans le petit cœur averti, il y a moins de chances que les doigts, archets, pistons, doctrines et maîtres puissent la mettre à mal. Ce qu'il a vécu ainsi continuera d'une façon ou d'une autre à se laisser transporter dans les instruments, malgré les experts qui font galerie. D'abord la santé, et ensuite le bavardage, porteur d'avenir, concernant les façons supposées de ne pas tomber malade.

Il y a beaucoup de choses que vous aimeriez changer du tout au tout ; pourtant, vos concerts en témoignent, vous vous en sortez avec les conditions de travail allemandes !

Je ne travaille pas avec des conditions que je trouve toutes faites : je les crée moi-même pour moi et mes collaborateurs. Cinq répétitions suffisent-elles pour le *Sacre du printemps* comme pour la *Cinquième* de Beethoven, parce que le temps de travail hebdomadaire est limité et les exigences de production, élevées ? Aucun chef de service n'est en mesure de le dire, même si le nom de la station est encore plus impressionnant de brièveté que BBC. Son rôle est d'opposer une mâle résistance à la tentation de faire tenir soixante-dix minutes dans une heure d'émission, et d'autre part de se prêter avec une ouverture toute féminine aux nouveautés de la mode et aux phénomènes de scène. Donc, c'est difficile. Sinon, ils sont musicalement condamnés à l'innocence à vie. Non, c'est à nous-mêmes de répondre et de changer de dispositions. Outre des conditions de travail, nous nous créons aussi de bons programmes et parfois même des salles de concert utilisables. Mais il est impossible de tout éviter ! Voilà un instrumentiste qui voudrait participer à toutes les tâches avec tous ses moyens conscients et inconscients, et on lui met devant le nez, peut-être à vie, un idiot normal – c'est la plus tragique impudence à laquelle notre brutalité peut donner corps et qu'elle ose imposer à l'homme sans défense. Celui qui exploite son prochain, où donc prend-il la liberté de le laisser en vie ? Si peu démocratique que soit le style de vie des grenouilles, ce petit être choisit lui-même la mare où il pourra vivre et prospérer au mieux. Mais au membre d'un orchestre, on ne demande même pas s'il peut supporter cet air marron pendant une semaine. Par ailleurs, Francfort est une région assez démocratique. Les édiles ont beau jeu, car cela fait longtemps qu'il n'y a plus de grenouilles. Il n'en va pas de même pour le Conseil de la radiodiffusion. Qu'est-ce que cela peut faire à un musicien [d'orchestre] allemand que je lui dise que je le soutiens et que je souffre avec lui ? Il n'a pas même cette portée ; il doit nourrir ses enfants, en soufflant dedans. C'est ce qu'il fait et, pour le reste, qu'il ferme sa gueule. Les autres, les sourds, qu'ils parlent plus fort pour entendre si ce qu'ils disent est vrai ! Dans la plupart des eaux allemandes, il est interdit de se baigner : protection de la santé publique. Pourquoi des manifestations musicales sont-elles autorisées dans le théâtre de Wilhelmshaven ou dans le Konzertsaal de Heilbronn ? Est-ce parce que personne ne s'est évanoui après, ou parce que cela ne ressortit pas aux conditions de travail ? Wiesenhütter[1] écrit trop lentement, parce qu'il a des gants, et l'on commence par expérimenter la musicothérapie sur des sujets bien portants. A part ça, nous sommes vraiment heureux, tous, moi aussi, d'être des musiciens d'orchestre allemands.

Et les autres musiciens d'orchestre allemands ?...

Si la musique est le langage universel qui rend possible de se trouver les uns les autres, si elle permet de cultiver et de transmettre des vécus spirituels communs, alors la situation tragique du musicien d'orchestre solitaire, sans l'appui de personne, qui ne veut pas croire que le délire privé qu'on lui impose soit de la musique, est indescriptible. On trouve beaucoup d'étrangers qui cherchent de la musique dans cette riche Allemagne : cherche-t-on aussi ceux qui n'ont pas trouvé de musique ? Y a-t-il une différence musicale quelconque entre un Allemand non doué et un étranger non doué ? Probablement oui – sinon les comités compétents n'auraient pas pu si facilement, si souvent et univoquement, en faire profession. Etre international ne fascine pas seulement les provinciaux – les autres aussi aiment que l'art n'ait ni frontières, ni couleur de peau, ne sache pas peler les pommes de terre, qu'il soit infiniment dépourvu de chauvinisme et ouvert sans portes, et qu'il parle couramment l'anglais des hôtels. La question est de savoir si l'Allemagne peut se passer de ses propres chefs et si l'étranger peut se passer de l'Allemagne ! Est-ce si certain qu'"impossible" vienne de "possible" ?

1. Gerhart Wiesenhütter (1912-1978), chef d'orchestre et compositeur allemand, auteur de pièces virtuoses orchestrales pour grand public.

L'offre vient-elle avant la demande ou la demande après l'offre ? En tout cas elle vient sur la tête des receveurs d'ordres. Et pourtant, de façon étonnante, malgré une pesante incapacité, un gémissement désespéré et une durable souffrance, il y a une surprenante disposition, une juvénile capacité à s'enthousiasmer chez le musicien d'orchestre allemand, qui attestent que la terre nourricière, longuement et grossièrement piétinée, peut encore offrir, sinon des phosphates, du moins quelque chose par ailleurs. Ces feux qui clignent encore sous la cendre épaisse sont pour moi la plus belle exhortation et le plus vivifiant aiguillon à faire une nouvelle tentative, même si, chaque fois, le commencement est enfoui au plus profond de l'homme orphelin.

Voyez-vous, tout ce que je vous ai raconté sur la musique et la non-musique pourra être et sera facilement tenu pour intellectuel, pour abstrait, dépourvu d'intuition, pour une manière insensée de couper les cheveux en quatre par un chauve qui s'exerce à ergoter. Mais pas pour les musiciens d'orchestre, mes compagnons de route, avec qui je me suis embarqué pour maints voyages au pays des merveilles. Et si nous en sommes revenus sains et saufs, ce n'est pas de mon fait, c'est grâce à eux. C'est pourquoi ces considérations ne vous sont pas destinées. Vous n'en auriez d'ailleurs pas besoin. Cet entretien est conçu, absurdement, pour ceux justement qui se perdront sûrement, inévitablement et sans interruption dans l'aspect intellectuel, abstrait, rationaliste, de tous les exposés, pour qu'il me soit permis d'emporter calmement chez moi, aujourd'hui encore, le sentiment bienfaisant d'avoir fait quelque chose pour mes semblables… *Onze* vient le plus souvent après *huit*, même pour ceux qui se sont émancipés de la pratique familière de compter sur les doigts. Mais peut-être pas pour ceux qui perdent de vue le rivage à *sept*, ni pour ceux qui ne disposent pas de suffisamment d'exégètes visibles aux ongles rouges pour pouvoir apprendre quoi que ce soit sur *onze*. Par pure charité humaine, n'allons pas plus loin dans le calcul. Je suis par ailleurs reconnaissant à ma nature de cette évolution qui m'a permis de prendre, loin de toute mondanité éclairée au néon, le chemin qui mène au vécu de la musique, en communauté avec maint musicien. Comme la plupart des gens qui manquent d'illusions, je suis moi aussi frappé d'une myopie appropriée, qui ne me permet pas toujours directement de faire plus intimement connaissance avec le public qui applaudit et prodigue des compliments. Mon véritable auditoire, mon public qui m'est proche, ce sont ceux qui, capables de vivre et s'en réjouissant, participent à la mise en forme *[die erlebnisfrohen und -fähigen Mitgestalter]*, mes musiciens d'orchestre. C'est d'eux et ensemble avec eux que j'ai expérimenté ce que n'est pas la musique, et comment elle advient parfois.

Il y a quelqu'un qui appelle ; je crois que nous devons terminer. A côté travaille un court théoricien musical de Stuttgart.

"Pardon... est-ce que M. Schoor m'a appelé ?

— Non, je me parlais à moi-même !

— Et que vous racontiez-vous encore ?

— Je ne sais pas ; je n'ai pas écouté !"

9

À PROPOS DE L'EXÉCUTION DU SCHERZO DE LA *NEUVIÈME SYMPHONIE* DE BEETHOVEN

De ses grands ancêtres Haydn et Mozart, Beethoven n'a pas hérité l'infaillible maîtrise à rendre si adéquatement la caractéristique spécifique d'un mouvement sonore par une désignation verbale, et à cet égard il n'a pas repris grand-chose à ses modèles. La grâce indicible qui, sous la forme d'une recommandation généreuse, guide et accompagne l'exécutant pour le mener invariablement au vécu du ne-pas-pouvoir-autrement, lui était pour le moins étrangère. Une certaine instabilité (il a souvent modifié ses indications de tempo), un manque de représentation réaliste des relations dynamico-cinétiques qui ne se matérialisaient qu'après l'épreuve du feu de la première exécution, des indications qui dépassent la limite du réalisable (finale de la *Huitième Symphonie*), une indécision fréquemment réitérée lors de la traduction de la polyvalence du langage dans l'unicité de la correspondance musicale, ce sont là autant d'obstacles à une exégèse univoque de son monde d'idées musicales.

Pourtant, tout ce qu'il a noté dans la fougue de sa grande impétuosité n'est pas flou ou impénétrable, loin de là ; peut-être avait-il déjà connaissance de la correspondance purement relative entre le sens musical et le langage, sans quoi il n'aurait pas eu recours au métronome. Il y a donc des mouvements, des inspirations, des situations qui sont notés sans ambiguïté et dans une parfaite adéquation à ses intentions. Parmi ces heureuses réussites figure le scherzo de la *Neuvième Symphonie.*

C'est par une méchante et tragique ironie du destin que ce modèle de dénominations parfaitement entendues et fixées sans équivoque possible, justement, n'a pas été réalisé par ses soi-disant interprètes, mais remplacé et balayé par une absurde juxtaposition successive de parties, preuve confondante de leur incapacité à vivre la forme comme cadre intouchable du devenir musical.

Pour son scherzo, Beethoven a imaginé une forme de base A-B-A très simple ; après une partie A, notée *Molto vivace*, qu'il détermine par l'indication métronomique : blanche pointée (donc trois noires) = 116, vient une partie B qu'il munit de l'indication *Presto*, la ronde (donc quatre noires) = 116. Après cette partie B, nouvelle à tout point de vue (thématiquement, harmoniquement, symphoniquement, formellement constitutive par un contraste dans le tempo), suit la répétition, mot à mot littérale, de la partie A. Parmi les nouvelles caractéristiques de la partie B, l'augmentation de la vitesse de "vite" à "plus vite" *(Molto vivace – Presto)* constitue l'aspect le plus essentiel. Mais pour que tout reste à l'intérieur du cadre d'une continuité perceptible, Beethoven donne avec une exactitude mathématique les chiffrages métronomiques, qui garantissent une modalité plus fiable, plus adaptée à la faiblesse humaine, de l'expérience directe des relations musicales entre deux tempi. Et ces chiffres sont les mêmes pour le *Molto vivace* (trois noires) et le *Presto* (quatre noires), à savoir 116. Par conséquent – et c'est essentiel pour la cohérence – le *Presto* est plus rapide d'une noire, cependant que les battements de la pulsation, c'est-à-dire ce que transmet l'exécutant, restent les mêmes. L'opposition de ces deux mouvements, dont la qualité et le rôle principal sont de créer le contraste constitutif de la forme, reste déterminante.

Au lieu de viser à la manifestation des conséquences de ce contraste par un mouvement plus rapide, comme le compositeur l'a fixé une fois pour toutes, on y a cousu une caricature à validité générale et aisément saisissable de la partie centrale, qui va beaucoup plus lentement et qui est ainsi sans caractère et sans relation avec la partie A initiale, qu'elle était censée compléter dans la sphère du *Presto* extrêmement rapide. Avec cet *Andante buffo ma non troppo*, qui doit remplacer le *Presto*, on a enrichi cette pauvre *Neuvième Symphonie* sans autres pertes pendant un siècle et demi.

La théorie selon laquelle le métronome de Beethoven était déréglé (A. Schering) n'a ici aucune incidence ; ce qui est essentiel, c'est le fait que, à côté d'une notation impeccable de l'accélération (stringendo *il tempo)*, les chiffres métronomiques par lesquels il définit les deux mouvements correspondants sont identiques ; sur des métronomes intacts ou défectueux, ce sont les mêmes chiffres.

Que les musicologues aient cherché à justifier cette version simpliste, instaurée selon une routine débile, par diverses propositions un peu fêlées (Beethoven aurait pensé le *Presto* à la blanche et non à la ronde ; il n'y a aujourd'hui aucune édition qui porte encore ses indications originales), c'est là un monument vivant, coulé dans le marbre fluide d'un fromage du Harz, de la plus pure bêtise, qui constitue un verbeux épilogue à ce drame muet.

Il se peut que des mélomanes qui sont nés avec une certaine frayeur des chiffres et qui perçoivent avec une certaine sympathie la différence sonore entre les désignations verbales *Molto vivace* et *Presto*, il se peut que ceux-là, sans grand effort sémantique, comprennent cette différence dans le sens d'une intensification : du rapide *(Molto vivace)* au plus rapide *(Presto)*. Cette transition se produit à l'intérieur d'une période de huit mesures. L'exécutant dispose donc de huit mesures pour gagner une noire. C'est là la mesure de l'accélération du *stringendo* situé entre le *Molto vivace* et le *Presto*. Peut-il y avoir une manière plus univoque de formuler les volontés testamentaires ?

L'interminable série des interprètes semble avoir tout compris jusqu'à ce point – ils poussent la clémence jusqu'à faire encore jouer deux mesures du *Presto* dans la cohérence voulue, donc dans le tempo *presto*. Mais à la troisième mesure du maudit *Presto*, une personnalité certainement forte à l'époque découvrit que le compositeur devait s'être terriblement trompé, et pour aider le maître bien-aimé en crise dans cette situation d'urgence, avec les mêmes notes et la même écriture du scherzo, on a composé une promenade lente, confortable, idyllique, à travers le jardin élyséen des sensations agréables, dans l'espoir que les hommes, puisqu'ils sont des hommes, deviennent bientôt frères de surcroît[1]. Avec ces fortes personnalités, qui furent plus puissantes que l'idée de base, on a affaire assurément à de bons architectes qui, fièrement et sûrs de l'avenir, construisirent la première maison avec le faîte à la cave.

Nous sommes bienheureux de pouvoir vivre dans cet avenir ; et le fait que ce modèle unique se soit affirmé sans difficultés jusqu'à ce jour nous

1. Allusion au vers de Schiller : *"Alle Menschen werden Brüder"* (Tous les hommes deviennent frères), mis en musique dans le Finale de cette *Neuvième Symphonie*.

renforce dans notre certitude que tout va pour le mieux dans le meilleur des mondes. La forme A-B-A avec la partie B beaucoup plus lente est si solide qu'elle résisterait aux bombes ; toujours et partout elle suscite un accueil fantastique. Dommage que cette idée populaire, bourgeoise, digeste ne soit pas venue au maître lui-même, qui n'en faisait qu'à sa tête. Avec des moteurs robustes, il est possible que, après avoir mis les gaz en troisième vitesse, vous vous retrouviez en première. Ce parallèle pas forcément musical peut produire de très sains discernements – dommage seulement que le son ne soit pas aussi robuste ; il disparaît avant que la main ne s'aperçoive que le cerveau n'est plus en mesure de retenir quoi que ce soit.

Il est normal que tout cela vous ait échappé, à vous chers amis pleins de patience ; un édifice musical n'est pas là pour être habité, et aussi longtemps que votre fauteuil reste au sec, vous n'avez pas besoin de savoir où se trouve le toit.

Que la presse spécialisée soit si obsédée par la dynamique assourdissante du soliloque, cela aussi c'est normal, et il serait pour le moins discourtois d'attirer son attention sur des faits qui jusqu'ici n'ont guère excité sa bienveillance.

Un critique, un seul, un Autrichien à la fin du siècle dernier, a posé la question de savoir pourquoi les chefs d'orchestre ne font pas ce qui est écrit. (Pour des raisons démocratiques – il ne figure dans aucune statistique – nous ne le nommerons pas.)

Combien propice à la paix et à la justice s'avère le manque d'un code pénal pour les délits musicaux ! On ne peut tout de même pas punir tous ceux qui, activement ou par ignorance, participent à un tel meurtre culturel. Ce serait antisocial.

Social est ce qui vaut pour beaucoup, pour le plus de gens possible.

Avec les autres, il n'y a pas grand-chose à faire.

II

AUTOUR DE FURTWÄNGLER

10

CELIBIDACHE ET FURTWÄNGLER

Faisant désormais de la musique dans cette nouvelle maison[1], *vous arrive-t-il de repenser à l'ancienne Philharmonie de la Bernburger Straße ?*

Oh, oui, bien entendu. C'était quelque chose ! Nous n'avons plus rien de tel. Tout était déjà là de soi-même, sans qu'on ne fasse rien. Et si on avait encore des oreilles pour les sonorités et une connaissances des sonorités, on pouvait faire descendre le ciel sur terre.

Vous êtes arrivé en 1936 à Berlin et vous avez assisté à tous les concerts de Furtwängler, qui étaient encore à l'ancienne Philharmonie.

Oui, bien sûr. Et cela reste pour moi un traumatisme très lourd. Car ce que j'ai entendu à l'époque, je ne l'entendrai plus.

Est-ce que ce sont des sonorités qui vous environnent encore et dont vous pensez parfois que ce sont les sonorités que vous cherchez ?

1. Cet entretien a eu lieu deux jours avant le concert d'inauguration de la nouvelle salle de la Philharmonie du Gasteig à Munich.

Non. Je ne cherche pas de sonorités, mais je sais comment ça doit sonner, parce que j'ai des connaissances en écriture *(Tonsatz)* et sur les instruments. Et je sais ce à quoi on peut parvenir dans cette acoustique, avec ces personnes et ces instruments. Chercher autre chose que cela serait faire erreur.

Nous approchons en ce moment du centième anniversaire de la naissance de Furtwängler. Qu'est-ce qui vous lie aujourd'hui encore à cet homme ?

Tout. C'est de lui que je tiens les connaissances musicales les plus profondes. Je lui ai demandé une fois : "Comment est-il ici, *Herr Doktor*, ce tempo ?", et il a répondu : "Ça dépend de la manière dont ça sonne." C'est une révélation ! Il n'y a donc pas de tempo physique, qu'un métronome pourrait saisir. Si cela sonne de manière riche et si la diversité est énorme, j'ai besoin de beaucoup de temps pour saisir cela ensemble.

Au début, Furtwängler était également contre les disques, c'est seulement plus tard qu'il a dit : bon...

... il n'y a jamais été favorable, même à la fin, il n'y était pas favorable, mais il avait besoin d'argent. Par ailleurs, son grand rival a franchement inondé le monde de disques, il était donc obligé de...

C'était Toscanini...

... non, ce n'était pas son rival. On agitait sans cesse Toscanini devant son nez, mais son véritable rival était Karajan ; il y avait donc de sa part un certain malentendu. Furtwängler lui a donné trop d'importance et a contribué d'une certaine manière à le grandir.

A Berlin, une question nous agite : lorsque Furtwängler est revenu en 1947 après avoir subi ce qu'on appelait la dénazification, il ne voulait cependant plus redevenir le chef principal de l'Orchestre philharmonique. C'est vous qui aviez à l'époque les meilleures chances de l'être. Est-ce que Furtwängler vous a toujours appuyé pour que vous devinssiez son successeur ?

Je ne peux pas dire cela comme ça. C'était aussi une situation très compliquée pour tout le monde. Que Karajan ne lui ait pas convenu, on le comprend très bien. Et en ce sens, je ne l'aurais pas fait non plus, pour réaliser en quelque sorte ce souhait [d'évincer Karajan]. Mais à l'époque, il y avait d'autres problèmes avec l'orchestre, parce que j'ai eu simplement d'importants conflits avec des personnes qui ne pouvaient plus faire comme moi je voulais. Ce fut très déterminant.

Furtwängler n'avait-il pas ces conflits avec les musiciens ?

Non. Furtwängler n'était pas un chef d'orchestre avec une ouïe fine, et pour lui, un peu plus ou un peu moins, cela ne posait aucun problème. Moi, je ne supportais pas du tout cela.

A l'époque, vous auriez donc voulu réorganiser l'orchestre ?

Oui, mais c'est une pensée hypothétique – tout ce que j'aurais pu faire à l'époque, etc. Je ne peux pas penser ainsi. Mais en tout cas, il y avait un certain conflit entre l'orchestre et moi. Cela n'aurait donc pas pu se faire en toute simplicité.

Cela remonte désormais à plus de trente ans. Est-ce qu'au fond la rancœur est toujours présente en vous aujourd'hui, ou y a-t-il des conditions auxquelles vous reviendriez chez les Berliner Philharmoniker ?

Eh bien, voyez-vous, je n'ai pas été invité aux cent ans des Philharmoniker en 1982. Une fois cet intendant de l'époque[1] m'a appelé pour me demander si je viendrais. Je me suis alors tenu à leur disposition : "je viens" et j'ai même discuté des programmes. Puis il a tout laissé tomber, afin, probablement – pensait-il – de faire plaisir à Karajan. Je n'en ai plus jamais entendu parler et j'ai appris par notre directeur que je ne figurais même pas sur le planning. A la cérémonie, je n'ai pas été invité.

... Celibidache absent pour le centenaire ! Vous avez pourtant dirigé plus de quatre cents concerts là-bas.

Oui, oui, mais cela n'a aucune importance. Voyez-vous, il y avait d'autres intérêts en jeu. On pensait probablement qu'il n'était pas bon de fâcher le chef de l'époque avec une telle invitation. Je ne peux pas poser davantage de questions. En tout cas, j'ai dit son fait à l'intendant de l'époque et c'est ainsi que nous nous sommes séparés.

Nous allons avoir prochainement un nouvel intendant à Berlin.

Mais vous savez, cela n'a rien, absolument rien à voir avec Berlin. J'aime mes Berlinois, et je viens encore de le confirmer à l'occasion du voyage en

1. Le Dr Peter Girth. *(Note de Klaus Lang.)*

RDA, exactement comme avant. Ils viennent à moi : "... Mon Celi, comment vas-tu, mon Dieu, vous êtes venu !" Oui, bien sûr, je suis venu et j'aimerais venir bien plus souvent. Nous avons comme projet de venir chaque année jouer de la musique à Berlin. J'appartiens encore à Berlin, aujourd'hui comme avant. Mais je ne peux pas être d'accord avec cette orientation de l'orchestre qui consiste à faire le plus petit service possible. Même la qualité de l'orchestre n'est de loin plus ce qu'elle était.

Puis-je saluer les Berlinois de votre part ?

Mais oui, bien sûr, de tout mon cœur !

11

COMME UN PHARE

Hommage à Wilhelm Furtwängler

J'ai étudié à Berlin à partir de 1936 et je ne me souviens pas d'avoir manqué un concert de Furtwängler, avec ou sans billet. J'avais instinctivement senti qu'il s'agissait chez lui de quelque chose de tout à fait particulier. Quand, après la guerre, je suis devenu chef de l'Orchestre philharmonique, il était inévitable d'entrer en contact personnel avec lui, et alors se déploya pour moi une période incroyablement féconde. A l'époque, j'étais encore, comme tout musicien qui débute d'une façon ou d'une autre, dans un monde de doutes, de possibilités d'interprétation, etc. J'avais certes un pressentiment de ce qui est possible en musique, mais ce n'est que bien plus tard que j'ai appris où est la véritable problématique. Mon problème résidait dans le fait que je ne savais encore pas du tout appliquer ce que j'avais appris de mes professeurs, tout ce qui a trait au côté spirituel de la musique. Je me laissais simplement entraîner par l'ivresse du son et c'est aussi avec le son que je faisais mes succès. Mais qu'un effet sonore provoque quelque chose dans l'être humain, ce n'est pas encore de la musique, ce sont des sensations musicales, des sensations sonores – le son peut devenir musique.

J'avais déjà une sorte d'inclination naturelle pour les théories de la phénoménologie, qui sont extensives et qui résolvent les problèmes musicaux en relation à l'être humain. Mais ce n'est qu'après ma période berlinoise que j'ai su que la musique n'est rien d'autre que l'application de ces possibilités humaines. Avec Furtwängler, je ne pouvais pas en parler, c'était un pragmatique, un homme d'instinct, d'une intuition géniale. Mais c'est de lui que j'ai reçu les plus belles preuves de la justesse de ma pensée, bien qu'il n'ait jamais su qu'il m'a aidé de cette manière.

Furtwängler était un phénomène unique en son genre. Il est le premier et le dernier, le seul qui ait développé le sentiment de ce que nous appelons en phénoménologie la pression verticale, c'est-à-dire la somme de tous les facteurs qui agissent sur nous dans le maintenant ; et le seul qui ait éprouvé cette pression verticale en rapport à la pression horizontale, c'est-à-dire avec la somme de tous les facteurs qui agissent aussi dans le maintenant, mais qui n'apparaissent pas dans le maintenant. La musique n'est rien d'autre que ce rapport ! – lorsque ces deux dimensions disparaissent dans une unité, car l'esprit humain ne peut avoir affaire qu'à l'unité. Il la transcende rapidement et vient à l'unité suivante, il se libère de la première afin d'être libre pour la seconde.

Furtwängler était le seul qui en fût capable. Ce n'est pas pour cela qu'on l'appréciait. Son effet principal, naturellement… – c'était une sorte d'hypnotiseur, il avait un pouvoir incroyable sur l'orchestre et le public, dès qu'il arrivait [sur l'estrade], il y avait de la musique dans l'air. Mais son plus grand mérite fut effectivement d'être le premier à mettre en forme, à avoir traité consciemment ce phénomène.

Furtwängler n'était pas un bon chef d'orchestre, mais c'était un musicien de génie. Un jour je lui demandai, à propos d'un passage : "*Herr Doktor*, à quelle vitesse cela va-t-il ?" Une question très ouverte, physique, dirais-je. Et que me répondit-il ? "Oh, cela dépend comment ça sonne." – Donc : la manière dont cela sonne peut déterminer le tempo ! Le tempo n'est pas une réalité en soi, mais une condition. S'il y a là une énorme multiplicité qui agit ensemble, j'ai besoin de plus de temps pour pouvoir, musicalement, en faire quelque chose ; s'il se passe moins de choses, je peux passer par-dessus plus rapidement. Sa réponse était purement empirique, mais pour nous, phénoménologues, c'est l'une des connaissances les plus importantes [qui motivent] tous nos efforts.

De telles explications, qui étaient ressenties d'une manière incroyablement profonde, mais qui, dans son esprit, n'appartenaient pas à un système, il y en avait tous les jours. Pour moi, c'était une immense confirmation, car j'avais toujours pensé qu'il ne pouvait en être autrement. Que dans la mesure 25 devait être contenu tout ce qui a été énoncé dans les vingt-quatre mesures précédentes. L'identité du commencement et de la fin n'y était pourtant pas toujours, il traitait aussi le tempo avec une grande liberté, et de temps en temps il y eut des choses tout à fait manquées. Je me souviens d'un concert avec la *Symphonie en ut majeur* de Schubert. Un merveilleux premier mouvement, un magnifique deuxième, un troisième (le scherzo) – dans le trio, le ciel s'est ouvert. Et puis, dans le dernier mouvement, des contrastes, des oppositions, une fois comme ci, une autre fois comme ça – je n'ai absolument pas compris ce qu'il faisait. Je ne pouvais m'imaginer qu'il eût commis une erreur, mais je n'ai pas compris. Je ne me suis donc pas précipité pour le voir. A la fin, c'est lui qui est venu me chercher et sa première question : "Comment était-ce ?! – Merveilleux, *Herr Doktor*, le premier mouvement, tout ce que vous y avez fait ! Le deuxième, le troisième – magnifique, cette flûte ici, cela a sonné merveilleusement… – Et ?! Comment était le quatrième ? – *Herr Doktor*, excusez-moi s'il vous plaît, je ne l'ai pas compris ! – Vous avez raison, j'ai frappé complètement à côté *[ich hab's total verhauen]* !" Je n'en revenais pas qu'il ait eu conscience de cela ! Qu'il ait fait des expérimentations même dans des circonstances aussi inhabituelles, cela indique seulement que toutes ses réactions étaient spontanées, sans préventions, non dérivées d'un savoir, ni de traditions quelconques, mais du maintenant, du maintenant magnifique et inépuisable !

Sur les disques, pas même une ombre de Furtwängler n'est restée. Il le savait très exactement, que les microphones ne peuvent pas enregistrer cela. Un jour, il a fait un disque à Londres avec le Philharmonia Orchestra. Ensuite, ils ont écouté la prise, et il s'est mis en colère : "Ce n'est pas mon tempo !" – Bien sûr que non, car la multiplicité que peut capter le microphone et celle qui s'est formée dans l'espace sont différentes ! Puisque le tempo n'est rien d'absolu, mais une condition pour que la multiplicité puisse être réduite – comme il s'agissait d'une autre multiplicité, le tempo était faux ! Aucun disque ne peut rendre ce qu'il y avait dans l'espace, pas même le numérique aujourd'hui. Les disques sont, dans le meilleur des cas, les photographies d'un processus vivant. Assurément, il y a de belles photographies, mais prenez par exemple Brigitte Bardot : ce qui l'a rendue célèbre n'est pas photographiable…

Malgré tout : quand vous parlez de lui, c'est comme s'il n'était plus parmi nous. Rien n'est plus faux que cela ! Le peu qu'il m'a été permis de vivre avec lui est pour moi comme un phare. Tout ce que j'ai fait par la suite, je l'ai fait par rapport aux connaissances que j'ai reçues de lui. Il n'y a eu personne avant lui et il n'y aura plus personne après lui. Mais il n'est pas un souvenir ! Il est là, pour ceux qui avaient des oreilles et qui aujourd'hui peuvent en faire quelque chose. Il est un élément constitutif de la forme. Dans chaque être humain, il y a la possibilité de mettre en forme la musique comme il nous a montré que cela est possible. Chez lui se sont libérées des forces qui sont présentes partout, il nous a sollicités *[angesprochen]* comme il s'est sollicité lui-même. Il est unique, et je considère ma rencontre avec lui – non ma rencontre personnelle, mais ma rencontre en tant qu'auditeur – vraiment comme une grâce.

12

SUR WILHELM FURTWÄNGLER

A quand remonte votre premier contact avec Furtwängler ?

C'était d'abord en 1937 à Berlin, mais je ne l'avais alors entendu que par des disques, le contact direct s'est fait plus tard, au début de mes études.

C'était à une époque où, pour autant que je sache, vous étiez surtout influencé par Toscanini.

Mais bien entendu, le monde entier était alors influencé par Toscanini – car ce que celui-ci réussissait était immédiatement perceptible, et il ne s'agissait pas de dimensions spirituelles. Il y avait un certain ordre dans le matériau – en cela, il s'y entendait assurément. Mais je n'ai jamais remarqué quoi que ce soit de spirituel chez Toscanini. Alors que j'ai aussitôt remarqué que chez Furtwängler il s'agissait de tout autre chose : de quelque chose de métaphysique, de transcendant, des relations entre les sons et les sonorités. Bien que Furtwängler ne fût pas à proprement parler très porté sur les formulations intellectuelles, j'ai quand même reçu de lui des assertions sur la musique qui m'ont montré le chemin. Par exemple, je lui demandai un jour : "*Herr Doktor*, à quelle vitesse va ce passage ici, cette transition ?" A quoi il répondit : "Oh, cela dépend comment ça sonne." Je sus donc désormais qu'il ne s'agissait pas là d'une discipline octroyée de l'extérieur telle que le temps physique, qui n'a rien à faire en musique. Non, le tempo est une condition pour que ce qui doit sonner parvienne à sonner. Une condition pour que la multiplicité des phénomènes musicaux soit intégrée, "réduite", adaptée à la qualité constitutive de l'esprit humain, et que par là soit rendue possible l'appropriation par l'être humain.

Il y a en effet différents rapports de tension dans la musique, il y a des parties qui en sont très remplies, d'autres qui le sont moins. Il me semble qu'il vous est arrivé de parler d'une pression horizontale et d'une pression verticale dans la musique et vous avez déclaré que c'est précisément à cet égard que Furtwängler transmettait la musique avec une compétence particulière.

Furtwängler est le premier, le dernier, l'unique, qui a éprouvé cette pression verticale en relation avec la pression horizontale.

La pression verticale surgit de la somme des phénomènes musicaux qui agissent ensemble dans le maintenant ; par exemple dans un accord de dix-huit instruments, ils se trouvent bien tous dans certains rapports entre eux, dans les intervalles, les hauteurs de notes, etc. Ils agissent tous dans la simultanéité. Nous les entendons comme une unité *[als Eines].* Mais ce sont de nombreux facteurs dirigés les uns par rapport aux autres, les uns vers les autres, ce sont des vecteurs et non des phénomènes isolés. Si les différences dans les qualités constitutives de chacun de ces facteurs sont très grandes, la tension musicale est très grande ; si les différences sont plus petites, si les facteurs proviennent en quelque sorte tous de la même famille, les tensions sont moins grandes. Donc, de la somme de tous ces facteurs qui se matérialisent dans le maintenant résulte la pression verticale.

La pression horizontale n'a pas lieu dans la simultanéité, mais dans l'un-après-l'autre. Chacun des éléments horizontaux laisse une impression dans ma conscience, et les relations entre ces points nodaux produisent également une impression. Si chacun de ces éléments disparaissait – comme c'est en effet le cas physiquement –, cette pression ne se produirait pas. Mais après le premier son, j'en perçois un second en rapport avec le premier, le troisième en rapport avec le second et le premier, le quatrième en rapport avec le troisième, second et premier, et ainsi de suite – il s'agit donc là de l'effet récursif des sons. Tout cela, nous le vivons dans l'enchaînement, en vertu de la qualité constitutive de notre esprit. Et ce processus horizontal est en relation permanente avec le processus vertical, avec la pression verticale.

Si l'on disait donc que la musique est dans le flux horizontal ce que la pression verticale permet à chaque instant, ce serait parfaitement correct. Si l'on disait que la musique est ce que la pression horizontale structure dans la pression verticale, ce serait également correct. Seulement, il y a une chose qui n'est pas correcte : s'approcher de la musique avec le verbe "être". La musique n'est ni quelque chose, ni rien. Nous ne parviendrons pas jusqu'à elle avec "être". La musique n'est pas quelque chose, mais quelque chose peut devenir musique, et c'est le son. La musique a affaire à des relations entre sonorités et sons.

Ainsi, on peut dire peut-être qu'un chef d'orchestre sera un musicien d'autant meilleur qu'il éprouve et réalise ces relations.

Un chef d'orchestre n'est d'ailleurs pas encore un musicien. Il *peut* être un musicien. Mais un homme qui met seulement de l'ordre dans l'orchestre de façon à ce que les instruments jouent ensemble, que personne ne joue trop faible ou trop fort, et que se produise une certaine fonction musicale – ce n'est pas encore, loin s'en faut, de la musique. Simplement, il met en place une condition préalable au surgissement de la musique. Un tel chef n'est pas encore un musicien.

Furtwängler aurait donc été pour vous surtout un musicien, et non pas seulement un chef d'orchestre. Pour vous, en effet, "musicien" signifie plus que "chef d'orchestre".

Pas seulement un musicien, Furtwängler était un créateur. Avec une naïveté dont il n'avait absolument aucune conscience, une pureté enfantine, il a d'abord pénétré par l'écoute au cœur de ce qui est musical, il a fait de la musique à partir de ce qu'il entendait intérieurement et créé des conditions pour que la musique surgisse. Mais comment cela se passe-t-il chez les autres, lorsque par incapacité ils n'appréhendent pas toute la multiplicité des phénomènes, et qu'ils n'entendent pas cette fameuse octave astrale, la quatrième de la matière brute, parce qu'ils sont sourds à la musique ? Alors leur intégration ne se rapporte bien sûr qu'à une partie des phénomènes, à celle qui a le moins d'importance, à la matière brute. Ce n'est de loin pas le tout !

Ils n'ont alors pas d'oreille pour ce que possède Furtwängler – c'est-à-dire une conduite d'archet aussi phénoménale, de tels rapports entre les différentes significations des intervalles, du chromatisme, de l'harmonie.

Furtwängler a travaillé et retravaillé ces aspects, et en cela il n'avait peut-être pas même conscience de ce qu'il faisait, de ce qui était en jeu. Mais il a fait en sorte que les musiciens le découvrent. Et tout d'un coup, de toutes nouvelles sonorités apparurent.

Pendant l'ouverture de *Tannhäuser*, il dit un jour : "Joué ainsi, cela plane." Qu'est-ce que cela signifie ? Soudain, de tout nouveaux effets apparurent, par quoi ? Par cette structuration, qu'il ne maîtrisait certes pas toujours entièrement, mais dont il ne se satisfaisait pas, dont il restait insatisfait lorsque cela n'allait pas. Et quand cela allait, alors apparaissaient ces autres octaves secondaires. Et que se passe-t-il donc si vous n'entendez pas cela ? Tout tempo deviendra pour vous trop lent. Car lent ou rapide sont conditionnés par la complexité de ces phénomènes. Eh bien, Furtwängler avait une oreille pour cela, et encore, l'oreille n'est même pas décisive, c'était une oreille *spirituelle* pour ces phénomènes secondaires. Et aussi longtemps que cela ne se manifestait pas, il ne lâchait pas le morceau. Est-ce que cela apparaissait toujours ? Non. Il était malheureux de bon nombre de ses concerts.

Si nous partons seulement de l'écriture en tant que telle, de la partition, la partition, bien entendu, ne sonne pas. Est-elle amenée à sonner ? Cela dépend par qui. 90 % des chefs d'orchestre ne prêtent attention qu'à la matière brute. Ils cherchent à s'en rendre maîtres par un tempo rapide. Ce n'est pas ce que faisait Furtwängler. Et ce que faisait aussi chacun des hommes qui vivaient avec lui sa musique. Entendre d'une façon créatrice – et non pas être confronté dans l'idiotie à du physique. Furtwängler a écouté la richesse des épiphénomènes. Je le répète, il n'y réussissait pas toujours, ni ses gens dans l'orchestre, une telle chose est fragile, comme l'être humain lui-même.

Est-ce que le fait qu'il ait été lui-même un compositeur si engagé a pu jouer un rôle ? Il pensait lui-même être un compositeur important plutôt qu'un chef d'orchestre.

Oui, c'est juste, et en même temps ce n'est pas juste. Il n'était pas un grand compositeur. Il avait une prédisposition à écrire des gradations incroyables ; il n'y a nulle part, dans toute la littérature [pour orchestre], des gradations telles que celles qu'il écrivit. Seulement, les connexions, et la fameuse relation intemporelle entre la fin et le commencement, il n'y avait pas cela chez lui.

La capacité recréatrice chez Furtwängler n'est donc pas liée à cela selon vous ?

Non, pas en ce sens. Voyez-vous, même dans l'auditeur qui accomplit cette intégration, cette réduction intégratrice, il y a quelque chose de créateur qui participe. Il peut créer parce qu'il est en mesure de laisser la musique agir sur lui sans aucune prévention.

Seul celui qui est un homme libre peut être créateur. Et être libre, c'est un exploit. Seul l'homme libre peut suivre ce qui se passe avec le son et atteindre ainsi l'intégration décisive. Seulement l'homme libre. Si vous y allez dans l'attente que votre chagrin d'hier disparaisse grâce à la *Cinquième* de Beethoven, cela sera peut-être le cas quelquefois, dans l'*Andante con moto*, mais nulle part ailleurs. Alors vous êtes déçu. Mais si vous êtes un homme d'action et que, grâce à Furtwängler, vous faites l'expérience de la volonté volcanique qui est là à l'œuvre, mon Dieu ! et quelle musique surgit de là, alors, oui, vous êtes très heureux.

Et comment Furtwängler réagissait-il lorsqu'on lui disait cela ? "Mon Dieu ! combien vous êtes libre lorsque vous écoutez le son !" Alors il disait seulement : "Que voulez-vous dire ? Pourquoi ? Qu'y a-t-il ?" Il se croyait très engagé. Mais Furtwängler était un homme libre, bien que dans la vie et à l'égard de la vanité et de l'ambition il ne fût pas si libre que cela. Voyez-vous, telle est la nature humaine.

Naturellement, parmi ceux qui sont dans un orchestre de cent vingt personnes, tous n'ont pas pu comprendre de quoi il s'agissait pour lui. Un quart des musiciens d'orchestre, et c'est ainsi dans n'importe quel orchestre, n'a aucun don pour la musique.

Est-ce que cela n'a pas été important pour Furtwängler de travailler avec un orchestre qui le connaissait très bien, donc avec le Philharmonique de Berlin ou le Philharmonique de Vienne ? Cela fut sans doute plus difficile avec d'autres ?

C'était là sa fatalité, c'est pour cette raison qu'il ne voulait pas aller en Amérique, où il avait déjà été et où il n'avait rien obtenu. Bien entendu, il dépendait beaucoup des orchestres. Et il ne pouvait réellement faire de la musique qu'avec les Orchestres philharmoniques de Vienne et de Berlin. Avec les autres aussi, jusqu'à un certain point, parce qu'il possédait une incroyable capacité de communication. Quand il était ainsi emporté par un passage, il transmettait immédiatement cela à l'orchestre.

Même à un orchestre qui lui était étranger ?

Oui, mais ces finesses, par exemple ces cors qui planent, cela n'était le cas avec aucun autre orchestre. Cela requiert je ne sais combien d'années jusqu'à ce qu'un orchestre ait acquis une certaine connaissance de la personnalité du chef, sans parler de sa dimension spirituelle. Cela prend beaucoup plus longtemps et c'est aussi conditionné individuellement. Il y a des gens, dans l'Orchestre philharmonique de Munich, dans mon cas, avec lesquels on a tout de suite un contact, et il y en a d'autres jusqu'à ce jour avec qui je n'ai pas le moindre contact. C'est ce que j'ai appris par leurs déclarations. Ce sont des morceaux de bois qui gagnent seulement leur argent, qui continuent à nager, si vous voulez, dans un fonctionnariat très confortable.

A propos de Furtwängler...

A l'époque où je vivais avec Furtwängler, si je puis parler ainsi, il m'a révélé cette dimension – bien qu'il n'en sût rien vraiment lui-même. Comment il a fait de la musique en fonction de la sonorité : si vous voulez corroborer la phénoménologie de la musique et montrer que c'est là une apparition absolument inévitable, si vous voulez véritablement parvenir à l'essence des conditions qui, du son, font quelque chose, font de la musique – si vous avez vécu cela chez Furtwängler, vous en avez les plus beaux, les plus glorieux exemples qui soient. Cette phrase : A quelle vitesse cela va-t-il ? "Cela dépend comment ça sonne", toute la phénoménologie y est contenue.

III

MUSIQUE ET MÉDITATION

13

PEU NOMBREUX SONT CEUX QUI COMPRENNENT[1]

Questions de vie d'un point de vue bouddhiste

La reviviscence de l'intérêt pour la philosophie d'Extrême-Orient en général, et pour le bouddhisme zen en particulier, que l'on observe aujourd'hui de toutes parts dans les pays occidentaux, ne saurait être interprétée seulement comme un phénomène de mode passager, propre à une génération déboussolée ; ce renouveau d'intérêt s'avère, dans une mesure constamment croissante, l'un des signes caractéristiques du bouleversement en profondeur dans lequel le monde de l'esprit s'est engagé après le deuxième fort ébranlement de ce siècle. Dans le contexte de la problématique qui s'y rattache, signalons ici un ouvrage récemment

1. Il s'agit de la recension rédigée par Celibidache d'un ouvrage qui venait de paraître (Martin Steinke / Tao Chün, *Das Lebensgesetz*, Munich, Delp'sche Verlagsbuchhandlung, 1962). Après des études d'économie politique, Martin Steinke (1882-1966) réunit dès 1922 près de Berlin une communauté bouddhiste. En 1933, à l'issue d'un séjour dans un monastère en Chine, il est ordonné moine *Mahâyâna* sous le nom de Tao Chün ("Sentier Raide", Dào Jùn dans la transcription internationale pinyin aujourd'hui en vigueur). Elu président lors du Congrès bouddhiste mondial de Londres en 1934, il fonde en 1937 à Berlin une association officielle, Communauté bouddhiste, qui sera interdite pendant la Seconde Guerre mondiale ; Steinke est brièvement emprisonné par la Gestapo en 1941. Celibidache semble avoir été en contact étroit avec lui dès 1939.

paru, celui de Martin Steinke / Dao Jun : *La Loi de vie*. Le sous-titre le présente comme une réponse à des questions de vie, donnée d'un point de vue bouddhiste. La préface a été rédigée par le professeur Carl Friedrich von Weizsäcker[1]. Ce livre représente une étape significative sur le chemin des relations de plus en plus étroites entre le mode de pensée spécifiquement européen et l'esprit de l'Extrême-Orient qui s'en distingue si foncièrement. Si l'ouvrage, qui pourrait contribuer à un virage décisif au sein du développement de l'actuelle génération tardivement mûrie, répond à un besoin fréquemment éprouvé de décantation, il n'entend pas pour autant être une tentative de conciliation entre deux sphères culturelles qui se sont rapprochées. La publication consiste en une série d'essais dont chacun se suffit à soi-même, mais qui n'en sont pas moins tous étroitement reliés entre eux, et elle reflète en définitive une attitude unifiée face à tous les problèmes de la vie, en embrassant des réflexions sur la santé, sur l'angoisse, sur la tranquillité et jusque sur la méditation *samadhi*[2]. Dès le premier examen de ces matériaux diversifiés se révèle avec une surprenante clarté le fait inattendu que la problématique du temps du Bouddha, contre toute apparence, est identique

1. Carl Friedrich von Weizsäcker : philosophe et physicien allemand (1912-2007). Disciple de Werner Heisenberg et de Niels Bohr, il travaille sur les forces de liaison dans le noyau atomique et sur l'origine de l'énergie dans les étoiles. Professeur de philosophie à l'université de Hambourg de 1957 à 1969, il réfléchit sur la responsabilité du savant et sur les conditions de la paix à l'ère nucléaire. Son frère cadet Richard von Weizsäcker fut président de la République fédérale d'Allemagne de 1984 à 1994 et proche ami de Celibidache.
2. Recueillement, concentration, orientation de l'esprit sur un objet unique.

à la nôtre : la vie est et reste ce qu'elle a toujours été.

Qu'il s'agisse du savant atomiste d'aujourd'hui, avec sa perspicacité recherchant l'unité ultime par d'incessantes fissions, ou de l'hindou d'alors, absorbé dans la rêverie éveillée de son monde sentimental sursaturé : les questions – aussi bien les bonnes que celles qui sont mal posées – restent identiques à elles-mêmes avec une fidélité rigide, voire stéréotypée. Et pourtant, si bien des choses ont changé entre-temps, ce n'est pas tellement le cas du mode d'expression. Car un chercheur peut sans difficulté comparer et identifier les plus infimes mouvements linguistiques de la logique d'alors et les limites nécessairement inhérentes à ses lois, avec ceux d'aujourd'hui, et inversement : à l'univers conceptuel apparemment bien plus différencié d'aujourd'hui, dès lors qu'il est mis à l'épreuve du critère de l'intuition concrète, on trouve partout des correspondances directes en pali[1]. Le philosophe de salon, avec sa souplesse non dénuée d'associations conventionnelles, peut bien, lors d'une première lecture, recueillir l'impression que la considération de questions contrastées et la multiplicité des réponses décisives représentent la tentative de soigner les soucis et les douleurs les plus actuels de l'humanité, par des analogies avec une vieille religion de la mesure et de la délibération, passée du premier plan à l'arrière-plan des domaines d'intérêt humains, ainsi que par les remèdes éprouvés d'un homme raisonnable et plein d'expérience.

Il n'en va pourtant pas ainsi : des analogies peuvent certes se former à partir de la superficialité, du préjugé ou de l'insécurité de l'esprit tâtonnant

1. Langue dans laquelle sont rédigés les textes de la tradition bouddhique.

encore dans les ténèbres ; ici pourtant il ne s'agit pas de correspondances, mais d'identité absolue. Si Dao Jun disserte sur les problèmes de l'homme d'aujourd'hui dans des études séparées en les réduisant à leur raison suffisante, il ne le fait pas pour prouver l'universalité et l'intemporalité de l'enseignement bouddhique ; ce qui apparaît comme semblable, identique, inchangé, provient uniquement de la persistance de la nature humaine et des lois auxquelles est soumise son existence. Ce qui importe plutôt, c'est que la compréhension pleine et directe de la dynamique des forces dont l'effet conjugué conditionne la vie est accessible à chaque époque et, sous certaines conditions, à chaque individu. C'est là l'idée élémentaire, la raison motivante qui a guidé l'auteur.

Ce qui distingue cette singulière présentation de la doctrine du Bouddha de toutes les autres descriptions de ce genre, si nombreuses dans l'histoire de la philosophie occidentale, c'est précisément l'intuition *[Anschauung]* qui la fonde, une intuition qui pénètre dans les relations intimes entre les idées et les connaissances fondamentales et qui peut être traduite seulement par quelqu'un qui l'a lui-même vécue. Considérée de la sorte, cette entreprise ne comporte rien qui ressortisse à la relation relativisante entre le sujet et l'objet, rien non plus qui appartienne à la description interprétative ; elle est bien plutôt la transposition directe d'une expérience vécue dans un langage et dans une forme vivants.

Le Bouddha et sa doctrine redécouverte ont été, à plusieurs reprises, expliqués, comparés, redimensionnés ; mais c'est la première fois dans l'histoire spirituelle de l'Occident qu'un Européen, à partir d'une base toute différente, se situant à la hauteur d'une loi saisie par une intuition en première personne, transmet cette sagesse intemporelle à un cercle de destinataires nécessairement différent quant à sa nature et quant à sa composition, cette transmission ayant lieu à partir d'un certain niveau en direction d'un certain niveau. Ce ne sont pas les temps, les expériences, les âges qui diffèrent – c'est l'attitude fondamentale qui est la même. Qu'est-ce qui est transmis ici ?

La pénétration profonde et exhaustive dans la totalité des lois de la vie. Une telle compréhension ne peut surgir que de certaines conditions de vie personnelles et ne peut résulter que d'une vie particulière, conduite par la raison. Elle ne saurait pas davantage être obtenue de l'extérieur, par une pensée analytique-synthétique, ni par conséquent se transmettre par des formes de langage figées pour la sécurité de la circulation. Ce que signifiaient originairement et ce que devaient signifier les concepts fondamentaux de la doctrine bouddhique, il faut l'expliquer à nouveau aujourd'hui avec nos propres représentations et symboles de pensée. La clarification de ces concepts fondamentaux est une condition indispensable, et c'est ici que Martin Steinke ouvre de nouvelles voies de connaissance. Les textes de la tradition en reçoivent un sens nouveau qui surprendra sans doute plus d'un érudit, un sens dont la signification ultime ne peut être clarifiée que si l'on atteint l'accord avec les concepts fondamentaux et que l'on réduit à leur valence d'origine bien des représentations instables.

Ce que Gautama Bouddha a dit, et ce qu'il n'a pas pu dire, ne doit pas, pour l'intellectuel ouvert d'esprit ou pour l'idéaliste à l'attitude poétique, rester un mystère ou, dans le meilleur des cas, une agréable stimulation de ses occupations mentales secondaires : le Bouddha était un homme, et c'est en tant qu'homme qu'il a vécu et parlé. Sa vie était placée sous la même loi que la nôtre à tous. Ce qu'il en a fait, ce qu'il a atteint dans sa vie humaine ne s'est pas produit en vertu de je ne sais quelles qualités ou circonstances surhumaines, surnaturelles, ésotériques ; non, c'est en tant qu'humain qu'il a vécu son illumination, et c'est en tant qu'humain qu'il a montré à d'autres humains la voie qui mène au but.

Son enseignement fut transmis de bouche à oreille, et les hommes d'alors, connaissant aussi bien que ceux d'aujourd'hui la dynamique sans cesse changeante du langage ainsi que la polarité et la polysémie instables des concepts, comprirent qu'aucune rédaction écrite de ces discours, malgré la force qui leur était inhérente, ne saurait constituer une garantie fiable pour la révélation de leur sens originaire, plutôt qu'une enveloppe qui le recouvrirait. Même les traditions nées dans l'entourage du Bouddha pouvaient ou ne pouvaient pas, peuvent et ne peuvent pas restituer le sens originaire ; la logique seule, c'est-à-dire une pensée statique, ne saurait le rendre, quand bien même elle s'appuierait sur les mêmes présupposés et sur les mêmes méthodes de pensée ; car sinon, l'Occident si hautement doué pour la pensée n'aurait pas pu produire tant d'exégèses divergentes. Même le caractère le plus rigoureusement conditionné de tous les facteurs entrant en considération peut être aboli par la polyvalence des concepts et par la constitution spécifique de la langue respective, ce qui, malgré la plus grande objectivité et la plus haute compétence, peut mener à des résultats différents. En essayant de lire, à partir de la cohérence obscure des présents énoncés, la véritable continuité de l'image d'ensemble, qui donc est en mesure d'éliminer le doute, aisément concevable, selon lequel l'interprétation des textes concernés ne serait rien d'autre que la projection de représentations caractéristiques de l'Occident sur une terminologie sanskritiste ? Seul en a la capacité celui qui a reconnu les mêmes conditions, qui en a vécu et réalisé les effets.

La restitution, ou plutôt le rétablissement du sens originaire est accessible à chaque époque et restera toujours une tâche proposée à l'effort individuel. C'est ce que prouvent la vie et l'œuvre de Martin Steinke (ordonné *bhikkhu*[1] bouddhiste le 1er novembre 1933 à Tsi-hia-shan près de Nankin), sur le chemin de crêtes desquelles paraît le présent ouvrage. Seul quelqu'un qui a ainsi marché peut voir ainsi. L'énoncé de Tathagata[2] Dao Jun, l'énoncé de "celui qui a marché ainsi", y gagne une propriété unique et incomparable :

Connu par soi-même ce qu'est la souffrance,
Connu par soi-même comment elle surgit,
Connu par soi-même comment la supprimer et
Connu par soi-même la voie qui y mène.

Outre la force de percer de cette façon jusqu'au fond véritable, Martin Steinke possède également la capacité, si personnels que soient le langage et la manière, de transmettre ce qu'il a connu.

Celui qui, dans la mouvance de l'intérêt renaissant de l'Occident pour la mystique orientale, cherche dans cet exposé une nouvelle interprétation des mystères supposés mais non encore dévoilés d'une religion surnaturelle, celui qui veut satisfaire sa passion pour toutes sortes de sciences occultes, déchaînée par une pratique erronée ou droite du yoga, celui qui souhaite s'adonner à la

1. Moine.
2. Epithète palie du Bouddha, signifiant "ainsi allé" ou "ainsi venu".

description romantique d'un monde d'idées à jamais disparu en éprouvant l'emphase du drame humain d'aujourd'hui, celui-là ne trouvera rien qui lui convienne dans ce livre ; car celui-ci parle exclusivement de la vie, de l'homme et de l'aujourd'hui – de la vie quotidienne, de l'homme actuel, et de l'éternel présent.

Serait-il possible que le bouddhisme ne soit vraiment pas la philosophie du pessimisme ? N'est-il donc pas la doctrine, repue de souffrance, du renoncement ? Qui ose contredire la supposition obscure et ferme que le Bouddha niait la vie ? Bhante[1] Dao Jun peut-il affirmer et peut-il prouver d'une manière vivante, à nous autres dialecticiens blasés de logique, que le Bouddha n'enseignait pas l'idéalisation du renoncement, l'érection en dogme de la privation et de l'autoflagellation, l'endurance résignée du fatalisme, afin de gagner la béatitude dans l'au-delà ?

Dans ces études, on parle constamment et avec un enthousiasme toujours renouvelé de joie et d'expérience heureuse, et les dernières lignes de chaque chapitre délivrent sans exception, avec une force indomptable, la joie véritablement contagieuse du salut vécu et transmis avec une vivante pulsation.

Ainsi, il se peut que de calmes et raisonnables observateurs occidentaux éprouvent aujourd'hui pour la première fois que l'enseignement bouddhique représente une attitude positive envers la vie, attitude que seuls peuvent gagner des hommes qui ont atteint la pleine maturité et le plein contrôle de leurs propres forces. Par contre, celui qui, tourmenté par la logique, rumine assidûment d'interminables combinaisons n'aura pas facilement accès au vrai contenu de cet ouvrage : car il ne peut pas

1. Terme pali signifiant "vénérable".

annexer cette doctrine à son domaine de connaissances, ni être conquis par elle. Il s'arrêtera longuement à la première difficulté. Celle-ci consiste à discerner la différence fondamentale entre la pensée statique et la pensée dynamique, c'est-à-dire entre l'adhésion, l'obstination, la pensée reliée à l'*ego*, et la connaissance clairement consciente de l'insondable et incessante continuité du déroulement des lois de la vie, et à saisir les conséquences qui en découlent.

"Il est difficile de trouver ceux qui comprennent." Il en fut ainsi du temps du Bouddha ; il en est ainsi aujourd'hui ; il en restera ainsi. L'indicateur du chemin, celui d'alors comme celui d'aujourd'hui, ne les cherchait pas et ne les cherche pas. Que de nombreux pèlerins le trouvent !

14

LA MUSIQUE EST MÉDITATION

Quelle influence le yoga a-t-il sur votre façon de faire de la musique ?

Je ne peux pas dire que le yoga soit un commencement, et je ne peux pas non plus parler d'une influence quand j'ai commencé à m'intéresser au yoga. Le yoga est plutôt un complément ; lorsque l'homme a expérimenté quelque chose à propos de Dieu, il reste lié à Dieu par le yoga. Aucun homme qui ne sait simplement rien, ni de soi, ni du monde, ne peut faire quoi que ce soit avec le yoga. Mais le yoga est alors une cristallisation de ce lien. Le yoga fait que l'homme se rapproche de soi-même, donc de Dieu. Car nous sommes de nature divine. Le yoga a toujours eu sur moi un effet formidable. Jadis je l'ai pratiqué par curiosité. Je voulais apprendre quelque chose du monde surnaturel, [supra-] sensible, et c'était la motivation, comme probablement chez n'importe quel homme jeune.

C'est par la musique que, d'une certaine façon, je suis venu au yoga, et non l'inverse. Mais ensuite, lorsque j'ai vu que la musique ne peut pas être un jeu de sensations[1], que jamais de la vie elle ne saurait être cela, je me suis rendu compte que rien de ce qui est dans la musique ne peut être réalisé par la volonté propre, par l'*ego*. Et ainsi, la musique

1. Voir note 2, p. 214.

est pour moi, lorsque les conditions matérielles brutes me le permettent, une méditation. C'est-à-dire que je ne pense pas du tout que je dois maintenant faire ceci ou cela, mais tout a lieu. Et ce n'est pas moi qui fais la musique, mais je crée les conditions pour qu'elle puisse surgir. Ce n'est pas nous qui la faisons. Nous créons les conditions pour que Dieu, qui est vérité et beauté, se manifeste à nous. Mais nous n'y réussissons pas toujours.

Pendant huit ans, j'ai fait de la musique d'une façon tout à fait insensée, c'est-à-dire sans faire de la musique. J'ai transmis des sensations et des impressions. Le monde, cette Maya, est infini, et j'ai produit des illusions et des déceptions, avec du son naturellement. Jusqu'à ce que je me sois rendu compte : mon Dieu, ça ne peut pas être cela. Un jour, j'ai rencontré un homme qui était passé par l'école du yoga, et il m'a dit : Tout ce que vous faites est faux. – Et j'ai suivi cet homme. Et je n'ai pas fait une carrière mondiale, comme me l'ont proposé les Américains. Ils cherchaient un successeur pour Toscanini. Pour un homme de trente-cinq ans, c'est intéressant, mais je n'ai pas pris le chemin de l'argent. L'homme instruit en matière de yoga me montra que ce ne sont pas les notes, qui ne sont que le matériau brut, qui constituent le morceau. A présent nous savons qu'il y a une autre discipline, intérieure. L'intérieur est le ***kurukshetra***, le champ de notre combat permanent. C'est le combat qui a été décrit dans la *Bhagavad-gîtâ*. Ce combat[1] n'a pas eu lieu voici cinq mille ans avec Krishna ; il a lieu chaque jour.

1. Il s'agit d'un combat intérieur. Arjuna, le héros de la *Bhagavad-gîtâ*, commande une armée qui doit livrer bataille contre une armée dans laquelle il a reconnu des membres de sa famille et des amis ; il est en proie au doute quant au sens de son devoir et, dans son désarroi, s'adresse à Krishna.

C'est ainsi que j'ai continué à devenir attentif à ce qui, dans la musique, n'est pas si matériellement brut. Et cela m'a beaucoup aidé de me séparer du son et de parvenir à la transcendance du son. Car le yoga est transcendance, et la musique est transcendance. Le yoga [non plus] n'est pas matériellement brut.

Pourquoi recommandez-vous à vos élèves des pratiques de yoga ?

Je ne fais pas cela à la légère, car je suis convaincu que, dans l'état d'esprit qui nous caractérise actuellement, on ne peut venir à bout du yoga tout seul. Je suis également convaincu qu'il y a très peu de maîtres capables d'introduire [à cette pratique]. Les écoles de yoga que je connais, je les récuse. Sans avoir le sentiment de faire mieux ou de savoir mieux. A coup sûr, je ne saurais faire mieux moi-même. Je dis aussi à chacun de bien réfléchir avant de commencer – la décision est-elle prise en votre propre âme et conscience *[im eigenen Sinn]* ou pour d'autres ? Dans cette vie, j'ai atteint le *nishkâma karma*, c'est-à-dire : l'action dépourvue de désir. Je ne veux pas donner un concert fantastique, mais je fais des efforts fantastiques pour que ce concert nous rende nos forces spirituelles. Peu importe que cela soit bon ou mauvais. Je n'attends pas que les gens applaudissent ou qu'ils disent : Vous êtes le plus grand de tous, ou : Vous êtes le plus grand des idiots. Cela ne m'intéresse pratiquement pas. C'est là une différence par rapport à jadis, jadis je me sentais fort maltraité par les gens qui n'avaient absolument rien compris. Comme aujourd'hui, ils ne comprennent pas. Mais le plus admirable est le fait du public qui n'a aucune formation du tout, pas comme les gens qui, parce qu'ils connaissent deux sonates et demie de piano, s'imaginent qu'ils peuvent aussi comprendre nos conditions *[Verhältnisse]*.

Ce qui est si grandiose dans un phrasé, c'est d'abord que cette phrase, si elle est réussie, si le phrasé est effectivement complet, est à l'unisson de toutes les disciplines universelles et humaines possibles. C'est un rapport de proportions *(beaucoup-moins, aigu-grave, clair-obscur, rapide-lent)*, c'est quelque chose qui fait vibrer l'homme dans son intégralité. Si vous y parvenez, par les correspondances entre le son et le monde affectif, tous les chakras (centres énergétiques) s'ouvrent, ils sont verticaux, et tout ce qui constitue en général ce cosmos et sa force vitale coule à travers eux.

Mais nous ne pouvons parler aux gens en ces termes, car à quoi bon ? C'est être cinglé ! Si je dis à quelqu'un que je vois des anges qui regardent depuis là-haut et qui écoutent, et qui n'ont vraiment pas de place, et qui se bousculent ; il dira : Celui-là, il déraille, c'est fini. Mais bien sûr, bien sûr, nous savons bien.

Dans le Srimad Bhagavatam[1], *on recommande diverses formes de* sadhana *(pratiques spirituelles) pour différentes époques. Pour* Kali Yuga *(époque sombre), l'époque actuelle,* kirtan *(chanter le nom de Dieu) est tenu pour la meilleure voie vers la réalisation de soi. Quelle relation y a-t-il entre* kirtan *et la musique occidentale ?*

Certes, nous chantons ces chants *bayan* (chants de Dieu) là où il est également question de musique. Mais si vous ne pensez pas à ce que vous chantez, c'est comme si vous ne chantiez pas. C'est

1. Appelé aussi *Bhâgavata Purâna*.

exactement comme dans notre musique : si chacun ne s'ajuste pas à l'autre – et cela n'est possible que s'il met de côté son moi –, la musique ne surgit pas. On peut chanter des chants *bayan*, on peut chanter des chants *kirtan*, on peut tout chanter, et n'en rien tirer. L'homme ne chante pas avec sa gorge.

Je ne m'adapterais pas à la spécificité de cette époque. Chaque chemin vers *moksha* (la liberté) est individuel. L'un trouve une aide en ceci, un autre en cela. Les voies sont infinies. Ce qui est certain, c'est que les voies passent par la maîtrise du moi. Nous devons pouvoir mettre l'*ego* hors circuit lorsque nous n'en avons pas besoin. Il y a une activité fausse du moi et il y a une activité des sens qui sont absolument incompatibles avec le développement de l'esprit.

Un homme peut parvenir à Dieu par *nâmasmarana* (le souvenir de Dieu) aussi bien qu'un autre par le yoga. Il y a des hommes qui n'ont pas l'aptitude à créer cette unité par des *asana* (postures corporelles de yoga), par la concentration de l'esprit et par des exercices de respiration, parce qu'ils sont physiquement si usés qu'ils ne peuvent plus le vivre dans cette vie. Avec les critères matérialistes qui caractérisent à présent notre vie, il n'est pas possible de dire qui est un maître et qui ne l'est pas.

Personne ne peut vous dire quel est le goût du sucré. Vous devez le goûter vous-même. Je ne crois pas à une thérapeutique générale, que ce soit *kirtan* ou autre chose, qui serait valable pour tous, mais je crois que la voie vers Dieu est ouverte à tous.

Quelle est la différence entre la musique pop et la musique classique occidentale, en particulier en ce qui concerne les effets sur l'esprit et le corps astral ?

Il y a des musiques qui ne devraient pas s'appeler musique. Je ne suis pas d'avis qu'on puisse définir la musique. Car il n'y a pas quelque chose qui soit de la musique. Mais quelque chose peut devenir musique. Et c'est le son. Il n'y a pas "est" comme forme d'existence. Où est la *Cinquième* de Beethoven ? Elle doit d'abord surgir. Et vous ne pouvez pas dire non plus que ce disque est la musique, car le disque a été enregistré dans telle acoustique, et nous l'écoutons dans telle autre. Ce sont alors d'autres relations qui se forment. Une musique qui met en mouvement le corps astral et qui, de ce fait, devient une jouissance pour l'individu, c'est un abus commis au nom de la musique. C'est une activité des sens. Mais si vous prenez des chanteurs américains de *gospel*, qui chantent quelque chose pour Yahvé, cela peut être de la musique suprême. Mais <*il chante*> la musique de divertissement, cela réside trop dans l'éthéré. Ce n'est rien d'autre que de la sensualité.

Nous pouvons aussi nous comporter de façon sensuelle avec les compositeurs occidentaux. Nous pouvons, comme nous sommes en train de le faire actuellement [avec l'Orchestre philharmonique de Munich], anoblir Tchaïkovski. Nous éloigner de cette sensualité à bon marché, c'est-à-dire de ce son dans l'opulence – fouger comme une truie dans la boue, ce n'est pas cela. Nous voulons en rester loin, et nous croyons avoir découvert qu'il y a quelque chose au-dessus de la sensation directe du son. Et c'est ce que nous transmettons – du moins, c'est ce que nous essayons de transmettre. Tout ce qui est son n'est pas musique. Tout ce qui est *darshan* (adoration de Dieu) ne vénère pas Dieu. Un *mantra* a un tempo qui est conditionné individuellement ; il existe quelque chose comme le processus spirituel d'entrée en vibration, le temps qu'il faut pour que les données qui viennent à vous comme des concepts deviennent des formes vécues d'états de l'esprit.

Vous allez à la mer et, au début, le bruit des vagues vous dérange terriblement. Vous ne le connaissez pas. Mais, peu à peu, vous l'intégrez, et cela ne vous dérange plus. Est-ce que quelque chose a changé là-dehors ? Non, c'est chez vous que quelque chose a changé. C'est-à-dire que la forme de donnée "phase noétique" est devenue "phase noématique".

Donc, quelqu'un peut chanter un *mantra* et n'en rien tirer. Il faut qu'il le comprenne – car devant Dieu il ne peut dire quelque chose, demander quelque chose qu'il n'a pas compris – et s'il le comprend, c'est une question de temps. Plus le sujet est compliqué, plus il a besoin de temps. Aucun de nous ne peut dire : je te prie, éveille mon *viveka* (discernement), mon *dhiyo yo nah prahodayat*[1], éveille en moi la possibilité de distinguer ce qui subsiste de ce qui est intemporel – puis attendre que cela se passe. Il s'agit d'un temps, du temps est nécessaire jusqu'à ce que tu le vives toi-même. Et ce qui se passe n'est pas : te rapprocher de Dieu. Car Dieu n'est ni proche ni lointain. Dieu est partout présent de façon absolument inchangée, omniprésent, donc également toujours chez toi. C'est toi qui n'es pas toujours chez Lui. Nous devons prononcer chaque *mantra* – si toutefois nous y croyons – comme si c'était la première ou la dernière fois, comme si tu devais mourir demain ou à la seconde même. Alors le *mantra* est pour toi positif, c'est-à-dire qu'il te met dans l'harmonie

1. Derniers mots du *gayatri mantra* (l'un des mantras les plus anciens tirés du *Rigveda*) ; ils signifient littéralement : "Que se déploie l'esprit méditant."

universelle. Sinon, ce n'est qu'une activité de la bouche, des mots, de la parole, une fausse pensée, de fausses illusions, etc., etc.

Alors, pour en revenir à la musique : avant de commencer, j'essaie de me vider totalement : et cela réussit, je redeviens un enfant, un enfant innocent. Je commence, je vous le jure, comme si je n'avais aucune idée du morceau. J'écoute ce qui se passe – et c'est nouveau, tout à fait nouveau. C'est ainsi qu'on dit un *mantra*. Car quand est-ce qu'un *mantra* s'use, si toutefois il s'use ? Où peut-il être usé, sinon chez l'individu, chez le *jiva*[1] ? Du reste, il est éternel. Il n'y aurait d'ailleurs pas de *mantra* si l'homme savait quelque chose de l'éternité. Le Bouddha a dit : *Dharma* (la vie juste[2]) est comme non-*dharma*. Oui, mais à quel niveau ?

Les œuvres de différents compositeurs créent, bien sûr, des vibrations différentes. Y a-t-il certains morceaux de musique qui, selon vous, ont une spiritualité particulière ?

Bien entendu. Il y a beaucoup de morceaux de musique qui restent ancrés dans l'éthéré. Vous vous en rendez compte le plus souvent dans la musique populaire. Et cette monotonie est vivifiée un peu par le texte. Mais pour un texte où cela ne reste effectivement pas saisissable comme tel, lorsque vous chantez *Govinda Gopala* – qu'est alors le texte ? Il pourrait aussi être autre chose. Ce n'est pas ainsi : je dois appeler le numéro 24 pour recevoir mon argent. Ça ne contient pas cette finalité. Et dans tous nos chants qui nous apprennent

1. Celui qui vit, le vivant.
2. Littéralement : la (bonne) Loi.

quelque chose sur le monde, pour nous séparer de tout, la symbolique de la pensée n'est plus liée à la pensée discursive. *"Radha Krishna, Krishna Radha, Radha Radha, Krishna Krishna"* – allons donc, est-ce là du texte ? Si tu dis éternellement "Dieu, Dieu, Dieu, Dieu", est-ce un texte ?

Oui, mais il y a des musiques qui restent profondément ancrées dans le sensuel. Et c'est naturel, pensez donc, dans le *mûlâdhâra*[1], où les forces sont vraiment incroyablement critiques, quels mauvais effets peuvent surgir, précisément par la musique. On a dit que Wagner est un compositeur si sensuel. Pas pour moi. Je ne vois là rien de sensuel. Mais j'y vois des vibrations qui peuvent aussi être orientées autrement. Je les oriente de telle sorte que je les comprends, toujours autrement. Et toujours vers le haut. Et je ne peux pas comprendre qu'en écoutant Palestrina quelqu'un puisse penser à sa bien-aimée. Mais c'est là aussi une forme directe de méditation, et la plus concentrée. Par le chemin le plus direct, tu parviens face à un phénomène qui devrait éternellement t'être connu, Dieu. Il y a des musiques qui sont fixées sur *manas* – sur la pensée, c'est *mind* en anglais, *manas* en sanskrit – qui n'apportent rien de plus à l'homme. Mais il y a les mêmes musiques qui sont fixées sur *manas* et qui font avancer l'homme. Car nous nous sommes éloignés de Dieu par *manas*, et c'est par *manas* que nous le retrouvons. C'est le même soleil qui te donne la lumière, et qui crée aussi les nuages qui te masquent la lumière : le même soleil. C'est le même œil qui te permet de voir et qui crée la cataracte qui t'empêche de voir. C'est

1. Le terme provient du yoga. Les *adhâra* sont des zones du corps et le *mûlâdhâra* se situe à la base de la colonne vertébrale, à peu près au niveau du périnée.

le même charbon qui reçoit *vibhuti* (de la cendre), et on ne voit plus qu'on est charbon.

C'est par *manas* que nous nous sommes éloignés de Dieu, par *manas* que nous le retrouvons. Il y a une musique qui est effectivement si intellectuelle qu'elle est issue de *manas*, naturellement, elle n'en aura pas besoin. Moi, je ne peux rien en faire. J'ai découvert il y a quarante ans que l'art est le chemin vers la liberté. Un morceau de musique s'étend en expansion dans l'espace et dans le temps. Qui donne à ce devenir le droit de subsister si longtemps dans le domaine de notre conscience et de captiver l'être humain tout entier ?

Ce sont, d'une part, les correspondances entre le monde sonore avec ses propriétés constitutives différenciées et les réactions déclenchées dans le monde affectif de l'homme, et, d'autre part, les rapports entre les différentes impulsions, c'est-à-dire les contrastes, les oppositions et leurs résolutions. La particularité spécifique d'une image sonore tire l'auditeur dans une direction par les réactions déclenchées ; une autre image sonore, d'un tout autre genre, se trouvant en contraste avec la première, le tire dans une autre direction. Le premier thème est héroïque, le deuxième est lyrique. Le monde affectif, mis en mouvement, tend très naturellement à une résolution de cette tension qui vous a arrachés au repos relatif. Et cette poussée, avec laquelle nous suivons inlassablement l'expansion, c'est-à-dire l'élargissement du conflit, n'est rien d'autre que le besoin de se libérer de cet être-tiré-de-part-et-d'autre.

Le son, les sensations sonores et leurs associations ne sont que des appâts. La polarité des sons constitués dans des configurations *[Gebilden]*, dans des formes *[Gestalten]* est le matériau de construction qui alimente l'expansion.

Jusqu'où ira l'expansion de ce conflit vibrant dans le matériau sonore et dans l'homme ? Jusqu'à ce qu'elle ne puisse pas aller plus loin, jusqu'au moment où le point culminant du conflit est atteint. Après quoi l'on vit les conséquences de la résolution. Pourquoi écoutons-nous ? Pour être libérés. Nous écoutons parce que la nature humaine, divine, le repos, la liberté qui réside en l'homme (qu'elle soit consciente, inconsciente ou seulement pressentie) a été interpellée par un mouvement contraire. Le son lui-même est une joie vécue de la libération – il est la résolution d'une impulsion tendue. Par des divisions à l'infini, la corde se libère des impulsions qui viennent de l'homme et retrouve ainsi le repos originel auquel elle a été arrachée. Donc, à nouveau : libération.

CHRONOLOGIE

1912-1935 : Naissance le 11 juillet (d'après le calendrier julien en vigueur à l'époque : le 28 juin) de Sergiu Celibidache à Roman dans le Nord-Est de la Roumanie.
Il improvise dès l'âge de quatre ans sur le piano familial.
Entreprend des études de mathématiques et de philosophie à l'université de Jassy, et des études de musicologie qu'il poursuit à Bucarest.

1936-1945 : Arrivée à Berlin. Poursuit ses études musicales au conservatoire (Hochschule für Musik) et de philosophie à l'université. On compte parmi ses professeurs : Heinz Tiessen (composition), Walter Gmeindl (direction), Hugo Distler (contrepoint), Kurt Thomas et Fritz Stein (théorie) ; à l'université : Arnold Schering et Georg Schünemann en musicologie, Eduard Spranger et Nicolaï Hartmann en philosophie.
Il assiste aux répétitions et aux concerts de Wilhelm Furtwängler dirigeant l'Orchestre philharmonique de Berlin.
Rédaction d'une thèse de doctorat sur *Les Eléments constitutifs de forme dans la technique de composition de Josquin des Prés.*

1945 : Celibidache remporte le concours pour devenir chef de l'Orchestre de la Radio de Berlin qu'il dirigera trois mois durant.

En raison du processus de “dénazification”, Furtwängler est interdit provisoirement de direction ; son successeur, Leo Borchard, meurt le 23 août dans un accident et Celibidache prend ainsi la tête de l'Orchestre philharmonique avec lequel il donne son premier concert le 29 août 1945 (au programme : Rossini, Ouverture du *Barbier de Séville* ; Weber, *Concerto pour basson* en *fa* majeur, op. 75 ; Dvořák, *Symphonie du Nouveau Monde*).

1946 (février) : Celibidache est élu chef permanent de l'Orchestre philharmonique de Berlin jusqu'à la réhabilitation de Furtwängler.

En mars, première rencontre de Celibidache et de Furtwängler.

Le 21 décembre, Celibidache dirige la première audition en Allemagne de la *Septième Symphonie* de Chostakovitch.

1947 (25 mai) : Premier concert de Furtwängler avec l'Orchestre philharmonique de Berlin après la guerre.

1952 (19 décembre) : Dernière rencontre de Celibidache et de Furtwängler à Turin.

1954 (29 novembre) : Dernier des quatre cent quatorze concerts que Celibidache a donnés avec l'Orchestre philharmonique de Berlin. Au programme : Ravel, *Alborada del gracioso* ; Tiessen, *Visionen für Violine mit kleinem Orchester* (soliste : Siegfried Borries) ; Bartók, *Concerto pour orchestre*.

Le 30 novembre survient la mort de Wilhelm Furtwängler qui avait repris la direction de l'Orchestre philharmonique de Berlin depuis 1952.

Herbert von Karajan est élu chef de l'Orchestre philharmonique de Berlin et Celibidache quitte Berlin.

1953-1967 : Premier concert avec l'Orchestre de la Scala de Milan. A partir de 1955, Celibidache travaille également en étroite collaboration avec l'Orchestre de l'Accademia di Santa Cecilia (Rome) et avec les orchestres de la Radio de Rome, Milan, Turin, Naples, Bologne et Florence. Il dirige notamment plusieurs compositeurs contemporains comme Casella, Malipiero, Petrassi, Dallapiccola et Ghedini.

1958-1959 : Premiers concerts avec l'Orchestre symphonique de la Radio de Stuttgart.

1960-1963 : Travail intensif avec l'Orchestre de la Chapelle royale de Copenhague.

1963-1971 : Celibidache est chef invité permanent de l'Orchestre de la Radio suédoise avec lequel il fera plusieurs grandes tournées internationales.

1968 : Naissance le 19 juin de son fils unique, Serge Ioan Celebidachi.

1972 : Celibidache donne des master class de direction d'orchestre à Bologne et à Sienne.

1972-1977 : Celibidache est chef invité permanent et directeur artistique de l'Orchestre de la Radio de Stuttgart avec lequel il fera plusieurs tournées internationales. Il enregistre pour la première fois sa propre composition, *Der Taschengarten*, dédiée aux enfants du Tiers Monde et dont les bénéfices iront à l'Unicef.

1973-1975 : Celibidache est chef invité permanent de l'Orchestre national de l'ORTF à Paris où il vit. Sa direction des *Métaboles* de Dutilleux est restée mémorable.

1977-1978 : Master class de direction d'orchestre à Trèves.

1978 : Master class de direction d'orchestre à Bucarest avec l'Orchestre philharmonique. Celibidache est également nommé professeur à l'université de

Mayence où il enseignera à l'Institut de musicologie la phénoménologie musicale à raison de deux fois deux semaines par an, jusqu'en 1992.

1978-1980 : Concerts au Japon avec l'Orchestre Yomiuri de Tokyo.

1979 (14 février) : Premier concert avec l'Orchestre philharmonique de Munich ; au programme : l'Ouverture de *La Flûte enchantée* de Mozart, *Mort et Transfiguration* de Richard Strauss et le *Concerto pour orchestre* de Bartók.

En juin, Celibidache est nommé directeur général de la Musique de la ville de Munich et chef de l'Orchestre philharmonique de Munich.

1984 : Un mois de travail avec l'orchestre des élèves de l'Institut Curtis de Philadelphie aboutit à des concerts à Philadelphie et à New York.

Juin 1984-janvier 1985 : Problèmes de santé du maestro, suivis d'une crise de confiance avec la ville de Munich. Celibidache abandonne son poste et le reprend finalement en janvier 1985. Son retour est marqué par un concert triomphal le 23 février 1985 – au programme : la *Cinquième Symphonie* de Beethoven, le *Concerto pour violoncelle* en *la* mineur de Schumann (soliste : Heinrich Schiff) et *L'Oiseau de feu* de Stravinski.

Avec l'Orchestre philharmonique de Munich, le maestro fera jusqu'en 1995 des tournées dans le monde entier.

A partir de 1985 : Celibidache travaille avec l'orchestre du conservatoire (Musikhochschule) de Munich.

1985 (10 novembre) : Concert pour l'ouverture de la nouvelle Philharmonie de Munich au Gasteig – au programme : les *Musikalische Exequien* de Schütz et la *Cinquième Symphonie* de Bruckner.

1987 et 1988 : Pendant les deux étés, Celibidache travaille avec l'Académie d'Orchestre du Schleswig-Holstein Musik Festival.

1991 : Celibidache est nommé professeur *honoris causa* du conservatoire national de Munich puis de la ville de Berlin.

1992 : A la demande de Richard von Weizsäcker, président de la République fédérale d'Allemagne, Celibidache accepte de diriger l'Orchestre philharmonique de Berlin après trente-sept ans d'absence. L'exécution de la *Septième Symphonie* de Bruckner est un triomphe.

Octobre 1992 : Derniers concerts à Munich et à Tokyo de Celibidache avec le pianiste Arturo Benedetti Michelangeli avec qui il entretenait depuis longtemps des relations de profonde estime et d'admiration mutuelle (ils donnent ensemble le *Concerto pour piano et orchestre* en *la* mineur de Schumann).

1993 : A partir de cette date, Celibidache tient au conservatoire de Munich les cours de phénoménologie de la musique qu'il donnait jusque-là à l'université de Mayence.

1994 (10 septembre) : Malaise de Celibidache au cours d'une exécution de la *Septième Symphonie* de Bruckner ; on lui pose un stimulateur cardiaque lors de son séjour à l'hôpital. Il reprend la direction fin novembre.

1995 (juillet) : Master class de direction d'orchestre à la Schola cantorum à Paris.

1996 (1er, 3 et 4 juin) : Derniers concerts avec l'Orchestre philharmonique de Munich. Au programme : l'Ouverture de *Rosamunde* de Schubert, le *Concerto pour piano et orchestre* n° 20 K. 466 de Mozart (soliste : Dan Grigore) et la *Deuxième Symphonie* de Beethoven.

1996 (juillet) : Master class de direction d'orchestre à la Schola cantorum à Paris.

1996 (14 août) : Décès du maestro qui est enterré à La Neuville-sur-Essonne.

RÉFÉRENCES DES TEXTES

"Celibidache : la leçon" : propos recueillis en français par Pierre Babin et publiés dans *L'Autre Journal*, 1985, p. 85-90.

Sur la phénoménologie musicale : conférence prononcée en 1985 à Munich. *Über musikalische Phänomenologie*, éd. P. Lang & M. Mast, Augsbourg, Wißner, 2008 (*Celibidachiana* I/1). Traduit de l'allemand par P. Lang. Voir la note du traducteur, p. 77.

"Socrate au pupitre", "A propos de Bruckner" et "De la direction d'orchestre" sont trois entretiens réalisés en français par Myriam Anissimov et publiés dans *Le Monde de la musique*, respectivement n° 47, juillet-août 1982 (p. 26-29, 90), n° 85, janvier 1986 (p. 34-37) et n° 130, février 1990 (p. 60-64).

"Pour le soixante-quinzième anniversaire de Sergiu Celibidache" : entretien avec Ursula Hübner publié dans *Musica*, vol. XLI (1987), éd. C. Dahlhaus *et al.*, Kassel, Bärenreiter, p. 336-341. Traduit de l'allemand par P. Lang.

"Il n'y a pas d'alternative à la musique" : entretien avec Harald Eggebrecht, réalisé à Madrid au cours de la tournée de l'Orchestre philharmonique de Munich en Espagne en 1983. Publié dans R. Schmoll gen. Eisenwerth (éd.), *Die Münchner Philharmoniker von ihrer Gründung bis heute*, Munich, C. Wolf & Sohn, 1985, p. 315-324. Traduit de l'allemand par P. Lang.

"La réalité derrière la pensée", "La musique ne dure pas" et "La fin dans le commencement – le commencement dans la fin" sont trois entretiens réalisés en 1988 et 1989 par Jan Schmidt-Garré qu'il a publiés en accompagnement de son film : *Celibidache. Man will nichts – man läßt es entstehen* (Ne rien vouloir – laisser advenir), Munich, Pars, 1992, p. 11-67. Les deux premiers ont été traduits de l'allemand par P. Lang, le troisième par H. France-Lanord.

"De Berlin à Stuttgart" : entretien du 29 novembre 1974 avec Klaus Lang publié dans son ouvrage intitulé *Celibidache und Furtwängler*, Augsbourg, Wißner, 2010 (*Celibidachiana* II/2), p. 366-386. Traduit de l'allemand par H. France-Lanord.

"Sur la musique et la vie musicale aujourd'hui" : entretien avec Heinz Ludwig, *Das Orchester*, vol. XXIV/1976, Mayence, Schott, p. 305-317. Traduit de l'allemand par P. Lang.

"A propos de l'exécution du scherzo de la *Neuvième Symphonie* de Beethoven" : extrait du fascicule de programme des Münchner Philharmoniker de mars 1989. Traduit de l'allemand par P. Lang, ce texte a également été publié dans le livret de l'enregistrement de la *Neuvième Symphonie* de Beethoven paru chez EMI Classics en 1999.

"Celibidache et Furtwängler" : entretien du 8 novembre 1985 avec Klaus Lang publié dans *Celibidache und Furtwängler*, *op. cit.*, p. 352-357. Traduit de l'allemand par H. France-Lanord.

"Comme un phare : hommage à Wilhelm Furtwängler" : entretien réalisé en janvier 1986 pour la chaîne de radio néerlandaise Nederlandse Omroep Stichting (NOS) Hilversum. Reproduit dans : G. Kraus (éd.), *Ein Maß, das heute fehlt : Wilhelm Furtwängler im Echo der Nachwelt*, Salzbourg, Müller, 1986, p. 141-144. Traduit de l'allemand par P. Lang.

"Sur Wilhelm Furtwängler" : entretien avec Joachim Matzner, publié dans : Joachim Matzner & Stefan Jaeger (éd.), *Furtwängler. Analyse, Dokument, Protokoll*, Zurich, Atlantis, 1986, p. 105-108. Traduit de l'allemand par P. Lang.

"Peu nombreux sont ceux qui comprennent : questions de vie d'un point de vue bouddhiste" : texte publié le 28 juillet 1962 dans la partie culturelle du grand quotidien national allemand *Frankfurter Allgemeine Zeitung*. Traduit de l'allemand par P. Lang.

"La musique est méditation" : entretien publié dans *Sivananda Yoga Journal*, mars 1982, revue trimestrielle éditée par le Sivananda Yoga Vedanta Zentrum e.V., Munich, p. 16-22. Traduit de l'allemand par P. Lang.

CELIBIDACHE AUJOURD'HUI

1. La Sergiu Celibidache Stiftung

Fondée en 1999 et présidée par le fils du maestro, Serge Ioan Celebidachi.

Intendant : Mark Mast.

www.celibidache.net

Parmi ses activités : édition de la collection *Celibidachiana* (collection I : œuvres et écrits de Sergiu Celibidache ; collection II : témoignages et documents sur Sergiu Celibidache).

2. En France : Association Celibidache

www.celibidache.fr

3. En Italie : Associazione Celibidache

joomla.celibidache.it

4. L'enseignement de la phénoménologie de la musique se poursuit notamment à travers Konrad von Abel, qui fut assistant artistique et pédagogique de Celibidache à la Philharmonie de Munich de 1986 à 1996.

www.musikmph.de/artist_management/abel/abel.html

5. Disques

En 1997, les héritiers de Sergiu Celibidache ont décidé d'autoriser la publication commerciale d'enregistrements (essentiellement des périodes de Stuttgart et de Munich), notamment chez Deutsche Grammophon et chez EMI Classics. Les revenus de la vente vont à la Sergiu Celibidache Stiftung.

6. DVD

Il existe en DVD plusieurs films consacrés au maestro – signalons notamment :

– Jan Schmidt-Garré, *Celibidache. You don't do anything – you let it evolve* (Pars Media, 1992), ArtHaus Musik, 2009.

– Serge Ioan Celebidachi, *Sergiu Celibidache's Garden* (1996), rééd. CELI Films, 2010.

Il existe également, sur DVD, plusieurs films de concerts ou de répétitions – signalons notamment :

– Jan Schmidt-Garré, *Sergiu Celibidache and Bruckner's Mass in F minor*, ArtHaus Musik, 2002.

– *Sergiu Celibidache in Rehearsal and Performance : Strauss, Till Eulenspiegel ; Rimsky-Korsakov*, Radio-Sinfonieorchester Stuttgart SWR, EuroArts, 2007.

– *Celibidache Conducts Ravel and Debussy*, Münchner Philharmoniker, Ideale Audience, 2008.

– *Celibidache Rehearses Bruckner's Ninth*, Münchner Philharmoniker, Arthaus Musik, 2011.

– *Sergiu Celibidache in Rehearsal and Performance : Dvořák, Symphony No. 9 ; Prokofiev, Symphony No. 1 "Classical"*, Münchner Philharmoniker, EuroArts, 2011.

– Daniel Barenboim / Sergiu Celibidache, Münchner Philharmoniker : *Brahms, Piano Concertos Nos. 1 & 2*, EuroArts, 2011.

– Sergiu Celibidache / Daniel Barenboim, Münchner Philharmoniker : *Schumann, Piano Concerto ; Tchaikovsky, Piano Concerto No. 1*, EuroArts, 2012.

7. Sites Internet privés consacrés à Celibidache

a) en allemand (parfois version anglaise parallèle)

– www.gerhard-greiner.de

Le site de données le plus complet actuellement : biographie, répertoire, concerts, discographie, archives audio, vidéo, cinéma/film, bibliographie, revue de presse, télévision/radio, entretiens, photos.

– www.celibidache.de

Une présentation de divers aspects de la personnalité et de l'activité de Sergiu Celibidache : "La personne", "le professeur", textes originaux, bibliographie commentée, photos.

– www.hiller-neuenbuerg.de/eingang.htm

Biographie, actualités, livres, CD, vidéo, presse, divers.

b) en anglais/japonais

– www.tagata.org/celi/index.html

Contient "CeList", la liste la plus complète à ce jour, par Tatsuro Ouchi, de tous les concerts donnés par Celibidache au cours de sa carrière, lisible par dates ou par œuvres, également disponible au téléchargement.

INDEX THÉMATIQUE

INDEX DES NOMS

TABLE

II. AUTOUR DE FURTWÄNGLER

III. MUSIQUE ET MÉDITATION

OUVRAGE RÉALISÉ
PAR L'ATELIER GRAPHIQUE ACTES SUD
ACHEVÉ D'IMPRIMER
SUR ROTO-PAGE
EN DÉCEMBRE 2012
PAR L'IMPRIMERIE FLOCH
A MAYENNE
POUR LE COMPTE DES ÉDITIONS
ACTES SUD
LE MÉJAN
PLACE NINA-BERBEROVA
13200 ARLES

DÉPÔT LÉGAL
1re ÉDITION : MAI 2012
N° impr. : 83900
(Imprimé en France)